电网企业培训师
教学实务

INSTRUCTIONAL PRACTICE FOR TRAINERS
IN ELECTRIC POWER GRID

潘璇　主编

中国电力出版社
CHINA ELECTRIC POWER PRESS

图书在版编目（CIP）数据

电网企业培训师教学实务 / 潘璇主编. -- 北京 ：
中国电力出版社, 2024. 12. -- ISBN 978-7-5198-9140-4

Ⅰ. F426.61

中国国家版本馆 CIP 数据核字第 2024AG0440 号

出版发行：中国电力出版社
地　　址：北京市东城区北京站西街 19 号（邮政编码 100005）
网　　址：http://www.cepp.sgcc.com.cn
责任编辑：雍志娟
责任校对：黄　蓓　朱丽芳
装帧设计：郝晓燕
责任印制：石　雷

印　　刷：三河市万龙印装有限公司
版　　次：2024 年 12 月第一版
印　　次：2024 年 12 月北京第一次印刷
开　　本：710 毫米×1000 毫米　16 开本
印　　张：14
字　　数：256 千字
定　　价：78.00 元

编　委　会

主　　编：潘　璇

编写人员：余　倩　刘　勤　王　涛　谭　丹

　　　　　彭　宇　王顺超　彭娟娟　杨　妍

审定人员：徐坊降　惠自洪

千秋基业，人才为本。习近平总书记高度重视人才工作，强调要"坚持人才引领发展的战略地位"。人才培育，教师是关键。师资队伍水平是决定人才培养质量和知识创造水平的核心要素。企业培训师作为企业开展职业教育的重要参与者和教学任务的主要承担者，是连接公司业务与课堂学员的纽带，是高质量开展教培工作的前提，是服务企业人才战略落地的重要力量。

作为国网湖北技培中心（武汉电院）的教育培训工作者，忠诚党的教育事业，服务电力行业、湖北电力人才高质量发展，是我们的责任和使命。这样的初心之下，在一个金秋的午后，我们召集了几位核心骨干培训师组成团队，提出了一个想法——为电网企业培训师量身定制一本教学实务书。

我们团队里的培训师，既有深耕电力行业多年的专家人才，又有正值奋斗成长阶段的青年骨干。大家多是工科专业背景，却在共同从事教培工作的过程中，点滴积累起对人才培养的热爱。也正是因为这种热爱，驱使我们主动参与到本书的编写工作中。每周的例会上，大家充分交流，碰撞思维的火花、创新的构想。初稿阶段性审核时，我们逐字阅读，反复琢磨结构的合理性、内容的准确性。那些日日夜夜的坚持和热爱，成为团队共同努力、精益求精的见证，构成了这本书编制出版的基石。

我们认为，高素质、专业化的企业培训师，应具有优秀的职业品德和过硬的专业素养，既能为学员传授知识和技能，又能启迪心灵、浸润文化、影响德行，助力工作作风建设和绩效的改进提升。成为精于"传道授业解惑"，做"经师"和"人师"的统一者，是新时代培训师队伍的时代命题和职业要求。

这样的目标下，本书立足于电网企业培训师队伍建设实际需要，以"实用、好用"为核心，以提升教学实践能力和培训授课水平为目标，充分总结、浓缩提炼了优秀专兼职培训师多年授课经验，系统覆盖了培训师教学必备知识点、技能点和素质要求，能够有效服务于培训师职业生涯成长。

本书共分为五个职业模块，包括企业培训基础知识、培训教学方法、培训课程设计、培训教学实施、教学评价与反思。我们充分注重理论与实践的深入融合，每个模块既包含了必备理论知识，又融入了丰富的、真实的实践案例。通过为教学过程中的常见问题、难点提供解决方案和实操技巧，帮助培训师快速理解、掌握核心能力项，不断加强知识储备、提高教学能力，帮助电网企业培育更多既精通业务、又擅长教学的名师大家。

岁月流转，我们的初心不变，愿本书能够成为培训师、教培工作者们的得力助手，照亮大家共同成长和进步的旅程。在此，感谢国网技术学院、国网河南技培中心评审专家的指导建议，感谢每一位大力支持、参与编写的同仁，是你们的鼓励和努力，让这本书得以出版，让我们有动力继续在电力教培事业中实干争先、勇毅前行。

最后，希望更多的教育培训实践者、研究者、管理者，电力行业企业朋友们，深入到师资培养理论研究和实践创新中来，为加快培养、造就、用好一支师德高尚、素质优良、专兼结合、数量充足的高水平师资队伍，推动电网企业人才战略落地和高质量发展做出积极贡献。

潘　璇
2024 年 12 月

目　录

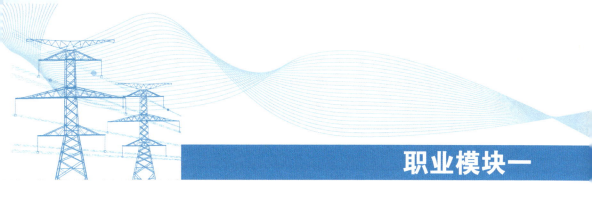

企业培训基础知识

培训课程一　职业道德与职业修养

【培训目标】

知识目标	能正确描述培训师职业道德的含义、特征、作用及职业道德规范的基本内容。
技能目标	能模范遵守培训师职业道德，并体现在培训实际工作中。

　　职业道德是企业对员工最基本的规范要求，也是员工担负起自身工作职责的必备素质。作为电网企业培训师，不仅需要掌握专业知识和技术技能，还应学习职业道德知识，以身作则，传递和弘扬职业道德，为电力行业培养更多高素质人才、推动企业发展提供强有力的支撑。本培训课程介绍职业道德的基本含义及道德规范的基本内容。

学习单元一　职　业　道　德

【知识要点】

　　职业道德是从事一定职业的人们在职业生活中所应遵循的道德规范以及与之相适应的道德观念、情操和品质的总和。电网企业作为直接关系到社会生产和民众生活的国家公用事业单位，电网企业培训师的职业道德，不仅体现了对自身的严格要求，更以实际行动展现了对学员负责的服务精神、对电力行业的热爱以及对社会责任的勇于担当。本单元主要介绍职业道德的基本含义、特征、作用及职业道德规范的基本内容。

一、培训师职业道德的含义

培训师的职业道德，是指在从事培训教学活动中，培训师所必须遵循的道德规范与行为准则，同时也是对社会所承担的道德责任与义务。习近平总书记强调，实施科教兴国战略，强化现代化建设人才支撑，是一项重要任务，要加强师德师风建设，培养高素质教师队伍，弘扬尊师重教社会风尚。这为电网企业培训指明了师资队伍建设的方向，在构建以新能源为主体的新型电力系统背景下，电网企业业务亟须转型，离不开专业人才的支撑，同时也意味着对人才专业能力培养提出了更高要求。作为电网企业培训师，应在遵守社会公德的基础上，达到更高、更具体的职业道德要求。

二、培训师职业道德的特征

培训师职业道德的特征具体表现在以下几个方面：

（一）责任感和自觉性

能源是经济和社会发展的重要物质基础，是国家和企业发展的命脉所在。电网企业作为关系国家能源安全和国民经济命脉的特大型国有重点骨干企业，需坚定履行政治、经济、社会"三大责任"，那么电网企业培训师在为企业培养高质量人才的道路上，也需要具备高度的责任感，通过精心策划、认真实施、有效评估每一个培训环节，对学员的学习成果负责，对培训质量负责。然而，培训师是以个体脑力劳动作为主要劳动方式的职业，其工作常常是在缺乏外在监督的情况下自主完成，要真正做到精心策划、认真实施、有效评估等，这些都需要培训师具备高度责任感和自觉性的职业道德。

（二）时代性和适应性

习近平总书记对建设新型能源体系、新型电力系统、新型电网等作出一系列重要指示批示，我国能源保障基础不断夯实，绿色低碳转型迈出坚实步伐，电力行业面临着新的机遇和挑战。为加快建设新型能源体系、新型电力系统与新型电网，电网企业培训师要迅速适应新时代要求，关注行业发展的新动向、新技术，不断更新自己的知识和技能，以适应不断变化的能源形势和技术发展趋势，为中国式现代化赋动能作贡献。因此，培训师职业道德具有历史发展的时代性和与时俱进的适应性。

（三）示范性和多样性

培训师职业道德的示范性体现在其身为知识传递者与行为榜样的双重角色。在培训过程中，其言行举止、工作态度和职业道德水平对学员产生深远影响。为此，培训师应当以身作则，展示出卓越的职业道德风范，为学员树立正确的职业观念和道德观念。在电网企业中，由于岗位繁多，不同岗位的员工面临的工作环境和挑战各异，因此，职业道德的表现形式也应因地制宜，常常采用"守则""章程""规范"等多种形式。为了适应职业活动的内容、工作方式以及本职业员工的接受能力，培训师需根据不同岗位的特点，有针对性地传递职业道德规范，使学员能够更好地理解并践行职业道德。因此，职业道德既具有普遍范围内的示范性，也具备具体内容的多样性。

三、培训师职业道德的作用

培训师职业道德具有以下作用。

（一）引导作用

培训师职业道德可以为培训师的职业成长提供职业信念和道德理想。许多优秀的培训师能够深刻理解并坚守培训师职业道德，他们不仅将培训工作视为一项具有社会意义的工作，更将其视为实现个人价值的途径，为客户、为企业、为社会创造更多的价值和财富。这种对职业道德的坚守，激发了培训师们全身心投入工作的热情。因此，不难看出，正是培训师职业道德在其职业生涯中起到了重要的引导作用。它促使培训师们超越日常生活的现实性和功利性，引导其追求更高的道德境界。

（二）调节作用

培训师职业道德在培训师的心理状态、社会行为和人际关系的调节中起到关键作用。

1. 调节培训师的心理状态

培训师职业道德在调节培训师心理状态方面具有重要意义。良好的职业道德能够让培训师在面对压力、挑战和困难时，保持积极的心态，以高度的责任心和敬业精神投入到培训工作中。这不仅有助于增强培训效果，也有利于培训师的职业成长。

2. 调节培训师的社会行为

培训师职业道德对培训师的社会行为具有重要作用。运用职业道德规范约束企业培训师的行为，促进企业培训师爱岗、敬业、团结、互助，齐心协力做好本行业、本职业服务。这有助于建立和谐良好的培训工作氛围，提高培训质量。

3. 调节培训师的人际关系

培训师职业道德在调节培训师人际关系方面具有积极作用。遵循职业道德规范的培训师，能够真诚对待学员和同事，尊重他人，团结协作，形成良好的人际关系。这有助于培训师更好地完成工作任务，实现职业发展目标。

（三）评价作用

培训师职业道德是社会为培养现代化建设人才而对培训师工作提出的道德要

求。这些道德要求及实施规范，也是社会、企业和培训师自己对培训师工作进行价值判断的标准之一。培训师工作是伴随培训师具体的职业行为而展开的。这些行为是否符合社会要求，是否符合培训教学规律，是与培训师所遵循的职业道德原则相联系的。在对培训师的工作进行评价时，评价者必然将一定的培训师职业道德规范作为尺度或标准，进行是非、善恶、优劣等价值判断，分析判断结果，从而达到对培训师工作评价的目的。

作为电网企业的培训师，其职业行为必须接受行业与社会的监督。当培训师的行为符合职业道德要求并产生良好的生产效果和社会效果时，将获得企业和社会的肯定评价，这种正面评价将使培训师感受到光荣、愉悦等积极心理感受，从而起到鼓励和鞭策的作用，促使培训师持续地保持良好的道德行为方式，从而确保培训工作的顺利进行。

（四）促进作用

培训师职业道德不仅是培训师自身生活态度、价值观念的表现，也是一个职业集体甚至一个行业全体人员的道德水准的体现。电网企业发展依赖于高素质的员工，职业道德能激发员工履行职业责任的内在驱动力，使员工自觉提升职业素养，增强责任意识和敬业意识，努力提高自己的综合素质和专业技能水平，进而促进企业全面协调可持续发展。

另一方面，电力产业是国民经济的基础产业和战略支柱产业，关系着经济发展、能源安全和社会稳定，如果电力行业的从业人员都具备高尚的道德品质，那么这将对整个社会的道德水平提升产生积极的推动作用。

四、培训师职业道德规范

培训师职业道德规范不仅包括良好的政治素养和道德情操，更需展现出高尚的培训师风范，培训师应勇于创新，敬业奉献，全身心投入培训教学，以健康的心态和端正的言行成为学员的楷模。本单元介绍了培训师职业道德规范基本内容，具体包括以下五个方面。

（一）忠诚事业 服务社会

电网业务具有公益性和商业性双重属性，必须把企业改革发展同满足人民对美好生活的需要紧密结合起来，履行好社会责任，始终坚持以人民为中心的发展思想，矢志不渝做好电力先行官，才能永葆初心、行稳致远，这是电网企业做好一切工作的价值追求。电网企业培训师应当忠诚于教育事业，把服务学员、服务社会作为自己的初心和使命，秉持正确的价值观，关注学员的需求，努力提高培训质量，用认真负责的精神和恭敬严肃的态度，全身心投入到企业培训工作中。

一方面，应树立崇高的职业信仰，深刻理解培训工作的价值和意义，将培养学员的成长作为己任，用心传授知识和技能。另一方面，培训师还应不断提升自我修养，保持对知识的热爱和追求，以自身的专业素养和人格魅力感染和影响学员，为企业打造出专业技术高超、素质优良的员工队伍，助推电网高质量发展、企业高质量发展惠民利民，助推经济社会高质量发展。

（二）敬业奉献　为人师表

培训师应敬业奉献，弘扬师德，以身作则，树立良好的师德风范，以高尚的品格、严谨的作风、无私的精神，感染和激励学员，为培养更多有道德、有技能、有担当的人才贡献自己的一份力量。一方面，培训师应该系统、深入地学习有关法律法规，处理好权利和义务的关系，增强法律意识，增强法治观念，强化为人民服务、为国家服务的意识，才能促进企业培训工作的良性循环。另一方面，面对成人教育培训，培训师要在传授知识技能的同时注重道德的引领，成为全面的职业"导师"。其身正，不令而行；其身不正，虽令不从。培训师要自觉遵守法律法规，严格执行规章制度，认真履行工作职责，成为思想、品德、作风、行动上的表率，努力做好企业培训工作，使企业培训事业沿着正确、健康的轨道前进。

（三）严谨治学　追求卓越

培训师应严谨治学，不断提高自己的专业素养和教学水平，关注行业动态，掌握先进的教育理念和教学方法，勤奋钻研，勤于实践，勤于思考，不断学习新知识、新技术，不断更新、改善知识结构，以追求卓越的态度，为学员提供高质量的培训服务。培训师应关注行业动态，理论联系实际，课堂联系现场，不断提升自身的专业素养和教学能力，才能适应电网转型对岗位技能培训提出的新要求。追求卓越，积极进取则是提高业务素质和业务能力的前提。所谓追求卓越，就是要求培训师不断积累专业知识和教学经验、管理经验，认真钻研，切勿固步自封；所谓积极进取，是一种对工作、对事情永不满足的精神和坚持不懈的追求。无论是培训资源的开发、培训项目的实施管理，还是对学员培训需求的了解分析，都需要持续地探索和实践。在面对困难和挑战时，不能停滞不前，更不能轻易放弃。只有持续地学习和进步，使自己的能力和价值得到更大的发挥。

（四）团结协作　开拓创新

当企业始终把改革创新作为根本动力，持续增强自主创新和可持续发展能力，才能永葆生机、基业长青，这是企业支撑中国式现代化建设的物质基础。因此，从企业发展战略的高度，整合培训资源，有创造性地开展培训，不断提高生产、经营、管理、服务等岗位员工的素质和技能，是提高企业市场竞争力的重要途径。随着企业的发展，企业培训工作会出现新要求、新技术，电网企业培训师需要不断更新自己的知识和技能，以适应不断变化的能源形势和技术发展趋势，善于动脑思考，敢于探索创新，积极参与行业交流和学习，了解最新的技术动态和市场需求，将这些知识融入培训课程中，使学员能够掌握最前沿的知识和技能。只有不断开拓创新，企业培训工作才能给企业人力资源开发提供有力的支持与支撑。

（五）提高素质 促进发展

当今世界，科学技术突飞猛进，知识经济发展迅速，对人才需求十分迫切。加强职业培训，提高培训质量，已成为人们的共识。培训质量是职业培训赖以生存发展的关键，是为社会培养和输送合格人才的重要保障。培训质量的高低受多种因素影响，如师资、教材、管理等，而培训师的素质在一定程度上决定和影响着培训质量。因此，提高培训师素质是促进教育培训事业发展的内在要求。一方面，培训师自觉参加党和国家的有关政策方针以及相关业务学习，提升师德修养，参与教研科研和技术创新活动，改进培训教学方式方法，不断提高思想政治觉悟和培训教学业务水平；另一方面，培训师还应经常深入生产一线，走近一线员工，积极参与实践锻炼，熟悉生产工艺，根据企业生产发展的实际需要，开发培训项目，制定、实施培训计划，不断改进和创新培训管理，掌握先进的教学方法和手段，不断提高自身素质，才能为促进教育培训发展做出贡献。

学习单元二 　职　业　修　养

【知识要点】

在职场的舞台上，职业修养与能力是每位培训师必须掌握的基本功。职业修养，如同内在修养，它关乎诚信、尊重与专业精神，是培训师在职场中树立形象、赢得信任的基石。而职业能力，则是外在表现，它包括专业技能、沟通协调、团队合作等，是培训师实现目标、推动发展的关键。两者相辅相成，共同塑造了一个培训师的全面形象。接下来，本课程将探讨如何在职场中培养和提升培训师的这两项素质，以实现个人与团队的共同成长。

一、职业态度

职业态度是职场中不可或缺的一部分，它不仅体现了个人的专业素养，也是团队协作与企业精神的体现。一个积极的工作态度能够激发潜能，提升效率。在职场竞争日益激烈的今天，良好的职业态度更是个人发展和职业成功的关键。接下来，本单元将深入探讨职业态度的含义及作用等，以及如何在日常工作中培养这一理念，共同助力培训师职业生涯的稳步发展。

（一）职业态度的含义

职业态度是指个人对职业生涯以及职业的认识、情感和意向，包括职业认知、职业价值观和职业期望等。它反映了人们对职业的理解和看法，以及在职业生活中的态度和行为倾向。

培训师的职业态度内容主要包括以下几个方面：

职业认知：培训师对自己所从事的教育培训行业有着清晰、准确地认识，充分了解培训行业的现状、发展趋势和市场需求，明白培训师在职业发展中的重要性。同时，对专业知识和技能有着高度的自信，能够持续学习和更新自己的知识体系，以满足学员和市场的需求。

职业价值观：培训师的职业价值观体现在对教育培训事业的热爱和尊重上，坚信教育能够改变生活，培训能够提升人的能力和素质。因此，始终以学员为中心，关注学员的需求和成长，致力于提供高质量、有价值的培训服务。同时，注重自身的职业发展和成长，不断提升自己的专业素养和综合能力。

职业期望：培训师对自己的职业生涯有着明确的规划和期望，实现在培训行业中取得更大的成就，成为行业内的佼佼者的目标。为此，制定了具体的职业目标和计划，并付诸实践，同时，注重与学员和同事的交流和合作，寻求更多的学习和发展机会，以实现自己的职业期望。

（二）职业态度的作用

职业态度对培训师的作用是多方面的，它不仅能够提升培训师的职业素养和教学动力，提高服务质量，促进职业发展，还能够树立良好的形象，为培训师赢得更多的尊重和信任。因此，对于培训师来说，培养良好的职业态度至关重要。以下是一些具体的作用：

提升职业素养：一个具备正确职业态度的培训师会自觉地维护和提升自己的职业素养，包括专业知识和技能、教育教学能力、沟通技巧等。这种自我提升的动力来源于培训师对教育培训事业的热爱和尊重，以及对自身职业发展的期望。

增强教学动力：职业态度中的职业价值观能够激发培训师的教学动力。培训师深信教育能够改变生活，培训能够提升人的能力和素质，这种信念驱使他们不断投入更多的热情和精力去设计、实施和优化培训课程，以满足学员的需求和期望。

提高服务质量：职业态度中的职业认知使培训师能够准确把握培训行业的现状、发展趋势和市场需求，从而设计出更符合学员需求和市场趋势的培训课程。同时，对专业知识和技能的高度自信以及持续学习的态度，能够确保培训师提供高质量、有价值的培训服务。

促进职业发展：职业态度中的职业期望能够激励培训师制定明确的职业目标和计划，并付诸实践。通过不断地学习和努力，培训师可以在培训行业中取得更大的成就，成为行业内的佼佼者。同时，注重与学员和同事的交流和合作，寻求更多学习和发展机会，也有助于实现个人的职业期望。

树立良好形象：正确的职业态度有助于培训师在学员和同事中树立良好的形象。一个以学员为中心、关注学员需求和成长的培训师会赢得学员的尊重和信任；一个注重自身职业发展和成长、不断提升专业素养和综合能力的培训师也会得到同事的认可和尊重。这种良好的形象不仅有助于培训师个人的职业发展，也有助于提升整个培训行业的形象和声誉。

（三）职业态度的培养

在职业发展的道路上，一个优秀的职业培训师不仅需要具备扎实的专业知识和高超的教学技能，更需要培养良好的职业态度。职业态度是培训师个人魅力的体现，也是其事业成功的关键。要培养培训师的职业态度，可以从以下几个方面着手：

培训师个人要养成良好的职业态度，可以遵循以下几个步骤和原则：

1. 深化职业认知

持续学习：不断关注教育培训行业的最新动态和趋势，了解行业的前沿理念和市场需求，以确保自己始终处于行业的前沿。

明确自我定位：清晰认识自己在教育培训行业中的位置和角色，理解培训师在职业发展中的重要性，并以此为动力不断提升自己。

2. 塑造积极的职业价值观

热爱教育培训事业：从内心深处热爱培训工作，坚信教育能够改变生活，培训能够提升人的能力和素质。

以学员为中心：始终把学员的需求和成长放在首位，关注学员的反馈，努力提供高质量的培训服务。

注重自我发展：认识到个人发展与职业发展的紧密联系，不断提升自己的专业素养和综合能力，以更好地服务学员。

3. 设定并追求职业期望

明确职业目标：根据自己的兴趣、能力和市场需求，设定具体的职业目标和计划，并为之付出努力。

付诸实践：将职业目标和计划转化为实际行动，积极参与各种培训和学习活动，不断提升自己的实践能力和经验。

寻求合作与交流：与学员、同事和行业内的专家保持密切联系，寻求更多的学习和发展机会，共同实现职业目标。

4. 培养良好的工作习惯

保持积极心态：面对工作中的挑战和困难时，保持冷静、乐观和积极的心态，以积极的态度去解决问题和应对挑战。

注重细节：在培训过程中注重细节，确保培训内容的准确性和实用性，为学员提供高质量的培训服务。

持续改进：定期反思自己的工作表现和培训效果，寻求改进和创新的机会，不断提高自己的工作质量和效率。

二、职业能力

职业能力是培训师职业发展的基石，它决定了培训师如何高效地完成任务、解决问题。在不断变化的工作环境中，拥有强大的职业能力意味着能够适应挑战，抓住机遇。从专业知识到核心技能，从语言表达到内容开发，每一项能力都是培训师职业道路上不可或缺的部分。

（一）培训师五大成长阶段

在职场发展和个人成长的道路上，培训师扮演着至关重要的角色。他们不仅传授知识，更激发潜能，引导思考，帮助学员在专业领域取得进步。同时，培训师的成长路径也是一个多维度、逐步深入的过程。每一位培训师都需经历从初识到精通的转变，这一过程可以划分为以下五个阶段。如图1-1所示，每个阶段都代

图1-1 培训师五大阶段

表着培训师在专业技能、教学方法等方面的成长与突破。这些阶段不仅标志着个人能力的提升，也是培训师在培训行业中逐步成长的必经之路。

助理培训师：基础肢体语言协调

作为培训师的入门阶段，助理培训师主要聚焦于台上表现的基础技能——手法、眼法、身法、步法、器法的协调。通过反复训练，确保在授课过程中，手势、眼神、身姿等表达能够自然、协调、合一，给学员留下良好的第一印象，并有助于信息的有效传达。

初级培训师：语言表达与内容呈现

进入第二阶段，初级培训师需要提升在台上的语言表达技巧和内容呈现能力。这包括语言的清晰度、流畅度、感染力，以及内容的逻辑性、层次感和吸引力。通过"编、导、演"的训练，初级培训师能够更好地掌控课堂氛围，引导学员深入思考，确保教学效果。

中级培训师：课程开发与教学设计

在第三阶段，中级培训师需要具备课程开发和教学设计的能力。这包括对培训需求的深入分析、教学目标的明确设定、教学内容的精选与组织，以及教学活动的创意设计。通过这一阶段的训练，中级培训师能够开发出符合学员需求、具有实用价值的课程，并设计出能够激发学员学习兴趣、提升学习效果的教学活动。

高级培训师：经验萃取与知识管理

在第四阶段，培训师需展现经验萃取和知识管理的能力。他们需要善于从教学实践中提炼出宝贵的经验，将隐性的教学智慧显性化，形成可分享的教学方法和策略。同时，高级培训师还需要促进知识的内化与传承，确保这些经验能够有效地传递给其他教育工作者和学员，以推动教学质量的持续提升。

专家培训师：项目开发与体系建设

在这一阶段，专家培训师需要掌握前沿的培训理念和技术及项目开发的能力，能够根据组织的需求和发展战略，设计并实施具有前瞻性和创新性的培训项目。同时，专家培训师还需具备培训研究的能力，不断探索新的培训模式和方法，运用现代科技手段提升培训效果。最重要的是，他们能够构建完善的培训体系，确保培训内容与组织的长期发展目标相契合，为组织的持续发展提供强有力的支撑。

培训师的职业发展是一个复杂而系统的过程，在《国家职业分类大典（2022年版）》《国家职业标准编制技术规程（2023年版）》及《国家职业技能标准》等文件中，职业技能等级被明确划分，将培训师的不同胜任能力项分成了五个层级，为培训师的成长提供了一个基础框架。在这个基础上，培训师的进阶之路进一步细化为五个阶段，每个阶段都设定了具体的发展目标，以实现培训师从助理到专家的全面成长。这个进阶过程不仅要求培训师在实践中不断学习与适应，而且需要一个明确的指导框架——培训师的核心能力素质模型。该模型是针对培训师职业技能等级的基础上进行的延续和创新，它帮助培训师识别在不同成长阶段所需的关键技能和知识，从而进行有针对性的能力建设。通过模型，培训师可以更加系统地规划自己的职业发展路径，确保在每个阶段都能够达成既定的能力目标。这种逐步提升的能力，最终将帮助培训师实现从助理到专家的能力飞跃，完成职业生涯中的华丽转变。

（二）培训师能力素质模型

1. 培训师能力素质基本概念

（1）能力素质的概念及内涵

能力素质也称胜任能力，是指在一个组织中与工作或情境相关的绩效优异的员工所具备的动机、自我概念与个性，价值观与态度、技能和知识等关键特征的集合。在电力企业中，能力素质指的是员工为胜任其岗位所需的一系列专业技能、知识水平、工作态度和行为习惯的综合体现。

能力素质的内涵是指个体所具备的一系列能够影响其工作表现、实现个人和组织目标的内在特质和能力的总和。这些特质和能力不仅涵盖了专业技能和知识，还包括了价值观、自我认知、驱动力、人格特质等情感智力方面。

在电力企业中，作为培训师，核心是专业技能和知识，可能包括电力生产、传输、分配等方面的知识，以及相关的技术规范和操作标准。其次，培训师能力素质还包括了情感智力方面的特质。这些特质可能难以直接观察和测量，但却对培训师的行为和绩效产生深远影响。例如，培训师的价值观会影响其工作态度和行为方式；自我认知会影响其对自己的定位和发展规划；驱动力会影响其面对困难和挑战时的坚持和毅力；人格特质会影响其与他人交往和合作的方式。总之，培训师能力素质是一个整体的、综合性的概念。在这个框架中，各种不同的知识、技能与职业素养共同作用、进而影响培训师行为。这些因素的组合便构成了培训师的能力素质结构，决定了其在工作中的表现和发展潜力。

（2）能力素质模型概念及内涵

能力素质模型，是指用行为方式来定义和描述员工完成工作需要具备的知识、技巧、品质和工作能力，通过对不同层次的定义和相应层次的具体行为的描述，确定核心能力的组合和完成特定工作所要求的熟练程度。简言之，能力素质模型即为担任某一特定的任务角色，所需要具备的能力素质的总和。

作为电力企业的培训师，其能力素质模型的实际内涵体现在一系列关键的能力、技能和素质上，这些要素共同构成了培训师在电力行业培训工作中的核心竞争力。具体来说，电力企业的培训师能力素质模型不仅要求他们具备扎实的电力专业知识，能够精准把握行业动态和技术发展，还需拥有强烈的安全意识，确保培训过程的安全与规范。同时，卓越的沟通与协作能力使培训师能够有效地与学员、同事和其他部门合作，共同推进培训项目的顺利进行。此外，他们还应具备持续学习和创新的精神，不断吸收新知识、掌握新技能，以应对电力行业快速变化的需求。最终，高尚的职业素养和道德观念是培训师不可或缺的品质，他们需以身作则，为学员树立榜样，为电力行业的持续发展贡献智慧和力量。

2. 培训师能力素质模型构建

培训师能力素质模型的核心目标，即构建一个能够全面评估和提升培训师在电力行业所需各项能力、素质和技能的框架。为此，电力培训师的能力素质模型可与 KSA（知识、技能、能力）模型相结合，以助力形成一套全面且有针对性的培训师能力评估和培养体系。

首先，KSA 模型为电力培训师的能力素质模型提供了清晰的框架。在这个框架中，知识（Knowledge）指的是电力培训师需要掌握的电力专业理论知识、培训理论知识、行业规范等；技能（Skills）则是指培训师将理论知识应用于实践中的能力，如教学技巧、培训方法等；能力（Abilities）则是指培训师在培训过程中展现出的综合素质，如沟通能力、团队协作能力、创新能力等。

其次，在结合 KSA 模型构建电力培训师的能力素质模型时，可以根据电力行业的特点和培训工作的实际需求，对 KSA 模型进行优化。例如，培训师的价值观会影响其工作态度和行为方式；培训师的职业素养不仅是培训师专业能力的体现，更是其人格魅力和职业形象的展示，它们对于其职业发展和培训效果至关重要。为此，在构建培训师的能力素质模型过程中，将引入"素养"这一核心的能力素质，使之形成"知识、技能、能力、素养"四大核心能力要素的培训师能力素质模型，如图 1-2 所示，进而更加全面、系统地评估培训师的能力水平，并为培训师的培训和发展提供明确的方向。

同时，根据电力行业的特点和培训工作的实际需求，本书对"知识、技能、能力、素养"四大核心能力要素进行了进一步的细化描述及定义。知识层面细分为专业知识和通用知识，确保培训师既精通电力业务，又具备广泛的基础知识；技能层面划分为通用技能和核心技能，以应对不同培训场景下的实际需求，包括语言表达、工具应用等通用技能、培训相关专业教学技能或实操技能等核心技能；能力层面则包括教学能力和培训管理能力，确保培训师能够高效组织并优化培训过程；素养层面则强调职业道德和职业修养，旨在塑造培训师良好的职业形象和风范。这些更细化的能力素质共同构成了电力企业培训师的核心能力素质体系，为其在电力培训领域发挥专业优势提供了坚实支撑。

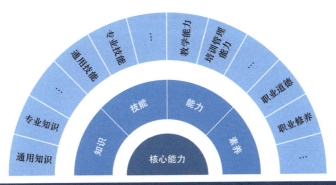

图1-2　培训师核心能力素质

（三）培训师核心教学能力素质模型

在培训师核心能力素质模型的基础上，本书分析了培训师所需的通用知识、专业知识、通用技能、专业技能等能力模块。这些模块共同构成了培训师在培训工作中的基石，也为如何成为一名合格的培训师提供了明确的指导原则。然而，鉴于培训师核心能力涉及内容的广泛性和复杂性，为确保内容的针对性和篇幅的有效性，本书将聚焦于培训师的核心教学能力，并探讨如何将这些能力转化为实际的教学效果。

培训师的核心教学能力是其专业素养的重要组成部分，直接关系到培训的质量和学员的学习成效。这一能力不仅涵盖了课程设计、教学方法选择等教学技巧，还涉及教学反思与改进等关键环节。因此，将焦点凝聚于培训师的核心教学能力，对于提升培训效果、促进学员成长具有重要意义。以下为培训师核心教学能力模型，如表1-1所示。

表1-1　　　　　　　　　培训师核心教学能力模型

培训师核心教学能力素质模型					
		能力要求			
能力模块	能力项	初级		中级	高级
成长阶段		助理	初级	中级	高级	专家
教学理论及方法	培训教学基本理论	熟悉基本教学理论、成人教育基本理论等基本培训教学		能针对不同的培训对象实施不同的培训教学理论	能熟练掌握多种培训教学理论及应用，并能指导和传授给其他培训师
	培训教学方法应用	熟悉讲授、提问、演示、讨论、案例分析等理论教学授课基本方法		能针对不同的培训对象和课程实施有效的教学方法	能熟练运用多种方法，并能指导和传授给其他培训师

续表

成长阶段		助理	初级	中级	高级	专家
教学设计	课程主题设计		能正确描述课程主题分析要素、课程主题选择原则、课程主题选择方法及课程名称的命名方法等	能针对不同的培训对象,选择与之相匹配的课程主题	能审定课程主题是否合理,并指导传授给其他培训师课程主题设计的相关经验	
	课程目标设计		能把握课程教学总目标,分解设定课堂教学目标	能正确阐述教学目标的概念、作用、分类	能审核教学目标	
	课程框架设计		能掌握课程的基本结构,明确搭建课程结构的方法	能运用基本原理对课程结构进行搭建	能审核课程框架,结构设计	
	课程内容设计		掌握教材的知识结构,了解重点和难点,选择教学内容	能把握重点和难点;能选用辅助教材充实教学内容	能审核教学内容	
	课程实施设计		能正确说出教学流程的主要环节及其内容;能正确描述教学方法与教学手段的含义	能根据课程目标、教学内容和学员的特点,设计具体的教学组织形式、教学方法、教学活动和教学手段,规划教学时间安排,形成一系列符合逻辑的教学流程	能审定和指导培训教学过程与设计方法	
教学实施	课堂呈现		能正确描述课程导入、课程素材、课程环节、课程回顾等的基本概念及方法并将其实际应用于课堂教学	能根据课程内容,设计适宜的课程导入,选择合适的课程素材,设计适宜的教学活动及选择匹配的课程总结方式		
教学反馈	教学反思与评价		反思在教学过程中存在的问题,能改进培训教学方法	能发现教学中存在的问题,分析原因,并提出改进意见		

【课程小结】

本课程全面介绍了培训师职业道德的重要性和基本内容,强调了其在培训师职业发展中的核心作用。课程指出,培训师职业道德不仅是社会道德要求在职业领域的具体体现,还具有自律性、责任感、稳定性、时代实践性、示范性和多样性等特殊属性。它通过引导、调节、评价和促进培训师的工作,确保了职业操守的恪守。除此之外,职业修养和职业能力也是本课程的重点内容。在职业修养方面,课程详细讲解了职业态度的培养方法,以确保培训师在职业生涯中能够坚守职业道德。职业能力方面则侧重于不同成长阶段所需能力的培养,帮助培训师明确发展方向。

培训课程二　成人学习理论与心理特点

【培训目标】

知识目标	1. 能正确描述成人学习基本理论。 2. 能正确描述成人学习方法。 3. 能正确描述职业培训的影响因素、障碍和特征等。
技能目标	能识别成人学习理论与心理特点在教学过程中的应用。

成人学习理论是指根据成人的身心特征，结合成人的学习能力和教育特点，总结出的能够有效指导成人培训学习的一系列理论。在理论的科学指导下，依据成人学习的心理特点，采用相应的教学策略和教学方法提高学习效果。本课程主要包括成人学习理论和成人学习心理特点。

学习单元一　成人学习理论

【知识要点】

基于成人的学习心理与学习特点，形成了不同的学习理论，这些理论从不同角度研究成人学习本质，为培训开发与教学提供理论指导。本单元主要包括成人学习基本理论和成人学习方法。

一、成人学习基本理论

成人学习基本理论最具代表性有行为主义、认知主义、建构主义和人本主义。

（一）行为主义

行为主义学习理论认为，个体学习的行为就是由特定条件引起的反应，个体当前行为的后果改变了未来的行为，或者个体模仿了他人的行为。

桑代克是第一个系统地论述教育心理学的心理学家。他对于理解学习过程所做出的主要贡献后来被人们称之为联结主义或学习的刺激反应说。桑代克发现，通过重复的试误学习，在感官印象（或称之为刺激）与随后的行为（或称之为反应）之间会建立某种联系，这种联系会因为行为结果而被加强或减弱。桑代克创立了三种学习法则以解释他的发现，一是效果律，即学习者能够学会或记住导致后续满意结果的那些反应。例如，培训师可以在教学中使用一些具体奖励提高学员的积极性，如积分，强化学员学习过程中的良好表现，达到更好的教学效果。

15

二是练习律，即重复有意义的联结能促成实质性学习的发生。例如，为达到在规定时间内正确安装电能计量装置的学习目标，培训师可以让学员通过大量的练习，重复这些联结，以此提高安装的正确性及时效性。三是准备律，即若机体为联结做好了准备，学习会得到强化，反之，则学习会受到抑制。例如，培训师要对学习情况进行检验，会提前告知学员测验相关情况，让学员做好准备，这样检验的结果会比未准备情况下的要好。

斯金纳是把行为主义作为一种学习理论加以发展的主要贡献者。斯金纳对理解学习的主要贡献在于他提出了操作性条件反射的概念。简言之，操作性条件反射就是"强化那些你希望个体再次发生的行为，弱化你不希望个体发生的行为"。斯金纳认为教育就是塑造行为，它旨在通过小步反馈帮助学生达到目标，学习的过程就是对于期望行为越来越接近行为的强化过程。具体而言，就是要采用连续接近的方法，对趋向于所要塑造的反应的方向不断地给予强化，直到引出所需要的新行为。在成人的职业教育和技能培训以及人力资源开发中的技术和技能培训等教育实践中，学习任务被分解成不同的模块，一个一个模块地进行强化，直到达成学习目标，这种方式就是典型的行为主义做法。

班杜拉是社会学习理论研究的代表人物，这一理论关注信念、期望、记忆以及自我强化等认知因素在社会学习过程中的作用，所以后来又被称为社会认知理论，属于新行为主义。社会学习理论强调学习发生的社会场景，重视人的行为和环境的相互作用。从这种视角来看，学习是通过观察自身所处环境中他人的行为而发生的，而且学习是人、环境、行为三者相互作用的产物。相同环境下产生不同的行为，可以运用特殊的人格特征与环境刺激所发生的独特的相互作用来解释。社会学习理论对成人学习的贡献在于它强调了社会情境的重要性，并解释了榜样模仿和导师辅导的过程。现代成人教育倡导的社群学习以及学习型组织建设就是社会学习理论的体现。

（二）认知主义

与行为主义不同，认知学习理论重在研究学习者对环境刺激（信息）的内部加工过程和机制，而不限于外显的刺激与反应；重在研究认识如何形成概念、理解事物以及进行思维和问题解决的。它一般强调，学习是主动的心智活动，是内在认知表征（如知识系统）的形成、丰富或改组的过程。

布鲁纳是认知主义的杰出代表。他认为，认知结构是人用以感知外界的分类模式，是新信息借以加工的依据，也是人的推理活动的参照框架。在布鲁纳看来，学习就是认知结构的形成或改变。他强调学习是通过发现而实现的，学习者用自己的头脑亲自获得知识。教育工作者的任务是，把结论性知识转换成形成性的过程，按照表征系统的发展顺序，即从动作表征、映像表征到符号表征，设计学习活动，让学生亲自经历对知识的发现过程。如在学生学习分数的意义和性质，以及分数的运算时，教师可以让学生先用切分东西的动作来表达分数，然后利用集合图、数字线来表示，最后才能达成对符号表达式的真正理解。布鲁纳的认知结构学习理论在成人培训中有大量应用。例如，培训师可以采用设置问题情境，引导学员通过观察、实验、推理等方式，自己找到答案，从而实现学习。

奥苏贝尔在教育心理学中最重要的一个贡献是他对意义学习的描述。他认为，只有当学习与个体认知结构中已经存在的概念相联系时，学习才是有意义的。相反，机械学习是没有与个体的认知结构相联系的。这种理论鼓励培训师在教学中使用"先行组织者"策略，即先介绍一个概括性的概念或引导性材料，帮助学员建立新旧知识之间的联系。例如，在学习电价的用户分类之前，呈现电价表，从而引导他们建立初步电价分类概念。同时，奥苏泊尔提出的接受学习理论，是讲授教学法的理论依据。他认为讲授教学是指以有组织、有意义的方式将知识讲授给学生的教学。这种教学方法在培训过程中被频繁使用。

（三）建构主义

建构主义并不是一个特定的学习理论，很多研究者都把自己的理论称为建构主义的理论，但其实在具体观点上却有很大的差异。这些观点之间存在一定的共识，一是在知识观上，建构主义在一定程度上质疑知识的客观性和确定性，强调知识的动态性，二是在学习观上，学习者不是被动的信息吸收者，学习不简单是知识由外到内的转移和传递，而是学习者主动地赋予信息以意义，建构自己的知识经验的过程，即通过新经验与原有知识经验的相互作用，来充实、丰富和改造自己的知识经验，三是在学生观上，强调学生的经验世界的丰富性和差异性。

个人（认知）建构主义关注个体是如何建构某种认知（如知识理解、思维技能）或者情感（如信念态度、自我概念）的。它主要是以皮亚杰的思想为基础发展起来的，与认知结构的学习理论（布鲁纳、奥苏贝尔的理论等）有更大的连续性。根据皮亚杰的思想，学习是学习者通过新旧经验的相互作用形成、丰富和调整自己的认知结构的过程，新旧知识经验的双向相互作用表现为同化和顺应的统一：一方面，学习者需要将新知识与原有知识经验联系起来，从而获得新知识的意义，把它纳入已有的认知结构；另一方面，原有的知识经验会因为新知识的纳入发生一定的调整或改组。个人建构主义倡导发现学习、探究学习、基于问题学习等。例如，在教学设计中，经常使用情境性教学、抛锚式教学、支架式教学等方式，引导或辅助学员主动思考和解决问题，促进知识的建构。

社会建构主义关注学习和知识建构背后的社会文化机制，其基本观点是：学习是一个文化参与过程，学习者通过借助一定的文化支持参与某个学习共同体的实践活动来内化有关的知识，掌握有关的工具。知识的建构不仅仅需要个体与物理环境的相互作用，还需要通过学习共同体的合作互动来完成。这种建构主义主要是在维果茨基的思想的基础上发展起来的，同时也受到了当代科学哲学、社会学和人类学等的影响。社会建构主义倡导各种形式的文化参与、社会互动与合作学习。例如，采取小组研讨的方式，引导学员探索问题的解决方案，合作完成任务，以此达到让学员自己完成认知重构的目的。在实际工作中，可以采取"师带徒"或"传－帮－带"的认知学徒制，知识经验较少的学习者在专家的指导下参与某种真实的活动，从而获得与该活动有关的知识技能。

（四）人本主义

人本主义理论是从人类成长潜能的角度来思考学习的，认为学习是为了满足发展的需要。对人本主义学习理论产生深远影响的心理学家分别是马斯洛和罗杰斯。

马斯洛被认为是人本主义心理学的奠基者。他提出的需求层次理论描述了人类需求的五个层次，从基本的生理需求、安全需求、社交需求、尊重需求到自我实现的需求。最低层级的需求是生理需求，这是人类最基本的需求，包括食物、水、空气、住房等，这是人们生存的基本条件。其次是安全需求，它包括对人身安全、生活稳定以及免遭痛苦、威胁或疾病等的需求。人们在这一层次上追求稳定和安全，以保障自己的生存和发展。再次就是社交需求，它包括对友谊、爱情以及隶属关系的需求。人们在这一层次上寻求归属感和认同感，与他人建立亲密关系，以满足自己的情感需求。接下来就是尊重需求，它包括自尊和他人对自己的尊重。人们在这一层次上追求他人的认可和尊重，以实现自己的价值。最后是自我实现需求，这是最高层次的需求，人们在这一层次上追求个人成长和自我实现，发挥自己的潜能。马斯洛的需求层次理论在成人学习中得到了广泛应用，例如，在教学设计中，组织小组讨论等活动，鼓励学生之间的互动和合作，在此过程中，除了获得知识，还可以收获友情、获得他人的认可和尊重等，以满足学生的社交需求和尊重需求；也可以在教学过程中设计具有挑战性的项目和课题，鼓励学生自主探索和研究，激发他们的创新能力和自我实现的动力。

另一位从人本主义理论倾向探究学习的重要人物是罗杰斯。罗杰斯认为，学生学习主要有两种类型：认知学习和经验学习。其学习方式也主要有两种：无意义学习和有意义学习。所谓有意义学习，是一种与个人各部分经验都融合在一起，使个人的行为、态度、个性，以及在未来选择行动方针时发生重大变化的学习。它不仅仅是增长知识，更是要引起整个人的变化，对个人的生存和发展有价值。

从有意义学习的观点出发，罗杰斯认为，凡是可以教给别人的知识相对来说都是无用的，而那些能够影响个体行为的知识只能靠个体自己发现并加以同化。教师的任务不是教学生学习知识（这是行为主义者所强调的），也不是教学生如何学习（这是认知理论所重视的），而是为学生提供各种学习的资源，提供一种促进学习的气氛，让学生自由学习。例如，培训师可以采用探究式教学法和项目式教学法来促进学员的自由学习和有意义地学习。

以上是成人学习的四种基本理论，从学习过程、特点、应用等分析了成人学习的本质，可以用于指导成人学习实践。其实，这些理论也同样指导了未成年人学习实践。表1-2展示了四种基本学习理论在成人学习和未成年人学习中的综合比较。需要注意的是，这些理论并不是孤立的，它们在实际应用中经常相互交叉和融合，以满足不同学习者的需求。同时，不同的学习者和学习情境也可能需要采用不同的学习理论或多种学习理论的结合。

表1-2　展示了四种基本学习理论在成人学习和未成年人学习中的综合比较

学习理论	成人学习	未成年人学习
行为主义	1. 强调通过奖励和惩罚来塑造和强化行为。 2. 强调社会环境和榜样对学习者的影响。 3. 适用于技能培训、操作型学习	1. 同样强调通过奖励和惩罚来塑造行为，但在未成年人中更易实施。 2. 强调班级文化和同伴对学生学习的影响。 3. 在学校教育中广泛应用于课堂纪律、作业管理等
认知主义	1. 强调内部认知过程的重要性，如问题解决和概念形成。 2. 鼓励学习者主动探索和发现知识。 3. 适用于复杂概念的学习和问题解决技能的培养	1. 强调基础知识的构建与积累。 2. 适用于培养思维能力、逻辑推理等认知技能
人本主义	1. 强调个人成长、自我实现和情感体验。 2. 成人学习者更关注个人发展、满足内在需求。 3. 适用于自我提升和职业发展	1. 在教育中关注学生的情感需求和心理健康。 2. 鼓励学生的自我探索和创造力的发展。 3. 适用于培养学生的情感观、价值观、道德观等
建构主义	1. 成人学习者具有丰富的生活经验和背景知识，有助于主动建构知识。 2. 强调新旧知识的联系和学习共同体的合作互动。 3. 适用于成人继续教育、终身学习等领域	1. 在教学中提供丰富的学习资源和情境，鼓励学生自主建构知识。 2. 未成年人通过逐步积累知识和经验，形成认知结构。 3. 适用于培养自主学习能力、批判性思维等

二、成人学习方法

学习方法是在学习过程中形成的一种特定的方式或途径，它对学习效果有着直接的影响。有了科学的学习方法，无论是学员还是培训师，均可以更高效地获取知识，提高学习效率，减少无效的努力。比较著名的学习方法有费曼学习法、西蒙学习法、SQ3R 学习法、番茄学习法和康奈尔笔记法。

（一）费曼学习法

费曼学习法是一种高效的学习方法，也被称为"快速学习法"，由诺贝尔奖得主、著名教育家理查德·费曼提出。该学习法的核心理念是用自己简单的语言把复杂的观点表述出来，通过这种方式来加深对知识的理解。费曼学习法主要分为四个步骤，一是选择一个想要学习的知识点或概念。二是向他人复述这个知识点或概念。假装自己是老师，把这个知识点或概念讲给一个完全不懂这个领域的人听。尽量使用简单、易懂的语言，避免使用专业术语或行话。三是回顾与反思。在讲解的过程中，可能会遇到自己不懂或不确定的地方，这时就需要回到原始材料，重新学习，直到能够清晰地解释这个概念。四是简化和吸收。将所学的知识进行简化和吸收，用简单易懂的语言重新表述这个知识点或概念，确保自己能够清晰地理解并记住它。

在成人培训教学课堂中，邀请一位学员分享对所讲授的知识的理解和应用，这就是费曼学习法的应用。通过分享，既加深了这位学员对知识的理解和应用，又促进了与其他学员的交流。

（二）西蒙学习法

西蒙学习法，也被称为锥形学习法，是由诺贝尔经济学奖获得者赫伯特·西蒙提出的一种学习方法。西蒙教授认为，一个人每分钟可以记忆一个信息块，而一门学问所包含的信息量大约为 5 万个信息块。因此，理论上来说，如果一个人每分钟能记忆一个信息块，那么掌握一门学问大约需要 1000 个小时。如果每周学习 40 小时，那么大约需要 6 个月的时间来掌握一门学问。西蒙学习法的核心思想是"把大任务拆解成小任务"，即将一个大的学习目标拆分为一系列小的学习目标，每次只专注于完成一个小目标，从而逐步实现总体目标。例如，要学习一门新的编程语言，将学习过程拆分为掌握语言基础知识、学习数据结构和算法、编写实际应用程序等小目标，然后逐个完成小目标，通过积累，最终学会新的编程语言。

（三）SQ3R 学习法

SQ3R 学习法是一种有效的学习策略，它包括五个步骤：纵览（Survey）、提问（Question）、阅读（Read）、背诵（Recite）和复习（Review）。首先，学习者需要快速浏览整个学习内容，了解大致的结构和主题。其次，学习者需要提出与学习内容相关的问题。接下来，学习者需要仔细阅读学习内容，寻找答案。在阅读的基础上，学习者需要尝试记忆关键信息和知识点。最后，学习者需要定期复习所学内容，以巩固记忆和理解。这种方法有助于学生更深入地理解和记忆学习内容，尤其在成人学习中，对于提升自主学习能力和应对复杂学习任务具有显著作用。

假设一名成年学习者正在准备参加一次职业资格考试，他可以采用 SQ3R 学习法来备考。首先，他快速浏览整个考试大纲和教材目录，了解考试的基本要求和知识框架。然后，他针对每个章节提出关键问题，如"这个知识点在考试中可能出现的题型是什么？""这个知识点与其他知识点有什么联系？"等。接着，他仔细阅读教材和相关资料，寻找答案并解决自己的疑问。在学习过程中，他尝试使用各种记忆技巧来记忆关键信息。最后，在备考期间，他定期复习所学内容，做练习题并参加模拟考试以检验自己的学习效果。

（四）番茄学习法

番茄学习法，也被称为番茄工作法，是一种有效的时间管理方法，旨在帮助人们更好地管理时间，提高工作和学习效率。该方法由弗朗西斯科·西里洛于 1992 年提出。番茄学习法的基本原则是将工作或学习时间划分为一段固定的时间，通常为 25 分钟，这段时间被称为一个"番茄时间"。在这 25 分钟内，人们需要全身心地投入到任务中去，不受任何干扰。当 25 分钟结束后，需要休息 3～5 分钟，然后进行下一个番茄时间。此外，每完成四个连续的番茄时间后，需要休息 15～30 分钟再开始新的四个番茄周期。这种方法的优点在于，它可以帮助人们集中注意力，避免分心，提高专注力。同时，定期的休息也有助于缓解疲劳，保持精力和效率。在成人培训课堂上，教师的连续讲授时间一般不超过 25 分钟，就是基于番茄学习法的应用，避免学员的注意力不集中。

（五）康奈尔笔记法

康奈尔笔记法是一种有效且结构化的笔记方法，它将笔记页面分为三个主要区域。一是笔记栏，其占据页面的大部分空间，用于记录主要的信息和细节。学习者在这里记录讲课的主要内容、关键概念、例子和细节。二是提示栏，位于页面的左侧，通常占据页面的约 1/4 宽度。这个区域用于总结笔记栏中的关键信息，提炼出要点和概念。提示栏的内容应该是笔记栏内容的精炼和提炼，有助于学习者快速回顾和复习。三是总结栏，位于页面的底部，用于总结整个笔记的核心观点。这个区域是对整个笔记内容的概括和回顾，帮助学习者把握整体结构和要点。图 1-3 为课程《绩效管理》的康奈尔笔记法示例。

康奈尔笔记法可以帮助学习者更好地组织和理解信息，提高学习效率和记忆力。该方法在成人学习中尤其适用，因为成人通常需要处理复杂的信息和概念，而康奈尔学习笔记法能够帮助他们更好地整合知识。同时，康奈尔学习笔记法也鼓励学习者主动思考和加工信息，促进知识的内化和应用。

康奈尔笔记法——课程：绩效管理

提示栏	笔记栏
◆ 绩效管理：目标设定、监控、评估、改进 ◆ SMART原则：具体、可衡量、可达成、相关、时限 ◆ 沟通反馈：定期检查、及时沟通、识别问题 ◆ 评估方法：标准、360度反馈、面谈技巧	一、绩效管理概述 · 定义：通过设定目标、监控进度和提供反馈，以提升员工绩效和组织效能的过程 · 目的：激发员工积极性，提高工作效率，促进组织目标实现 二、绩效计划与目标设定 · SMART原则：具体、可衡量、可达成、相关、时限 · 目标分解与对齐：确保个人目标与组织目标一致 三、绩效监控与沟通 · 定期进度检查 · 及时沟通与反馈 · 识别问题与提供支持 四、绩效评估与反馈 · 评估标准与方法 · 360度反馈 · 绩效面谈技巧 五、绩效改进与发展 · 分析绩效结果，确定改进点 · 制定发展计划，提供培训与支持 · 激励与奖励机制

总结栏

通过本次绩效管理课程的学习，深入了解了绩效管理的核心概念和流程，包括目标设定、监控、评估和改进等关键环节。掌握了SMART原则在目标设定中的应用，学会了有效的沟通和反馈技巧，以及如何进行绩效评估和发展规划。绩效管理不仅是提升员工绩效的重要工具，也是推动组织发展的重要手段。本人将运用所学知识，积极应用于实际工作中，助力组织实现更高的绩效目标

图1-3 康奈尔笔记法示例图

以上五种学习方法各有特色，但它们的核心思想都是帮助人们更有效地学习和掌握知识。在实际应用中，学习者可以根据自己的学习需求和学习风格选择适合的学习方法，而培训师也可以选择好的学习方法来提高自身的学习效率，并可以依据学习规律进行合理的教学设计。

学习单元二　成人学习心理特点

【知识要点】

成人学习的心理特点主要表现为学习者具有强烈的内在学习动机，能够自主管理学习过程；注重个人的经验在认知中的作用，具有较强的自我意识和学习能力等。在教学中，只有了解成人学习的影响因素，熟悉成人学习中存在的障碍，掌握成人学习的典型特征，才能制定合理的教学策略和教学方法。本单元主要包括成人学习影响因素、成人学习障碍和电网企业成人学习的典型特征。

一、成人学习影响因素

成人学习影响因素有很多，主要包括成人认知方面的基本要素——感知能力、记忆能力、思维力和想象力、学习能力等，以及非智力因素成人社会化过程的心理成熟水平。

（一）成人的感知能力

感知能力是指人脑通过其感受器接收外界刺激，并将这些刺激转化为可被人脑理解的电化学信息的能力。它涉及感觉器官对刺激的接收，以及大脑对这些刺激信息的组织和阐释过程。感知能力是人对外界进行认知的基础，是人认识世界、理解事物的重要方式。它与人的感觉器官功能直接有关，随着成人年龄的增长，其感官功能逐渐衰退，不如青少年时期。特别是进入成人晚期，感觉迟钝和反应迟缓较为明显，表现在反应时间长、动作灵活性降低、不稳定性、协调性差。但随着经验的积累和知识的增长，成人能够更好地理解和解释所接收到的信息。因此，相较于未成年人，成人对客观事物的感知与青少年相比具有较高的精确性和概括性。

（二）成人的记忆能力

记忆能力是指人类通过感知和思维等认知过程将某些信息或经验存储于大脑中，并在需要时能够回忆和利用这些信息的能力。记忆过程主要包括三个基本环节，即识记、保持、回忆或再认。由于成人自身的身心、社会特点，其记忆有其自身的特征。

1. 成人的识记

成人的识记是以意义记忆为主。成人在记忆过程中更倾向于通过理解记忆材料的内在联系和主要特征，摒弃非主要部分，进行意义识记。从识记的目的性来看，成人的有意识记占主导地位。从识记的方法来看，成人的意义识记占主导地位。从识记的内容来看，成人的抽象识记占主导地位。从识记的效果来看，成人对有意义材料的识记比对无意义的机械识记效果要好些，其年龄差异也较小。总之，成人在机械识记方面不如青少年儿童，而意义识记能力则超过青少年儿童。原因在于意义识记可在充分理解材料的内涵、意义的基础上，利用联想、比较及有关经验进行识记。

2. 成人的保持

成人的保持，即成人记忆信息的持久性和稳定性。成人更倾向于基于信息的意义进行记忆，而不是简单地机械重复。一般而言，成人，特别是老年人对孤立的事物的机械性识记，其保持率较少年儿童低，遗忘的速度较快；如果识记的材料有意义，并能够与成人已有的知识和经验相联系，则成人的保持率不会低于少年儿童。诺克斯曾指出，成人更容易保持那些有意义并且结合于已有知识结构中的信息。

3. 成人的回忆或再认

成人的回忆或再认，是指成人从大脑中提取和识别存储信息的过程。成人的回忆能力存在着随着年龄增长而下降的特点。少年儿童回忆的速度快，但易错记；成人回忆的速度慢，且易漏记。总体上讲，回忆方面，成人不如青少年儿童。但不同年龄阶段的再认能力几乎没有差别，由于成人可以利用已有的知识体系和经验对信息进行整合和解释，所以成人的再认能力较青少年来说相对稳定或略有上升。

(三) 成人的思维力和想象力

思维力是指个体运用已有的知识和经验，通过理解、分析、比较、综合、抽象、概括、判断、推理等方式，形成新概念，解决新问题，以及作出判断和决策的能力。想象力则是个体在已有形象的基础上，在头脑中创造出新形象的能力。它是对已有表象进行加工改造，形成新形象的心理过程。

1. 成人的思维力

成人期的思维能力如成人的比较能力、抽象概括能力、判断推理能力、分析和综合能力等随着年龄的增加，相比青少年儿童来说不仅没有衰退，反而有所增强。成人期思维能力的发展越来越注重个人的经验在认知中的作用，或者说越来越认识到客观文化知识的相对性。而且，成人的思维能力与其受教育水平、职业有一定的关系。受教育程度高，从事脑力劳动的人，其思维能力就比较强。

2. 成人的想象力

由于成人具有丰富的社会生产和生活经验，能够产生丰富的联想，因此，成人的想象力并不比青少年儿童差，其想象力更具科学性，更切合实际。研究表明，成人的独创性和想象力，即使到了老年，虽有所下降，但并无显著差异。

（四）成人的学习能力

成人的学习能力是指成年人获取、掌握新知识、新技能以及应用这些知识和技能的能力。这种能力不仅包括吸收和理解新知识，还包括将这些知识转化为实际行动，以及解决问题和创新的能力。

成人学习能力的提高与成人的学习心理品质、职业实践，以及受教育的条件密切相关。不同时代、不同地区、不同个体的成人学习能力是不尽相同的，充分反映了成人学习能力的时代、地区、个体的差异性。

成人随着年龄的增加，智力总体功能并未下降，虽然先天禀赋有所衰退，但后天学习和实践所获得的能力会增长，年长者更多地依靠后天能力以弥补先天禀赋的降低，以积累的智慧来代替年轻时的伶俐聪明，因此，他们的学习能力保持相对稳定；成人由于具有良好的学习心理品质和丰富的实践经验，智力又不随着年龄的增加而下降，因而，在同样的客观条件下，一个健康的成人，其学习能力在总体上优于青少年儿童。

（五）成人社会性的心理成熟水平

成人社会性的心理成熟水平是指个体在与社会互动过程中，所展现出的心理特质和行为的成熟程度。这种成熟不仅体现在对自我和他人认知的深化，还体现在情绪管理、社会适应、责任感以及价值观等多个方面。

具体来说，成人社会性的心理成熟水平主要体现在以下几个方面：

一是自我认知的深化。心理成熟的成人能够全面、客观地认识自己，包括自己的优点、缺点、价值观、信仰和人生目标。他们了解自己的需求和愿望，能够清晰地表达自己的观点和情感，不轻易被他人的意见所左右。

二是情绪管理的成熟。成熟的成人能够有效管理自己的情绪，不易受到外界因素的干扰。他们能够保持冷静和理智，在面对挫折、冲突和压力时，能够采取积极的方式应对，而不是被情绪所驱使。

三是社交能力的提升。心理成熟的成人具备良好的社交技巧，能够与各种人群建立良好的关系。他们懂得倾听、理解和尊重他人，善于表达自己的观点和情感，能够在团队中发挥积极作用，推动合作的顺利进行。

四是社会适应性的增强。成熟的成人能够灵活地适应社会环境的变化，不断调整自己的行为和态度。他们能够理解和接受社会的规范和价值观，遵守社会规则，积极参与社会活动，为社会的发展做出贡献。

五是责任感的强化。心理成熟的成人具备高度的责任感，能够对自己的行为负责，并对他人和社会负责。他们懂得承担自己的义务和职责，能够坚持原则，勇于面对挑战和困难，不轻易推卸责任。

六是价值观的明确与稳定。成熟的成人具有清晰、稳定的价值观，能够明确自己的信仰和人生目标。他们的行为和价值观保持一致，能够抵御外界的诱惑和干扰，坚持自己的原则和立场。

这些方面的成熟表现是相互关联、相互促进的，共同构成了成人社会性的心理成熟水平。一个心理成熟的成人能够更好地适应社会、与他人建立良好关系、实现自我价值，并在社会中发挥积极作用。需要注意的是，心理成熟是一个动态的过程，不同个体在不同阶段可能表现出不同的成熟水平。

二、成人学习障碍

成人在学习过程中会存在一些障碍，针对这些障碍，需要采取相应的措施加以解决来提高学习效果。成人障碍常表现如时间管理困难、工学矛盾、培训内容与实际需求脱节等方面。

（一）时间管理障碍

成人学习者往往需要在工作、家庭和其他责任之间平衡时间，这可能导致他们难以安排固定的学习时间。例如，一个忙碌的职场人可能因为工作繁忙或工作与培训的时间冲突，而无法找到稳定的学习时间，使得学习计划一再被打乱。

（二）学习环境障碍

学习环境的限制是一个不容忽视的障碍。成人学习者无法像在校学生那样拥有固定的学习时间和安静的学习环境。他们需要在工作间隙、家庭琐事之余挤出时间来学习，这样的学习环境不仅容易受到干扰，还可能影响他们的学习效率和专注度。例如，学员在培训过程中，接到单位有紧急事情需要处理的通知，就会出现"人在心不在"情况，这样的学习则是无效的。

（三）学习认知障碍

随着年龄的增长，成人的生理功能也会出现衰变，如记忆力衰退、感知觉能力下降、各种器官活动速度减慢及体力上的减弱等。这些生理方面的障碍对成人的学习活动都会产生不同程度的影响。例如，成人往往不愿意参加需要考试的培训，因为觉得自己记忆能力不行，很多知识记不住，考试不容易通过。

（四）学习方法障碍

每个人的学习方法和习惯都有所不同，有些成人学习者可能没有找到适合自己的学习方法，导致学习效果不佳。例如，有的人可能更喜欢通过阅读来学习，而有的人则更善于通过实践来学习。如果成人学习者没有根据自己的特点选择合适的学习方法，就可能会遇到学习障碍。

（五）社会角色和认同障碍

成人学习者往往已经在社会中扮演了一定的角色，这些角色和身份可能会影响他们对学习的态度和认知。例如，一名技术员，如果让他参加管理类的培训，他会认为"学了不用"，出现抵触排斥心理，从而失去了学习兴趣；或者在学习某些内容时，学员受个人经验影响，先入为主地认为培训师讲授的知识点错误，对培训师的观点不认同，甚至持反对意见，很显然，这种学习态度会对学习效率产生负面影响。

三、电网企业成人学习特征

电网企业员工所从事的工作具有高度的专业性和技术性。他们需要掌握丰富的电力知识、技能和经验，以应对各种复杂的电力问题和挑战。这种专业性使得电网企业的员工在思维方式、行为举止等方面都展现出不同特征。

（一）电网企业的成人学习往往带有极强的目的性

与在校学生不同，电网企业的成人学习者通常已经有了一定的工作经验和生活阅历，他们参加学习往往是为了解决工作中遇到的实际问题或为了更好地完成工作任务。因此，他们在学习过程中会更加关注与电网技术、运营管理、安全规范等直接相关的知识和技能，以提升自己在专业领域内的竞争力，对于纯粹的理论知识或与实际工作脱节的内容可能兴趣不大。例如，在能级评价技能类培训班中，学员参与的积极性非常高，因为参加培训后能提高自身能级评价的通过率。

（二）电网企业的成人学习者往往具有自我导向性

电网企业作为提供电力服务的核心机构，其运营和管理涉及众多复杂且关键的任务。在这些任务中，员工需要能够独立思考、自主决策，以便快速、准确地应对各种突发情况和挑战。因而，电网企业的成人学习者在学习过程中也更喜欢独立思考和解决问题，而不是被动接受知识，强调学习的"自觉自愿"性，表现出较强的自主性，善于自我管理和自我驱动。他们通常能够根据自己的需求和目标，自主选择学习内容和学习方式、制定学习计划、安排学习时间，并对自己的学习进度和效果进行自我评估和调整。

（三）电网企业的成人学习具有实践性和经验性

电网企业的技能人员占比较高，对于技能人员来说，现场实操技能是工作中的基本能力。因此，他们在学习过程中更倾向于将理论知识与实际操作相结合，注重"理实一体"，通过案例分析、现场教学、模拟演练等方式，将所学知识转化为解决实际问题的能力。他们也善于从实践中总结经验，反哺理论知识的学习，形成理论与实践的良性互动。同时，他们也会根据自己的经验来评估和判断学习的内容是否实用、是否适合。

（四）电网企业的成人学习强调合作与分享

电网企业面临的任务通常具有复杂性和紧迫性，需要多个部门和岗位的协同合作。通过团队合作，能够将不同岗位的专业知识和技能整合在一起，形成合力，从而更高效地完成任务。因此，在工作中，电网企业的成人学习者需要与同事、上下级进行密切的合作与交流，同样地，在学习过程中也更注重团队协作和知识的共享。他们乐于与他人分享自己的学习经验和成果，以此获得尊重与肯定，实现个人价值。同时也能够从他人的分享中获得新的启示和灵感。

（五）电网企业的成人学习关注持续性和更新性

电网企业是一个技术密集型行业，涉及众多前沿技术和复杂系统。随着科技的不断进步，新的技术、设备和理念不断涌现。为了保持与时俱进，电网企业必须持续学习，紧跟科技发展的步伐，掌握最新的技术知识和应用，以应对行业变革和市场需求的变化。电网企业的成人学习同样需要不断更新和升级，他们需要不断学习新的知识和技能，以适应不断变化的工作环境。因此，电网企业的成人学习对培训师的要求更高，培训师不仅要熟知专业内容，还要掌握成人学习规律，同时要具备较强的学习能力，不断更新知识结构。

电网企业的成人学习具有目的性、自我导向性、实践性、合作性、持续性和更新性等特征。这些特征使得电网企业的成人学习更加符合实际工作需要，也更具针对性和实效性。

【课程小结】

本课程基于成人与未成年人学习的不同，从多个角度研究成人学习基本理论，（行为主义、认知主义、建构主义和人本主义）和学习方法（费曼学习法、西蒙学习法、SQ3R 学习法、番茄学习法、康奈尔笔记法），同时分析了影响职业培训的因素，如感知、记忆力、思维力、想象力、成人社会性的心理成熟水平等，并对职业培训过程中的时间管理障碍、学习环境障碍、学习认知障碍、学习方法障碍、社会角色和认同障碍等进行了简要概括，最后以电网企业员工为例，从不同角度总结了电网企业职业培训的特征。培训师可以借此了解职业培训理论和心理特点，掌握职业培训规律。

培 训 教 学 方 法

培训课程一　基本教学方法

【培训目标】

知识目标	1. 能正确描述基本教学方法的概念和常见误区。 2. 能正确描述基本教学方法的实施步骤。 3. 能正确描述基本教学方法的应用关键技巧。
技能目标	1. 能够按照基本教学方法的实施步骤进行培训教学。 2. 能模仿基本教学方法的应用技巧，设计实施进程表。

正确应用基本教学方法是培训师授课的必备技能。按实施流程来说，基本教学方法的教学活动完成所需时间不受限制，可长可短，培训师在活动中占据主导地位。本课程所涉及的基本教学方法包括：讲授法、提问法、演示法、练习法、讨论法。

学习单元一　讲 授 法 的 应 用

【知识要点】

讲授法是培训教学中使用最多、效率最高的一种教学方法。本单元内容主要包括讲授法的基本概念、实施步骤、常见误区和提升讲授法应用效果的关键技巧。

一、讲授法的基本概念

（一）讲授法的含义

讲授法是指以口头语言方式向学员叙述事实、描绘情境、解释概念、论证原理、阐明规律的教学方法。讲授法是培训教学中效率最高的教学方法，在这种方法中培训师起到主导作用，能有效控制教学时间、内容、策略、方法和步骤，促进学员在短时间内获取大量知识和技能，有利于学员准确把握课程内容。

（二）讲授法的类型

讲授法主要包括讲述、讲解、讲读、讲演、讲评五种类型。讲述这种方法多用于讲述事实、现象、事件过程等，如课程背景内容的讲授。讲解这种方法多用于解释概念、定理、原理等，重点关注的是逻辑联系的阐述和现象背后本质的论证。讲读这种方法直接把要讲解的内容读出来，再展开进行一定的阐述，一般适用于需要简单识记的内容。讲演这种方法需要培训师使用手势、体态等语言，生动地把要讲述的内容描绘出来，如描述如何当机立断处理事故时，用讲演的方式会显得更加生动。讲评这种方法的重点在于"评"，培训师先阐述出现的某一新情况、现象、观点方法等，然后针对性地阐述自己的观点。

二、讲授法的实施步骤

实施讲授法主要包括以下三个步骤：引导学员思考、培训师讲解、知识巩固。

（一）引导学员思考

根据建构主义学习理论，学习要建立在已有知识经验基础上。讲授法虽然是培训师占主导地位，引导学员输入学习内容，但是在讲授传递某一内容前，应采用一定的方法手段积极调动学员的学习愿望，让学员根据已有的知识经验去思考探索，这样更有助于后续培训师的讲解和学员对内容的理解掌握。

例如在讲解"新型电力系统的概念"时，培训师最好不要马上把新型电力系统完整的概念展示在 PPT 上，可以先向学员提问：当前电力系统的主要结构是怎样的？存在哪些问题？等大家讨论完并分享结果后，培训师结合大家的回答作点评，再把新型电力系统的概念展示出来讲解。这样就把新知识建立在学员已有知识基础上，并且加深了对新知识的理解掌握。

引导学员思考阶段，培训师可采用提问、知识回顾、测试等方法，或播放视频、举例子、展示图片模型等手段，以更加契合要讲授内容的方法手段，充分引导学员进入思考阶段。

在这一阶段，培训师不能急于求成，不能直奔主题去问学员要讲授的内容，这么做没有太大的价值，要给学员一个思考总结的过程，这样才能更有效促进后续讲授阶段学员的理解。

（二）培训师讲解

与文字表达及其他场景的口头表达一样，培训师讲解阶段需要注意内容表达的逻辑性，也就是要按照一定的结构来讲授，并且要注意结合其他培训教学方法和手段。内容讲解的逻辑结构主要有两种"是什么－有什么－怎么做

（What－what－how）"和"是什么－为什么－怎么做（What－why－how）"，这两种方法在讲授不同的内容方面，产生的效果是不一样的。

（三）知识巩固

如何检验讲授的内容学员理解吸收了多少，这就要求要重视知识的巩固和检验。在内容讲授完成后，培训师应该给学生充分的反馈机会，这是一个信息加工后输出的过程，有助于进一步加深对所讲解内容的理解掌握。一般地，可以采用学员复述、培训师引导回顾、测试练习等方式开展知识巩固。这个阶段要注意在课前就设计好针对课程内容的提问或测试，并且在实施阶段要充分调动每一位学员的积极性，尽可能做到富有趣味。

三、讲授法的常见误区

（一）填鸭式讲授

很多培训师，尤其是新入行的培训师，急切地想把准备好的内容传递给学员，很自然地把求学阶段的学习方法移植过来，使用填鸭式的讲授，教学效果就会大打折扣。这种做法往往是因为误解了讲授法的定位，以为讲授法教学就是培训师的独角戏，整堂课都是培训师全程在讲授，学员只是被动地接受内容，至于是否真的有效输入了，培训师并未在教学过程中充分关注，这种填鸭式的教学不适用于成人学习，尤其在需要学员理解、互动的内容学习中，效果会更差。

在一次电力营销新员工《反窃电技术应用》课程中，培训师在讲解原理及示范操作整个过程中都是一人讲授，没有与学员进行任何互动，讲完后就让学员分组练习，结果很多组学员不会操作，要么是对操作流程不清楚，要么是关键的操作细节把控不到位。见此情形，培训师又把内容讲了一遍。可以看出，这种填鸭式的讲授，效果一般是不好的。

（二）仅关注知识本身

培训师在授课中往往会陷入一个误区，就是把所有精力都集中在传授知识本身上去，在使用讲授法讲解内容时，仅关注知识本身的讲解，并未结合成人学习的规律和特点，对要讲的知识内容进行适当的扩展，不能充分调动成年人的知识经验储备，更谈不上启发学员思维，单纯的知识讲解对成人来说比较枯燥，讲授效果就不太理想。

在《线损治理技术应用》的课程中，培训师为了讲清楚降线损的流程方法，花了很大力气讲怎么以采集系统的数据为源头查找线损问题区域，以及如何通过查询电表、仪器检测等手段治理线损，但是课堂上有学员走神打瞌睡去了，一堂课下来学习效果较差。造成这种情况的原因之一在于培训师在讲授时只关注治理线损的技术流程，没有进行适当扩展，比如介绍国网公司线损治理政策、结合电网结构讲解线损治理的重要性，还可以在技术流程的讲解中加上治理线损的实际案例，增强课程的趣味性和说服力。

（三）讲解语言晦涩难懂

讲授法是单向的信息传输，讲授过程中如果语言非常书面化、晦涩难懂，就会成为信息传递中的噪音，学员接收效果就不好。尤其在电力行业的课程讲授中，涉及很多原理、实操等内容的讲解时，如果讲授语言都是书面化的内容，学员听起来就非常的费劲，学习效果就不好。

在一次新入职员工《变压器结构认知》的培训课程中，新入行的培训师全程使用"气隙、一次绕组、二次绕组、本体"等专业术语讲授，多数学员听着听着就走神了，还有的在打瞌睡。出现这种情况，就是因为培训师的讲解语言太书面化，晦涩难懂，枯燥无味。

（四）不注意结合其他方法

只用讲授法的培训很考验培训师的个人魅力。新入行的培训师如果不能结合其他方法，孤零零地使用讲授法，对于成人学习来说是不科学的，很难充分唤醒成人学习的积极性。

现在大家越来越关注培训的质效，但是仍有大量的培训班中单纯使用讲授法，没有使用其他教学方法。比如，某培训师在授课中全程坐着对着 PPT 讲，全程没有捕捉学员的反馈，更谈不上及时响应，进行授课方式的调整，这种单纯的讲授，不注意结合其他培训教学方法，培训效果往往会大打折扣，培训质效当然难以得到保障。

四、提升讲授法应用效果的关键技巧

讲授法是效率最高的教学方法，要确保讲授法应用取得好的效果，还要注意以下几个关键技巧：

（一）多种手段引导学员思考

培训师在正式讲解内容前，要学会"卖关子"，可以结合内容选取电力生产现场的照片或者案例，播放相关的微课、视频，悬挂印有原理图的挂图，特别是电力行业技能实操讲解中结合设备的使用、状态、现象等，总之要全面整合资源，选择与所讲内容高度相关的手段方法，充分引导学员进行思考，从而更好地激发学员的求知愿望。

（二）搭建符合逻辑的课程结构

讲授法主要是培训师主导讲解，所以理清讲解的思路非常重要，清晰的思路有助于学员流畅地输入、吸收知识，从而取得好的讲授效果。一般地，可在讲授前列出讲授的提纲并试讲，如此反复打磨完善，可基本保证讲解的内容较为清晰，从而顺利地推进课程讲授。

（三）巩固阶段充分唤醒学员

讲授法前半部分是培训师主导在讲，在知识巩固阶段就要给学员充分的机会来讲、去分享，充分唤醒学员进行信息加工输出，一方面可以反馈讲授的效果，从而提醒培训师是否需要着重再讲解，另一方面可以再次加强学员对知识的理解和掌握。

【培训实践】

讲授法的应用实施进程表
（以"新型电力系统的概念"讲授法应用为例）

讲授法的实施步骤	方法与手段	教学思路
引导学员思考	结合传统电力系统结构挂图 提问引发学员思考	1. 在白板上悬挂关于电力系统的结构框图，包括：发电、输电、变电、配电、用电环节。 2. 提问：你觉得如果要构建新型电力系统，应该在电力系统的哪些方面做创新？ 3. 引导学员思考并分享答案。
培训师讲解	结合新型电力系统挂图讲解概念	1. 讲读新型电力系统的概念：新型电力系统是以承载实现碳达峰碳中和，贯彻新发展理念、构建新发展格局、推动高质量发展的内在要求为前提，以确保能源电力安全为基本前提、以满足经济社会发展电力需求为首要目标、以最大化消纳新能源为主要任务，以坚强智能电网为枢纽平台，以源网荷储互动与多能互补为支撑，具有清洁低碳、安全可控、灵活高效、智能友好、开放互动基本特征的电力系统。 2. 结合挂图讲解新型电力系统的几个基本特征：清洁低碳、安全可控、灵活高效、智能友好、开放互动，并简要讲解实现方式。
知识巩固	对比挂图不同点强化知识掌握	培训师结合两张挂图的不同之处，要点式强化讲解建设新型电力系统需要落实的创新举措，达到巩固记忆的目的。

学习单元二　提 问 法 的 应 用

【知识要点】

提问法是最简单直接的一种课堂互动方式，正确应用提问法可以有效增强培训效果。本单元主要内容包括提问法的基本概念、实施步骤、常见误区和提升应用效果的关键技巧。

一、提问法的基本概念

（一）提问法的含义

提问法是培训师根据培训目标和培训内容设计问题并向学员发问，引导学员思考得出结论，从而获得知识、发展智力的教学方法。

（二）提问法的类型

提问法一般分为记忆型、理解型、应用型、分析型、评价型、创新型几种。

1. 记忆型提问

记忆型提问要求学员回忆或再现所学知识，是一种最简单的或低层次的提问。记忆型提问能够激发学员认知，加深记忆。一般在构建新知识的背景下使用。

例如，在培训中培训师介绍完某个概念或者特征等需要记忆的知识点或者技能点，可以通过以下提问来带领学员回顾："请说出刚刚讲解……的关键词？""以下选项哪个是……的特征""能否将……与……匹配？"需要注意的是，该种提问是对已有知识的回顾，较为简单，适合刺激学员记忆新知，或者活跃氛围。

2. 理解型提问

理解型提问要求学员通过对已学过的知识进行解释、举例、分类、概括、推论、比较或说明，将知识重新组合，对学习材料进行内化处理。与记忆型提问相比，理解型提问需要学员更多的思维活动。

例如，在培训时为了确保学员对已讲或应知的知识点、技能点进行考察，确定学员是否理解，可以通过以下提问来进行反馈："请举出与刚刚讲解的……相关例子""请比较……与……的不同之处？""能否用通俗的语言解释？""关于……你的结论是？""请将……进行分类？"等。

3. 评价型提问

评价型提问要求学员对观念、作品、方法、资料等做出价值判断，或者进行比较和选择。学员需要运用各方面知识、经验，融进自己的思想感受和价值观念，进行独立思考。评价型提问要求学员能提出个人的见解，形成自己的价值观。在进行评价性提问前，需要学员建立正确价值、思想观念，或给出判断评价的原则，作为进行检查或判断的依据。

在评价型提问中，培训师经常使用的提问动词有批判、判断、评价、分级、评估、证明、辩护、看法等。常用的句式包括：你的……标准是什么？哪个更重要？哪个更可靠？有什么失误或不一致之处？你对……有什么看法？

4. 创新型提问

创新型提问要求学员发现知识之间的内在联系，并在此基础上将所学内容重新组合。创新型提问是开放性的，正确答案不止一个，并且通常不大可能事先预测正确答案究竟是什么，有利于培养学员求异思维能力。需要注意的是此类方法往往需要教学时长较多，学员能力较强，在使用时最好能进行适当引导。

在创新型提问中，培训师经常使用的提问动词包括：预见创作、总结、产生、计划、设计、构建、开发、生产、提议、发明、建构。常用的句式有假如……，你能想出……解决方法？怎样证明或确定？

（三）提问法的作用

1. 启发学员思维

学员的思维是从问题开始的，良好的提问能引起学员探新寻胜的兴趣，带领学员探讨"所以然"，启发学员运用学过的知识和已有的经验解决新出现的问题，锻炼学员的分析、归纳、概括的能力。

2. 提高学员注意力

运用提问来使学员注意力集中是培训师在教学过程中经常采用的手段。学员要对所提出的问题做出正确的答案，就必须进行紧张积极的分析和思考，这样就使学员自然地产生一种紧迫感，从而督促和激励他们保持对所学内容的高度注意力。

3. 促进课堂交流

培训师在提问过程中通过学员回答得以形成对学员学习状况的评价，借以检查教学目标达到的程度，并进一步调整自己对下阶段问题的设计。学员通过回答问题从培训师的评价总结中获得反馈，借以调整自己的学习态度、情绪、方法，求取最佳学习效果。提问过程也加强和促进了师生双方的互相交流，对培训师和学员双方产生激励的正面效应。

4. 利于组织教学

培训过程中，可以在不同时间设置提问来组织教学内容，比如，在整个课程开讲时提问，可以引入新课，将旧知识和新知识联系起来；在内容过渡或转折时提问，可以将教材结构和知识系统联系起来；在小结归纳时提问，可以将理解和记忆结合起来。当然，提问的组织教学功能不仅体现在教学内容的组织安排上，也体现在教学秩序和学员学习情绪的调控上。课堂秩序不利于某项教学内容的进行时，可以运用提问来调整。学员因困倦而无精打采或注意力不集中时，培训师适时地提问可以帮助其振作精神，调整学习情绪，恢复注意力。培训师针对学员理解有困难的内容运用提问技巧，也可以引起学员对难点内容的重视和注意，引导学员分析那些起关键作用的材料和信息，帮助学员突破难点。

二、提问法的实施步骤

（一）设计问题

设计问题是提问法的前期准备，培训师要在备课时就设计好问题。在设计问题时要注意目的性、启发性、逻辑性、针对性和适度性五大原则。

在进行问题设计时，尽量不要过多地设计记忆型、判断型问题。理解型、应用型、评价型的提问更能引起注意与思考，体现提问的价值，使培训师与学员之间的思维交流充分体现。最有价值的提问应该是"启迪学员思考"的提问，它能引发学员思考，自发地去探索问题和其自身的关系，即使暂时得不到答案，也会在其脑中打下深深烙印。问题的解决对其自身的意义有可能比这次培训更重要。有时候，一个好问题能起到四两拨千斤的功效。

例如，某次安规培训上，为了使学员充分记住条款，培训师就在课前寻找了一张事故后的现场照片，并用文字描述事故发展经过，在课堂上发给学员并抛出问题"在这场事故中，有哪些地方是违反了安规条例的呢？"通过这种应用型提问，让学员的思考不仅停留在记忆与回顾层面，还能分析该条例背后的原因，锻炼了学员在实际场景中的分析能力。

（二）提出问题

培训师在抛出问题之前可以进行巧妙引入，做好铺垫，使学员在心理上对提问做好准备。在提出问题时，需要简练明确，让学员确切地掌握培训师的要求，并注意要让全体学员都集中注意并认真思考。最好将所提问题通过板书或者 PPT 的形式展示出来，引起注意。

（三）组织回答

培训师在提出问题后不要求学员立即回答而稍作停顿，给全体学员以思考问题、组织语言的时间。根据问题的难易和复杂程度，掌握好停顿时间。培训师提问时一般应面向全班，问后察言观色，选择适当的应答者。

（四）点评总结

培训师在学员回答之后，应能敏锐地捕捉到学员表述的准确或错误信息，及时进行点评，指出学员回答的优缺点。

三、提问法的常见误区

（一）提问毫无设计

培训师在培训课程中未事先考虑设计课题提问，往往无法达成提问目的。如所提问题太难，学员将失去思考的兴趣，望而生畏。而问题太容易则造成思维惰性，容易满足，没有启发性。过多的简单问题与成年人的学习习惯不一致，还容易让学员对培训师的能力产生怀疑，更加影响培训效果。

例如，在某次培训中，培训师需要讲解安全帽的佩戴，当示范到"扣紧下颌带"这一步骤时，边将下颌带扣上，边提出了这样的问题："所以这一步就是要将

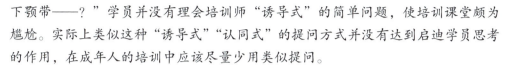

下颚带——？"学员并没有理会培训师"诱导式"的简单问题，使培训课堂颇为尴尬。实际上类似这种"诱导式""认同式"的提问方式并没有达到启迪学员思考的作用，在成年人的培训中应该尽量少用类似提问。

（二）提问直来直去

培训师在提问后不留足停顿思考的时间。新入行培训师可能会害怕课堂过于安静，而直接给出问题的答案，这就使得学员缺少思考环节，达不到引导学员思考，反馈学习情况的目的。不让学员思考，或者不给学员一定时间保证其有效思考，违背了培训以学员为中心的原则。值得注意的是，当学员回答完问题后，无论答案是否正确，仍然可以做适当停顿，让其他未参与回答的学生将该信息处理、加工、同化完成。

很多刚从业的培训师会对课堂中的"停顿"感到不安和惊慌。5～6秒的停顿对他们而言仿佛有"度秒如年"的感觉。通常情况下，大家会因为受不了这样的"停顿"急于跳出这种窒息，于是选择提出另一个问题或者干脆自己说出答案。实际上，保持冷静，耐心等待，让学员感受到一点思考的压力是有益的。因此培训师们要学会顶住"停顿"的压力。

四、提升效果的关键技巧

（一）选择合适的提问方式

直接式提问。以具体学员为提问对象，目的是把不主动参与的或者比较安静的学员吸引到学习中来。用这种方式提问时，会使人措手不及。

集体式提问。面向所有学员提问，问题是大家都可以回答的。它不会让任何一个人为难，因此比直接提问要柔和，引起的焦虑也更少。但因此也没有强制性要求学员回答，有可能得不到任何回应，另外，还可能让一些有表现欲的学员唱独角戏。

接力式提问。把一位学员的问题接过来，再传递给另外一位学员回答。这种方式给学员更多回答问题的机会，让学员从不同视角了解所学的东西。但这种方式经常会因为学员接不下去而冷场。

反问式提问。把问题直接抛回给提出问题的学员，这种方式对于年长、层级高的学员比较合适，可以深度挖掘他们的现场经验；但对年轻、层级低的学员，会出现答不出来，比较尴尬的场面。

（二）选择合适的提问对象

提问是在一定目的支配下进行的，因而在选择提问对象时应该注意提问所欲达到的目的。若目的是复习巩固知识点，应选择听讲较为认真的学员，可以为其他学员起到一定的表率作用，有利于其他学员对知识形成正确的理解。该类问题不适合选择过于消极或者过于积极的学员，前者可能无法回答，造成课堂气氛尴尬，后者可能会过于有表现欲而让其他学员对知识的关注度降低。当然，如果提问的目的是活跃气氛，则可以选择有表现欲的学员，适合在课堂开始，或者气氛较为沉闷时。若提问的目的是组织教学，则可以选择较为消极的学员，通过简单问题逐步引导他们回答，使他们参与到学习中。还需要观察坐在后排的学员，适时面向全体学员，选用轮答、抢答、分组回答等多种形式。

（三）给出恰当的停顿

培训师在进行提问时，应及时、准确地注意时间上的"停顿"。提问难度与"停顿"时间成正比。切忌在学员思考时，喋喋不休地重复提问，不能维持这份思考的"停顿"空间，就会分散学员的思考注意力，也不能锻炼学员的思维启动智慧。当然，"停顿"不是说无限期拖延，"停顿"的时间越长越好，恰当地来得及思考即可，否则学员心理负担过重，造成学员思维的"停顿"或者放弃，反而弄巧成拙。因此必须在"停顿"时关注学员的状态，根据状态结束提问。

（四）给出正确的反馈

学员回答完成后，需要对学员的回答做出正确的反馈。无论学员回答正确与否，都需要感谢学员的分享，切忌让学员的答案飘在半空中，没有回应。当然，除了正向反馈，对于表现不积极的学员，或者故意捣乱，抒发负面情绪的学员，则需要灵活处理。

例如，在某次企业培训师的培训课程上，培训师提问"你认为成年人学习有什么特征？"某位学员就大声回复："不想学，被单位逼着学"。很明显，该名学员并非主动参与到此次培训当中，抱着一些逆反的心理。面对这种学员，培训师也要学员正确反馈，比如认同这种情况："确实成年人的学习兴趣更难被激发"，或者转移问其他学员："你也是这么想的吗？"。

【培训实践】

提问法的应用实施进程表
（以"培训师能力训练"提问法应用为例）

提问法的实施步骤	方法与手段	教学思路
设计问题	逐步提问	课程目标是让学员了解成人学习的特征，学员本身是成人，具备归纳自身学习特征的能力，因此相比于通过讲授法直接给出结论，采用提问的方式逐步引导学员归纳出结论更容易让学员有认同感，采用引导–发现的教学策略。

续表

提问法的实施步骤	方法与手段	教学思路
提出问题组织回答	PPT 逐步提问 适时停顿	1. 培训师引入问题：作为兼职培训师，想要真正地让学员有获得感，就要了解他们有什么样的学习特征。 2. 提出问题："作为学员，你们认为自己学习起来有什么样的特点，可以从多个角度考虑一下。" 3. 引导学员思考并同时宣布回答规则：请5～6名学员回答，并尽量不要重复之前的回答。 4. 组织学员回答，要注意每位学员回答后需要给予肯定，如果学员回答得过于偏离主题，可以进行适当的引导。最好将学员回答问题的关键词记录下来，以便进行总结归纳。
总结点评	PPT 讲授	根据学员的回答进行总结，归纳出成人学习的五大特征。这里需要注意，学员不可能回答得与标准答案一模一样，因此需要将学员回答出的特征进行合并及归纳，最终与要讲授的内容进行匹配。

学习单元三　演示法的应用

【知识要点】

演示法教学是电网企业技能培训中应用较多的培训教学方法，它能够直观地帮助学员建立感性认识，在此基础上通过培训师的引导建立理性认识。本单元主要内容包括演示法的基本概念、实施步骤、常见误区和提升应用效果的关键技巧。

一、演示法的基本概念

（一）演示法的含义

演示法是指培训师使用一些直观教具或实物进行演示，配合讲解引导学员进行系统观察，使学员对事物获得感性认识，在此基础上理解概念和原理，是验证间接知识的一种教学方法。演示法常配合讲授法一起使用。

（二）演示法的类型

1. 媒介演示

主要演示单个的物体和现象，比如通过图片、实物模型、录音录像等媒介来进行演示，直观展现实物细节。

2. 操作演示

主要是还原场景，演示事物的运动和变化的全过程，比如演示某一操作过程、操作步骤。这种演示在技能培训中经常使用。

（三）演示法的作用

1. 使学员获得感性认识

培训师结合教学内容采用演示法，向学员演示直观的物体、现象或者流程，使学员通过直接和间接感知而获得感性认识，并通过恰当的引导，使感性认知上升到理性认识，形成正确的概念。

2. 唤起学员学习动机

培训师演示各种媒介时，媒介的鲜明性、生动性、真实性有助于集中学员的注意力，提高学员的兴趣，使其对内容产生深刻记忆，不易遗忘。

3. 有利于综合能力培养

演示法要求学员认真、仔细观察，积极思维，利用多种感官，做到看、听、想、问相结合，从而培养学员观察力、思维能力和想象力。贴近"工作场景"的演示更有利于学员快速地了解工作要领及方法，能提高学习效率。

图2-1 定制化设备结构图

二、演示法的实施步骤

（一）演示准备

在确定培训教学内容适合使用演示法进行培训时，培训师要做好充分的准备。

对于媒介演示，需要根据教学内容选择合适的媒介，如无法找到与教学内容十分契合的视频、图片、动画等媒介，则需要根据教学目标进行"定制"。

例如，在电气设备巡视的课程上，为了能让学员对变压器设备结构认识到位，培训师"定制"了电流互感器设备外壳，使内部线圈更加可视，如图2-1所示。

对于操作演示，需要准备好教具并反复练习，教具、动作与教学内容要有机结合。如需要他人进行"示范"，需要事先提出明确要求或让示范者反复练习后才可做演示，无论是证明示范还是反面示范，都不能随意发挥。为了减少课堂上现场示范带来的不确定风险，演示法教学中的"示范"可以用视频的方式代替，也就是把要示范操作的部分拍成视频。对于工作流程、技术操作过程等视频，应尽可能实景拍摄，如图 2-2 所示，让学员能看到具体细节。每段视频片段的时间控制在 3～5 分钟为最佳，最长不能超过 8 分钟。

图 2-2 视频呈现示范部分

（二）演示引入

演示前注意演示所呈现的媒介位置，或操作示范位置，确保每名学员都能观察到。在演示之前要及时提出主题，提醒学员要观察和记录演示的重点，布置观察时要注意的事项，引起学员注意，明确学习目标，从而激发学员的学习兴趣，让学员进入参与演示教学的状态，以便在观察时能把握重点，有所依循。

例如，在进行 10kV 开关柜倒闸操作实操项目培训时，在正式演示步骤之前，首先强调了 10kV 开关柜是最常操作的设备，也是操作最容易出问题的设备，引起学员对接下来演示步骤的充分关注。再通过操作错误的事故案例引起学员警醒，从而提高了之后倒闸操作步骤演示效率。

（三）演示实施

进行演示时，要注意发挥学员的主动性，鼓励学员在培训师的指导下进行观察、发现问题，并解决问题。为此，培训师演示的同时要有计划、有步骤地指导学员观察，思考现象与本质间的联系。培训师要适时提醒并指出哪一方面或几方面是重要的或本质的，必要时可暂停或重复示范并解释，帮助学员抓住要点，掌握知识。

例如，在进行吸湿器硅胶更换技能培训时，培训师并未在培训初始就进行完整的步骤演示，而是将硅胶更换分步骤进行，每一步在演示时都注意及时提问，如"硅胶用电吹风去潮应达到什么样的状态才算合格？"，从而既能够引起注意，又强调了操作的要点。并且由于人数较多，演示时是分组进行观察的，确保每位学员充分了解操作步骤及操作要点。

（四）巩固检验

练习是巩固知识的必要环节。演示教学中，培训师可以提出问题，让学员围绕演示主题进一步思考，也可以让学员按照演示步骤自己动手操作演练，从而强化演示教学的效果。一定要注意避免为了演示而演示。演示教学是为了解决具体的教学问题。学员在观看演示之后，应该进行相应的思考，把演示中看到的现象进行归纳。

例如，可以通过以下问题（供参考）获得信息、归纳结论和指导行动："我们用了哪些方法（步骤、要点）""需要这么做的原因是什么""你的感受是怎样的""实际操作中会有哪些挑战？如何解决"等。

三、演示法的常见误区

（一）演示媒介选择不当

演示媒介选择不当容易让学员无法正确认识事物本质，如演示物体太小或太不清晰，则大部分学员无法进行有效观察，容易打击学员学习兴趣。

例如，在某次电气运行人员的培训中，为介绍蓄电池结构，培训师将蓄电池剖开后带到教室中给学员展示。但因学员人数为40人，而蓄电池本身体积不大，展示时仅1~2排学员能看清所展示物体，因而导致课堂效果不佳。

（二）演示操作不规范

培训师在课堂上的演示能让学员直接进行学习和模仿，是保障学员学习知识与技能的前提，如因为准备不充分，未做好演示前的设计导致演示操作不规范，或者演示过于随意，往往会给学员留下错误印象，既误导学员，又失去了学员对培训师的信任。

例如，在电气试验专业培训课上，培训师王老师在实训场地未按照安规要求佩戴手套进行接地线操作，对学员安全意识培训起到了反面作用，对标准化操作步骤的理解也出现偏差。

（三）演示过程无讲解

仅仅单一的演示往往无法多重刺激学员感官，容易使学员感觉到枯燥疲惫，同时也无法理解事物的本质，抓不住重点。

例如，在培训课堂中，播放技能操作视频中培训师无任何解说或强调其中关键点，学员往往会出现注意力不集中，无法理解操作要求等问题。

四、提升效果的关键技巧

（一）演示准备到位

演示准备需要因地制宜，根据培训任务、培训场地、培训学员人数、培训目标等内容准备演示设备，需要考虑包括尺寸大小、摆放位置和适宜的亮度等方面。演示材料过大或过小都不能保证课堂演示的效果。演示物体的摆放应在一定的高度上，同时还要保证适宜的亮度和颜色，使所有学员都能观察到演示的对象，并尽可能运用多种感官来认知事物的主要特征和变化。

（二）演示操作到位

培训师在演示的过程中，对演示媒介的指示要确切，使学员头脑中形成比较鲜明的事物表象，加深对内容的理解。演示操作应规范，突出示范性。还应把学员易出现错误或有疑问的地方有预见性地交代清楚，消除疑问，防止错误的发生。

（三）引导启示到位

培训师在演示的同时进行必要的讲解，通过语言的启发，使学员不是停留在事物的外部表象上，而要引导学员注意观察演示对象的主要特征和重要方面或事物的发展过程，避免注意力分散，及时提示学员注意什么，并加以分析和说明，让学员边观察边思考，抓住知识的重点和问题的本质。但是，培训师在进行讲解时要注意切勿拖泥带水，否则学员更容易感到疲惫，难以注重重点从而失去兴趣。因此讲解时还要结合培训目标，按实际出发，将内容按主次进行取舍，对于重点和难点，可浓墨重彩地讲，使学员深刻理解其中关键。

（四）练习巩固到位

演示结束并不代表学习结束，演示教学不仅是培训师在课堂中创设了一个展示环节，更是学员深入认识学习内容的过程。即便培训师在演示过程中给出了结论，也并不意味学员完全掌握课堂内容。因此需要练习巩固环节来加深学员印象。培训师可以采用多种方式来进行练习巩固，例如分组对抗、小组讨论、头脑风暴、案例分享等。

【培训实践】

演示法的应用实施进程表
（以"继电保护测试仪操作"演示法应用为例）

演示法的实施步骤	方法与手段	教学思路
演示准备	保护测试仪测试线图片	1. 若仅用讲授法讲述保护调试的过程，难以在学员心中留下具体的印象。而将保护测试仪实物演示出来，首先可以让学员清楚直观地看到保护测试仪的外观和内部构造，心中留下具体的形象。同时，培训师在课堂上完整演示了保护测试的过程，可以在脑海中留下深刻的印象。最后，请学员上台演示，进一步掌握保护测试的过程，同时也增加学员的课堂参与度。 2. 培训师提前准备好保护测试仪、接地线、测试线等，并明确培训班学员大部分没有接触或使用过保护测试仪，确保课堂演示效果。 3. 对于部分细节操作，担心学员因为角度问题不好观察，提前拍好照片进行放大处理。 4. 将课堂上要演示的操作过程提前进行演练，确保保护测试仪没有故障，课堂上能够顺利进行保护测试。若课堂上出现失误或者因机器故障演示失败，不仅会影响课堂效果，还会使培训师在学员心中失去威信。
演示引入	直接讲授设备	1. 在培训课堂上将保护测试仪摆放在桌子上，确保每名学员都能观察到。展示时，指出保护测试仪各个部位的名称、作用。 2. 提出本次观摩的主题是明确保护测试仪的构造以及保护测试仪的接线过程，让学员进入参与演示教学的状态，为下一步操作演示做好准备。
演示实施	操作演示保护测试仪测试线	完整演示保护测试仪的接线过程，包括仪器接地、电流测试线连接、电压测试线连接以及接线校核等过程，演示过程中进行恰当地说明和讲解，强调每一步骤的注意事项，并提示学员注意观察变化。
巩固检验	分组练习	培训师演示完毕后，请 2 位学员上台，在培训师的提示和指导下，一步步演示仪器接线过程。培训师要及时指正学员的错误动作，同时在关键动作处进行强调，并在演示结束后充分鼓励学员。

学习单元四　讨论法的应用

【知识要点】

讨论法是一种给学员提供交流意见、分享观点的培训教学方法，对于活跃课堂气氛、培养学员思维能力大有裨益。本单元主要内容包括讨论法的基本概念、实施步骤、常见误区和提升讨论法应用效果的关键技巧。

一、讨论法的基本概念

（一）讨论法的含义

讨论法是指在培训师的指导下，学员以班级或小组为单位围绕与课程相关的主题各抒己见，通过研讨或辩论活动获取知识或形成观念的一种教学方法。讨论法能充分调动成人的学习积极性，并给予其充分地交流表达的机会，具有良好的教学效果，是特别适合成人培训学习的一种教学方法。

（二）讨论法的作用

1. 激发学员积极性

成年人愿意在自己的专业领域发出声音，讨论法给学员创造了互相交流表达的机会，通过互相交流讨论得出结论，这种具有一定探索性、挑战性的学习过程，是很符合成人学习规律的，能够很好地激发学员的积极性，从而更好地参与到课程学习中来。

2. 活跃课堂氛围

培训师对课堂管控的一个重点就是要营造良好的课堂氛围，而讨论法创造了让学员充分交流的机会，大家在轻松的环境下针对某一主题发表见解、探索分析、得出结论，能够打造热烈的课堂学习气氛。

3. 培养学员协作意识

讨论法往往以小组为单位实施，在有些讨论的过程中每个组员还安排有相应的角色，如组长、发言人、计时员等，这种情况下大家为了同一目标讨论分析，最终得出结论进行分享，这体现了一种"团队作战"，在这个过程中就深化了学员的团队协作意识，这也是电力行业工作必需的一种精神。

二、讨论法的实施步骤

实施讨论法主要包括以下四个步骤：讨论前准备、讨论组织、讨论结果分享、培训师讲评。

（一）讨论前准备

讨论前要针对这场讨论活动进行各项准备工作，一般包括讨论主题选择、规则设计、讨论实施预演等环节。

1. 选择讨论主题

培训师应根据要讲授的内容选择讨论主题，讨论主题要与生产实际相联系，最好具有一定的趣味性、挑战性，这样能充分调动学员参与讨论的积极性。此外，讨论的目的是让学员思想碰撞获得结论，所以讨论的主题最好不是封闭的，在知识方面应具有一定的开放性。

在一次《安规》培训中，培训师为了增强课程的趣味性，准备在培训中增加讨论环节，针对某一个电网事故展开讨论，讨论的主题是：该事故的相关方都有哪些责任。

2. 设计讨论规则

讨论规则包括分组形式、讨论时长、结论分享方式等。要提前根据现场布置形式选择分组形式，如岛式布置就很适合开展讨论。讨论时长根据主题预估，实施过程中还可灵活调整。结论分享方式包括逐组分享还是代表性分享、口头表述还是白板展示、贴图等。

《安规》培训中，培训师针对此次讨论设计的规则是：分 6 组进行小组讨论，讨论时间为 3 分钟，各小组将讨论结果写在白纸上，讨论结束后将结果粘贴在白板上。

3. 预演讨论过程

讨论法实施中要组织学员开展思想碰撞，培训师汇总并进行内容讲解，对培训师的课堂组织能力和知识掌握能力都提出了较高的要求。所以，在选择好讨论主题和讨论规则后，培训师应进行讨论过程预演，可以在心中推演，也可以在培训场地实际预想讨论过程，提前考虑各种情况，有利于讨论法教学顺利推进。

在某次培训授课前，培训师提前熟悉了培训场地，并对此次讨论的实施过程进行了预想，明确了要准备的材料：马克笔、大白纸、白板和白板笔，也在预想的过程中发现一个问题，那就是最后让各小组粘贴讨论结果没有给大家讲的机会，就对分享环节进行了重新设计，让在大家在白板上粘贴讨论结果后，请讨论结果有明显差异的两个小组再作细节汇报。

（二）讨论组织

在这一阶段学员将正式进入交流讨论，培训师要做好两件事情：交代讨论主题与规则、做好讨论过程控制。

培训师交代讨论主题，一般是要借助一段背景描述或事件描述，然后向学员提出要讨论的问题。这个过程中，培训师可以直接讲授给学员，也可以采用其他方法手段展现背景里问题和冲突，从而激发学员对讨论主题的兴趣。

培训师交代讨论规则，要向学员明确三件事情：一是明确讨论的组织单元，包括分组的形式、每组人数、角色分配等；二是明确讨论的时间限制；三是交代讨论后结果分享的方式。

培训师对讨论过程的控制很重要。学员讨论的过程也是教学的过程，培训师必须参与其中。一般地，培训师应在培训场地内巡回查看各组的讨论进展情况，这样做有几点好处，培训师可以及时引导讨论中断的小组，也可以收集各组讨论观点为后续讲解做准备。

在《安规》课程的讨论中，培训师在组织学员开始讨论后，就有意识地在 6 个小组间巡回走动，偶尔打断个别小组讨论询问他们持有什么观点及原因，对存在的盲点进行适当的引导。此外，培训师发现大家对相关方的职责划分基本是正确的，但多数小组忽略了工作票签发人的责任，这一点需要在后边的讲评中重点强调。

（三）讨论结果分享

学员针对讨论主题开展了深入的讨论，结果分享阶段得以展示，在这个阶段思想在小组之间的碰撞，培训师要积极激发学员的分享意愿，一般采取每组派代表分享的方式，形式上可采用口头表述分享、粘贴卡片、绘图等方式，培训师要注意把各组讨论结果汇总在白板上，为下一阶段的讲解打基础。

讨论结束后，培训师引导各小组将写有结果的白纸依次粘贴在白板上，并邀请了结不同的两个小组第 2 小组和第 5 小组，派代表进行了口头讲解。

（四）培训师讲评

培训师首先要对学员的讨论过程和讨论结果进行点评，注意点评要以正面或中性为主，尽量避免负面的点评。接下来培训师就要结合要讲授的内容展开讲解，要注意适当扩展。

在两个小组汇报完毕后，培训师对所有学员的积极参与表示了感谢，对各组的讨论结果给予了点评、肯定。接下来，培训师带着大家再次细读案例，并逐一分析相关方的事故责任，在多数小组忽略的工作票签发人的责任处着重讲解。

三、讨论法的常见误区

（一）主题与课程关联性不强

讨论是一种"集体活动"，这种活动是针对某一主题开展的，然而一些培训师在选择讨论主题时没有进行深思熟虑，确定的主题与要讲授的内容没有很强的关联性，学员花了很大工夫讨论后，不能有效地衔接到要学习的内容中去，讨论法的应用效果大打折扣。实际上，讨论主题的选择是至关重要的，是保障讨论法实施取得预期效果的根本保障。

（二）偏离主题不受控制

讨论过程中，每组学员能自行决定讨论的方向。培训师在讨论过程中，有时候会出现"置身事外"的情况，没有在各组巡回查看进展或者没有全部覆盖，这种情况下，很有可能出现有的小组讨论偏离了主题，或在"趁机聊天"，培训师如不能及时发现并纠正，就很有可能导致最后的讨论结果偏题较远，达不到效果。

（三）讨论草草收场

在课堂上有可能出现这种情况，学员花费了很多时间讨论，讨论的氛围也很热烈，但是培训师却没有给学员充分的表达机会，可能因为时间紧张请一组或某一位学员发言，不能有效地展示出讨论法这种思想交流碰撞的"威力"。草草总结，然后开始讲授课程内容，这种过渡很不自然，也不能充分释放讨论法的真实功效。

在兼职培训师能力提升培训《课堂呈现技巧》课程中，培训师让学员分组讨论"营造良好的课堂氛围有哪些方法手段"，学员在经过 3 分钟的讨论后，培训师请 1 组学员分享结论后，就开始了课程内容的讲解。这其实就是一种"虎头蛇尾"的典型表现，没有给各组学员充分地分享机会。

四、提升讨论法应用效果的关键技巧

（一）讨论主题契合课程

培训师在选择讨论的主题时，要进行深入的思考，选择与课程内容高度相关的主题，讨论应对学员具有启发性，并要关注讨论主题的趣味性，吸引学员更加愿意投入后续的讨论中。选好讨论的主题，是讨论法有效实施的第一步。

（二）过程引导要到位

讨论法是让学员去探索分析交流，达到加深理解认识的目的，但手段还是为了教学，所以在讨论过程中培训师一定要"多走动"，及时发现讨论受阻的小组并疏导，及时发现偏题的小组并纠正，及时发现"浑水摸鱼"的小组并引导讨论，这些都是培训师激发学员积极讨论、朝着教学目标迈进的有效手段。

（三）讨论结果分享要充分

培训师要充分引导学员分享讨论结果，一般地要尽量让学员动起来，比如在讲台处面向学员口头分享，在白板上写出答案或粘贴卡片，总之要采用一切必要的手段让学员在结果分享这个阶段充分地展示自己、展示讨论的成果，这样也能给所有学员创造一个思想碰撞、再次思考学习的机会，培训师要牢牢抓住这个机会。

【培训实践】

讨论法的应用实施进程表
（以关于"如何有效降低台区线损"的讨论法应用为例）

讨论法的实施步骤	方法与手段	教学思路
讨论前准备	搜集某供电所高损台区的实际情况作为讨论的背景材料	1. 素材收集：某供电所某台区持续高损，导致线损考核指标始终不理想。描述该情况的背景材料，体现出在技术方面和管理方面都应加强。 2. 讨论主题：针对该高损台区，请分析如何有效降低线损？ 3. 讨论规则：分小组讨论 3 分钟，各组派代表分享结论并阐述原因。 4. 讨论过程预演：培训师提前到培训场地，对讨论整个过程进行了预想，按小组讨论形式布置了桌椅，计划让每组学员到讲台处分享，这样更能给大家展示的机会，并对讨论中大家可能提出的观点进行了梳理，并针对性地设计了应对的方案。
讨论组织阶段	讲授带领学员理解高损台区背景材料，过程中通过讲授、提问等方式引导。	1. 交代讨论主题：向学员介绍本次讨论的背景材料，并提出讨论主题：针对该高损台区，请分析如何有效降低线损？ 2. 交代讨论规则：各组讨论 3 分钟，派代表分享结论。 3. 过程控制：培训师全程在教室巡回，及时倾听各组的观点并提前准备回应内容，及时引导个别小组，确保讨论顺利推进。
讨论结果分享	各小组依次发言	讨论结束后，培训师组织各小组派代表依次上讲台分享结论并论证观点。
培训师讲解	讲授与提问结合，并在讲解中注意结合举例	1. 点评：培训师整体点评讨论过程，并具体到各小组进行针对性点评，关注讨论过程和结果的点评两个方面。 2. 内容讲解：针对高损台区，要同时关注技术线损和管理线损两个方面，并制定具有针对性的措施，并结合背景材料中的高损台区详细讲解降低技术线损和管理线损的方法。

学习单元五 练习法的应用

【知识要点】

练习法是电网企业培训中最常用的强化学员知识与技能的方法，尤其在技能培训中，如何设置有限的练习尤为重要。本单元主要内容包括讨论法的基本概念、实施步骤、常见误区和提升应用效果的关键技巧。

一、练习法的基本概念

（一）练习法的含义

练习法是学员在培训师的指导下，依靠自觉的控制和矫正，反复地完成一定动作或者活动方式，借以形成技能、技巧或行为习惯的教学方式。练习法对于巩固知识、推动学员把知识应用于实际，发展学员的能力以及形成习惯具有重要作用。练习法常配合演示法一起使用。

（二）练习法的类型

1. 理论练习

理论知识练习主要是对基础知识、专业知识和相关知识多层次多角度地练习，使学员在练习中理解、掌握和积累知识。

2. 实操练习

实操练习是一种通过反复实践操作，掌握准确的操作技能。要求学员要在掌握一定理论知识的条件下再将其付诸实践。

（三）练习法的作用

1. 增进理解

练习可以帮助学员更好地理解和掌握某一领域的知识和技能。通过反复练习和不断挑战自己的能力，可以深入了解某一领域的细节和规律，从而掌握更加高效的方法和技巧。在练习过程中，学员的理解、注意、认识等都会介入，共同发挥作用。在反复练习过程中，学员会对学习内容有更进一步的认识，对理论与实际操作之间的关系有更深刻地了解，同时也会逐步提升自身的认知水平。

2. 掌握技能

练习是在学员掌握一定知识的基础上进行的，它强调的是将所学知识反复加以运用，借助这种运用，可以使学员熟练掌握相关知识技能，达到熟能生巧的程度。

二、练习法的实施步骤

（一）练习准备

练习准备包括内容准备与资料准备。

内容准备一是要确保练习内容确实是达成培训目标所需要的，二是培训师自身对于练习内容非常熟练，且有一定心得。知道练习内容的关键点、难点、易错点。对于技能练习还要格外注意是否存在安全隐患，应对实训过程进行安全性分析，制定对应的安全措施并落实到位，确保整个实训过程安全管控到位。对于需要多名师资配合指导练习的，也要提前演练，确保每一位师资都充分了解实训内容、工艺流程、技术标准、安全措施等。

资源准备分知识类练习资源准备和技能类练习资源准备。知识类练习资源一般包括题库、案例、规章制度和技术规程等；技能类练习资源准备一般包括仿真系统、实训设备设施、工具表单等。

例如，在进行《变压器维护—吸湿器硅胶更换》培训授课时，需要学员练习硅胶更换，培训师要做的内容准备为：提前到实训场地确定吸湿器的类型，进行培训前演练，通过操作演练，熟悉培训场地、培训工具及培训项目，使培训师之间对操作的流程、操作方法、技术动作达成统一。同时，通过操作演练也能检验实训场地、实训设备、工器具能否满足学员练习的效果及安全保障。本次课程要做的资料准备为：安全帽、蓝色干燥硅胶、变压器油、除锈剂、扳手、螺丝刀、回收装置（胶桶或纸袋）等。需要根据练习人数确定准备的数量。

（二）安排练习

所有的练习都开始于模仿，因此培训师一定要进行充分的示范，并合理安排练习的次数、时间。练习的目的是给学员提供足够的机会，达到熟能生巧。理论类练习的次数和强度要符合成人学习的规律，避免出现枯燥的题海战术；实操类练习的次数和强度以学员能够使用工具熟练完成操作或者掌握使用工具表单的使用方法为目标，简单操作和复杂操作在练习的强度和数量上应有所区别。

（三）评估效果

每一次练习都是一次查缺补漏的过程，培训师应及时观察、检查、评估学员的练习情况，了解学员存在的知识误区、技能盲点，并给予及时的指正，强化练习的效果。

（四）总结反馈

在每一次练习结束后，都要对所有学员整体的练习情况进行总结。培训师可通过观察和批改作业等方法，评估学员总体掌握情况，并将评估和总结的结果反馈给学员。对于练习中存在共性的问题，可进行再次讲解和练习。

除了培训师自己点评反馈，也可以让学员轮流进行操作演练，其他学员进行观察，当演练的学员结束后，学员相互之间进行点评、交流分享，使学员得到共同的提高，最后培训师再进行点评、示范、总结。这样可以将学员的被动学习转换为主动学习。

三、练习法的常见误区

（一）盲目多练

对于技能类授课，培训师往往会安排大量时间给学员练习。但如果将练习安排得单调重复、杂乱无章，就不能使学员从练习安排中领会到知识的结构、加深对技巧的理解。有的培训师认为练习法可以不用过多参与，用练习来混时间，让自己得以休息，这是培训教学的大忌。

例如，某次对变电站值班人员的培训，培训师授课内容为线路倒闸操作，在组织学员练习时，要求学员对票进行操作练习 5 遍。在练习中有许多学员操作完一遍后就不再愿意继续练习了。实际上，线路倒闸操作如果对着规范票进行操作并不难，设置 5 遍的操作练习会让学员觉得过于枯燥，没有必要。线路操作的关键点应该在于理解每一步操作的原理，知其然并知其所以然，因而可以对学员提出更高的要求，不仅仅要会对票操作，还要能拟票、改票、审票，因此可以对操作票设置不同的练习任务，突破课程难点。

（二）难易不当

练习如果设置得过于困难或者过于简单都不利于学员学习，过于难的练习会打击学员信心，难以掌握，而过于简单的练习又容易让学员思维得不到启发，缺乏收获感。实际上在技能练习时，只停留在简单的模仿与重复上，忽略练习中的思维因素，是达不到培养能力与发展思维的目的，培训就会没有质效。

例如，在某次六氟化硫采样试验课程中，培训师认为技能类教学重点就是学员练习，因此在演示完一遍操作流程后，半天时间全部让学员分小组进行练习，由于操作流程较为复杂，很多学员没有弄懂其中关键，又因缺乏循序渐进而对此项操作失去学习兴趣。导致练习后期学员普遍没有配合度，而培训师又并未针对这种情况进行教学调整，使整个培训未达成应有效果。

四、提升效果的关键技巧

（一）练习循序渐进

练习要从简单到复杂，由模块再到整体。对于一些复杂、困难的技能，可以化整为零，采用分解练习法，将其分解为几个相对独立的单元。在掌握这些简单单元后，再进行综合练习，掌握复杂技能。分解的时候需要注意练习的可分性，掌握好练习的路线、方向和节奏。

参考在驾校学车，复杂的驾驶技巧被分解为多个模块：倒车入库、侧方停车、上坡起步、直角转弯、曲线行驶等，每个大的模块也会被分解为小的动作进行反复练习，通过这种搭积木式的技巧，能让练习变得更有层次性，更容易接受与掌握。

（二）综合多种方法

练习要有好的效果，就要多样化地设计环节。在学员练习之前，要充分强调练习的目的、流程、步骤、注意事项等。在进行演示时，注意示对、示错结合演示，示错是要重点强调不正确的后果。对于个别认知不到位的学员，可以采取手把手教的方式进行讲解、示范。还可以通过学员分组，在小组之间开展竞赛评比，相互切磋提高，增强练习的趣味性。在练习过程中也可结合工作实际多提问，加深学员的理解，拓展学员对知识和技能的应用能力，做到学以致用。

（三）总结提炼到位

对于关键操作要点需要进行提炼，方便学员记忆。在练习时要注意评估学员练习效果。可以采用现场考评，及时发现问题、及时反馈，再对学员进行针对性地辅导、训练。让学员在实践中检验、改进与完善。

口诀法是最容易让人记住操作步骤、操作要领的方式。例如在《变压器维护—吸湿器硅胶更换》培训授课时，培训师就将练习步骤提炼为一拆（拆除呼吸器油罐）、二封（封堵呼吸导管）、三洁（清洁罐体，换新硅胶），帮助学员记忆操作步骤。

【培训实践】

练习法的应用实施进程表
（以"220kV 倒母线操作"的练习法应用为例）

练习法的实施步骤	方法与手段	教学思路
练习准备	安全帽、绝缘手套、五防钥匙、操作票、安全指导手册	1. 根据培训目标内容、学员人数匹配相应的工器具等，并对工器具进行检查，确保学员在培训过程中能有足够、性能良好的工器具使用，增强培训效果、确保学员人身安全。 2. 根据培训内容按照作业全过程进行演练，分析作业风险、预控措施；熟悉操作要求，并将线路倒闸操作步骤进行分解，可以分解为"倒前准备"－"倒闸操作"－"方式恢复"。
练习安排	讲解 演示 阶段练习	1. 讲解倒母线操作的目的、操作流程、步骤及注意事项；可以通过事故案例强调操作中的安全性。在练习前向学员说明本次练习的目标，即学员需要完整地掌握倒闸操作工作步骤并满足每个步骤的技术要求；向学员介绍本次练习需要用到的仿真设备；着重向学员分析本次练习过程中的注意事项，并于练习开始前再次向学员强调。 2. 将学员分小组，2 人一组分为操作人与监护人共同完成操作，可自行分配角色，并提交操作记录。
评估效果	练习指导 实施考核	1. 学员按照规定的练习任务开展练习，培训师在旁边观察、记录，提供及时的指导。其次，要对学员存在的知识误区、技能盲点给予及时指正。例如，发现学员操作有漏项、跳项、找不到操作位置的，可针对性地进行辅导。 2. 在学员阶段性练习结束后，邀请典型小组上台示范，并请其余学员对其进行点评。 3. 开展小组竞赛，相互切磋。

续表

练习法的实施步骤	方法与手段	教学思路
总结反馈	交流探讨	将评分表分发给学员，组织学员就自己的练习情况进行组内讨论。讨论10分钟后，每组派一名代表发言。小组代表评估、总结本组的练习情况，并互相交流心得与经验。 培训师再次总结共性问题，例如学员对步骤的整体顺序不熟练等。提醒学员在下一次的练习中着重改进。

【课程小结】

　　本课程主要介绍了包括讲授法、提问法、演示法、讨论法、练习法在内的五种基本教学方法。厘清每种教学方法的基本概念与实施步骤。值得注意的是，并不强求培训师在实施时严格按照步骤进行，但该步骤可以最大程度地形成闭环，帮助培训师提升培训效果。课程还总结了五种基本方法的常见误区与提高效果的应用要领，帮助培训师会用、用好这些教学方法。培训师应能在课堂中根据教学内容与学员情况，灵活应用这五种基本教学方法以提升培训效果、达成培训目标。

培训课程二　进阶教学方法

【培训目标】

知识目标	1. 能正确描述进阶教学方法的基本概念和常见误区。 2. 能正确描述进阶教学的实施步骤。 3. 能正确描述进阶教学方法的应用关键技巧。
技能目标	1. 能按照进阶教学方法的实施步骤进行培训教学。 2. 能综合考虑进阶教学方法的应用技巧，设计实施进程表。

　　进阶教学方法对培训师的课堂掌控能力提出了更高的要求。强调通过如案例、任务、情景等载体引导学员体会、归纳、总结、分享，能有效促进培养学员的思维能力、分析能力等，对提升成人培训教学效果具有重要的作用。本培训课程将介绍案例分析法、角色扮演法和任务引导法三种培训教学方法的应用。

学习单元一　案例分析法的应用

【知识要点】

　　案例分析法是以案例为载体，引导学员分析思考得出结论，以过去的知识经验等指导后续工作的教学方法。这种教学方法能够很好地锻炼学员的综合分析能力，是电网企业培训中应用较多的一种培训教学方法。本单元主要内容包括案例分析法的基本概念、实施步骤、常见误区和提升应用效果的关键技巧。

一、案例分析法的基本概念

（一）案例分析法的含义

案例分析法是指以案例为基础，培训师根据教学目标的要求引导学员对案例进行阅读、分析、讨论，在原理与实践结合中达到掌握知识技能的目标的一种互动式教学方法。

（二）案例分析法的作用

1. 激发学员积极性

案例分析法给学员创造了针对某一背景主题进行分析讨论的机会，是一种探索分析得出结论的过程，能够充分调动学员已有的知识经验基础，且具有一定的挑战性，过程中能够充分展示成人较强的思维能力。所以，这种培训教学方法往往能够激发学员的学习兴趣，引导其投入其中，营造出浓厚的学习氛围。

2. 增强学员综合素质培养

案例分析法需要学员通过对背景材料的阅读理解，针对某一问题开展分析或讨论，能够充分调动学员的思维，在多种情况下学员还要进行讨论，向同组学员论证自己的观点，通过讨论最终达成共识。这个学习过程能够训练学员思维、表达、辩论、逻辑等各方面能力，这是案例分析法相较于其他方法的明显优势。

二、案例分析法的实施步骤

实施案例分析法主要包括以下四个步骤：准备阶段、案例分析组织、分析结果分享、点评及内容讲解。

（一）准备阶段

案例分析法是一种综合的教学方法，在实施案例分析法前要进行一定的准备，主要包括收集素材确定案例、问题设计、案例讨论分析过程预演。

1. 收集素材确定案例

培训师在开展案例分析法前要收集与课程内容高度相关的案例，一般要收集电力行业生产实际中的真实事件作为背景，如生产事故、典型违章、典型经验等，并经过整理加工，形成一个完整的具有背景、经过、问题的案例，从而给学员提供一个有价值的讨论分析的背景材料。

例如，在讲授《营销作业现场违章事件分析》培训课程中，为了说明违章的危害性，培训师打算用一个案例来加强学员的认识理解。他根据实际工作经历，收集了所在公司的装表接电班王某在一次装表中的经过，其中包括了王某在装表中的多处违章，王某也因此次违章被公司处罚。经过整理，作为课上供学员分析讨论的案例。

2. 问题设计

案例确定后，接下来的关键就是设计问题，让学员通过案例的分析讨论得出什么结论。一般地，问题要根据案例中的突出矛盾来设计，让学员能够带着问题去深度解读案例，通过分析讨论找出问题的答案，从而达到增强学习效果的目的。

在《营销作业现场违章事件分析》培训课程中，培训师设计的问题是：王某在装表接电过程中，存在哪些违章行为？

3. 讨论分析过程预演

案例分析法是一个综合的培训教学方法，涉及背景的交代、分析讨论的组织、结果汇总、点评讲解等内容，为了确保达到预期效果，培训师在课前要对案例分析法实施过程进行预演或预想，从而提前发现案例分析法实施过程中不合适的地方，并及时进行改进完善。

《营销作业现场违章事件分析》培训中的案例分析法应用中，培训师提前到教室熟悉场地，发现座位是固定式的前后排座，并且桌面上还有电脑，这种座位安排对讨论会有一定影响，因此安排人员把电脑取下放在玻璃面板下，并计划课上安排临近的两排为一组进行讨论。对于案例分析结果，培训师预想各组的结果汇总后应该可以包括所有违章点，案例分析过程中就要及时对结论不全面的小组进行引导。

（二）案例分析组织

1. 案例背景介绍

案例分析开始前，培训师首先要介绍案例的背景内容，可以直接用讲授的形式带领学员阅读案例材料，对案例中突出的矛盾点、问题点可进行适当的突出讲述，从而激发学员的学习兴趣。

培训师在案例介绍阶段，带着学员把案例阅读了一遍，并提示大家根据装表接电标准化作业流程逐条分析违章操作点。

2. 案例分析讨论

这个阶段是案例分析法的主体部分，学员通过分析与讨论得出结论，并针对结论的观点准备充分的论据，这是一个探索性的学习过程，学员和培训师的积极参与是案例分析讨论获得良好效果的有力保障。

学员按照分组进行讨论分析，根据材料经过深度研讨明确问题的结论，并针对结论准备相关论据，以便开展结果分享。案例的结论往往不是绝对封闭的，学员可以结合已有经验充分交流。

培训师在案例分析讨论阶段，应该在学员间巡回，及时收集大家的观点，做到"心里有数"，并及时适当引导可能存在思考堵点的学员开展分析。

学员在案例分析阶段，培训师特别注意在学员间巡回，及时掌握大家的分析进展情况。在巡回过程中，发现某一小组对装表接电的整个流程掌握不完整，于是及时将整个标准流程简短地向该组学员进行了讲解，从而帮助小组顺利进行接下来的案例分析讨论。

（三）分析结果分享

案例分析完成后，各小组达成一致结论，并在小组内针对结论准备好充分的论证依据。此外，分析结果还要在所有学员中分享，可促进其他组学员横向对比，从而进一步加深对案例的深入思考。在这个阶段培训师可组织多种形式的分享，如派代表到讲台处口头分享，或者在白板上写出结论等，形式尽可能活泼，充分调动大家的积极性。

为了便于汇总大家的分析结果，培训师在白板上提前写好了违章的若干要点，"未戴安全帽""操作中脱离监护""未搭设围栏""未开班前会"，并故意漏掉"未办理工作票"，然后让各小组派代表根据各组结论在违章点下写上组号进行"投票"。

（四）点评及内容讲解

案例分析完毕后，培训师应对学员的分析过程及结论进行点评，一般要进行正面点评或中性点评，忌负面点评。

点评完毕后，培训师一般要再次带领学员深度解析案例，并循序渐进得出案例结论。特别注意在分析过程中，还要重点讲解学员的知识技能盲区，加深学员的理解掌握。

三、案例分析法的常见误区

（一）案例选择不适当

案例分析法整个过程是围绕案例进行的，案例的选择尤其重要。培训师在案例分析法中，有时候选择的案例太简单、太困难，或者案例与要讲授的课程内容不够贴近，这些都会导致学员不能很好地通过案例讨论分析达到学习目标。

（二）案例讨论控制不当

一般地，案例分析法需要学员分组进行讨论分析，培训师缺乏对过程的控制，就会导致案例分析法效果不佳，例如有些小组没有完全理解案例背景、没有找出要讨论问题的关键点或者分析方向出现了偏离、讨论发展成了争论等问题。在案例分析法实施中，培训师对讨论分析过程没有及时跟进、控制，导致出现以上问题，最终导致案例分析法实施效果不佳。

四、提升案例分析法应用效果的关键技巧

（一）案例选择要贴近实际

选择的案例一定要贴近电力行业生产实际，最好直接来源于现场的案例。学员分析这样的案例，一方面很有代入感，增强学习的兴趣；另一方面，通过学习后掌握的知识技能也能更好地指导实际工作开展，也就是理论来源于实践，再指导实践的过程。

（二）案例讨论过程引导与控制得当

与讨论法一致，案例分析讨论的过程中，培训师要全程巡回，及时收集各组的观点，适时适当加以引导，及时解决大家讨论中的问题，确保全体学员积极参与案例分析讨论，朝着预期方向推进。

（三）案例分析结果分享要充分

案例分析完成后，要给各组学员充分的机会和时间进行结果分享，培训师要注意结合课程内容设计富有趣味的分享方式，如画图、贴纸等形式，再次启发学员的思考。

【培训实践】

案例分析法的应用实施进程表
（以关于"专变用户业扩报装遭投诉案例"的案例分析法应用为例）

案例分析法的实施步骤	方法与手段	教学思路
准备阶段	案例准备	1. 案例设计：收集某供电公司业扩报装专责在处理专变用户业扩报装工作过程中遭到投诉的素材，完整呈现事件处理过程。并设计案例分析的问题：请根据您的工作经验分析，该专责遭到投诉的原因是什么？该如何避免类似投诉呢？ 2. 分析过程预想：预想讨论分组安排、分析组织、过程引导等，确保案例分析正常推进。
案例分析组织阶段	案例分析组织巡回聆听指导	1. 背景介绍：根据案例素材，简要介绍某供电公司专责在业扩报装工作过程遭到投诉的经过，并提出要分析的问题。 2. 介绍案例分析要求：各小组讨论 4 分钟后，派代表分享结论。 3. 过程指导：培训师在各小组间巡回，及时收集各小组的讨论结果，及时指导偏离讨论主题的小组，确保案例分析讨论正常推进。

续表

案例分析法的实施步骤	方法与手段	教学思路
分析结果分享	各小组分享结论	各组派代表依次分享本组的分析结果
点评及内容讲解	点评过程与结果深入讲解案例	1. 点评过程：培训师点评各小组的案例分析过程，对案例分析过程中做得好的和需要改进之处做点评。 2. 点评结论：培训师重点点评各组的分析结论，对其中分析比较深入、结论比较独到的给予肯定，对其中可能存在误差的分析结果进一步跟该小组进行简单沟通。 3. 归纳讲解：培训师结合案例逐个要点分析该业扩报装专责被投诉的原因，并结合公司业扩报装方面相关的规章制度进行深入剖析讲解。在此基础上要点式剖析避免类似投诉的要领： （1）业扩报装时限要记牢； （2）各环节及时沟通很重要； （3）报装资料要求要记牢。

学习单元二　角色扮演法的应用

【知识要点】

角色扮演法是一种体验式教学方法，通过给学员赋予角色，让学员在情景与冲突中处理问题，从而锻炼学员的综合能力。本单元主要内容包括角色扮演法的基本概念、实施步骤、常见误区和提升应用效果的关键技巧。

一、角色扮演法的基本概念

（一）角色扮演法的含义

角色扮演法强调情景中的体验与行动。通过构建以时间、空间、人物、任务为要素的模拟（仿真）情景，设计角色与任务，让学员运用所需要学习的知识技能处理各种各样的问题，把抽象的知识技能转化成更加直观的体验，沉浸在情景中进行学习的教学方法。

（二）角色扮演法的类型

1. 模拟扮演

模拟扮演是在一个仿真环境中，让学员根据自编、自导的一种模拟情景进行扮演。

2. 情景重现

让学员重现一个真实的事件，同时增强冲突力度，突出比较关键的瞬间，使他们真切体会到冲突情境带来的影响。

（三）角色扮演法的作用

1. 有效互动

在角色扮演法培训中，知识与技能的传播不是单向的，而是双向互动的综合过程。这种互动既包括培训师与学员之间的互动，也包括学员与学员之间的互动，在这种多向的互动中学员能扩大自己的视野。学员在扮演过程中也相互协作、相互沟通，通过共同努力来完成预设的情景，对增强合作意识也大有裨益。培训师也能对学员的扮演中进行观察，更好地完善自己的教学。

2. 提高能力

角色扮演旨在能创造充分激发学员潜能的宽松学习环境，通过将学员置身于情景中，提高其综合技能。角色扮演中，学员是操作的主体，是教学活动的主人。在整个活动过程中，学员通过扮演相应的角色，对问题进行分析，表达观点，做出决策，极大地提升了学员的参与度。角色扮演法高仿真性的特点，能够极大地贴近业务，实现学习迁移，促进学员将所学的知识技能更好地运用到未来相似的情景中，训练的实效性更高。

二、角色扮演法的实施步骤

（一）构建情景

在培训课程开始之前，需要根据教学目标，明确情景任务，编写在该情景中需要完成的任务。再基于任务，描述情景信息，交代人物、时间、空间、事件等背景信息。在背景信息中，隐藏了学员可能遇到的挑战点，这些挑战点就是此次课程的重点内容。同时还要根据教学目标，提前预判学员可能出现的问题点，设计反馈要点。最后，描述操作流程与要求，包括具体的步骤环节、时间要求等，可以参考表 2−1 辅助进行情景构建。

表 2−1　　　　　　　　　　　角色扮演法设计表

设计要点	具体要求	具体内容
1. 总背景资料设置	背景描述，如非工作变迁、组织人事、工作或生产状况、社会环境等	如时间、空间、人物、事件描述等。具体需要交代哪些情况视教学目的而定。
2. 各人物资料设置	一般会设计至少两个角色，视教学内容而定。人物背景说明需要包括情节设定和人物的心理描写，并设计一些发展高潮和冲突	详细介绍每个角色的背景，面临的事件及心理活动。使学员能通过描述了解人物及事件，进行扮演。

续表

设计要点	具体要求	具体内容
3. 任务说明	需要清晰指明每个角色的任务，任务说明里提出需要演练者完成的任务，这种任务具有冲突性。同时其他观察者也需要有明确的任务	设置此次演绎的主练者及辅练者，由主练者解决具体任务。
4. 所需清单	做好道具和物品清单	如桌椅、物料等。

为了评估设计的情景的有效性，需要在实际教学之前，对情景进行测试。可以组织部分目标学员参与整个教学过程，也可以邀请目标学员以及相关专家人员，对该情景进行推演。通过这种方式发现可能存在的问题点，并做出调整。

（二）情景导入

在开始角色扮演前需要介绍演练的内容和方法。需要明确的包括：演练的目的，演练的角色分配和背景介绍，演练的过程、步骤、要求，最后对于不直接参与演练的学员也要明确任务，观察记录演练过程，演练结束后点评。

（三）组织模拟

学员在模拟表演区按照设计的场景、角色、台词等进行现场模拟，允许学员按照情景框架现场发挥，其他学员观摩记录，培训师监控扮演过程，对学员的表演进行记录并巡视其他学员的学习状态。在演练过程中培训师要随时对学员提供帮助并控制好演练的气氛与时间。

（四）总结反馈

在结束后，由表演学员进行自评，分享模拟过程中的体验、思考和感悟；观察记录学员谈观感和收获与疑问；培训师重点对表演学员的主观表现、方法运用情况、角色沉浸程度和情景应变能力等方面进行评价，对扮演过程中的不足提出改进建议。最后需要将知识和技能提炼升华并延伸拓展，促进学员反思改进，形成知识应用和技能迁移。

角色扮演属于课堂中比较大的活动，因此在整个课程结束后还应该对项目进行复盘总结，能够更好地总结经验，让未来的培训效果得到持续提升。

在总结复盘的时候，可以按照如下的问题框架进行：

（1）预期教学目标是什么？

（2）实际的教学效果如何？

（3）实际的教学效果与预期的目标有哪些差异？

（4）没有出现差异的成功因素是什么？

（5）出现了差异的原因是什么？

（6）在实施这次角色扮演中，可以总结的经验是什么？

（7）在实施这次角色扮演中，收获的学习点是什么？

（8）未来将如何应用这些经验和学习点？

三、角色扮演法的常见误区

（一）形式大于内容

角色扮演法需要学员从体验中得出结论（即学习内容），这个结论应该完全依托学员在任务中的表现和全体学员的分析，能让学员心悦诚服地认同这个结论。如果在培训课程中所设置的角色所导出的结论完全脱离情景，让扮演成为一种形式，那相当于只是走了过程，课堂看似热闹，实则没有任何益处。

（二）情景设置简单

有的培训师在设置情景时考虑得比较简单，只通过简单地描述或者布置完成。这种情景再现虽然降低了培训师教学的控场难度，但也减弱了学员"体验"的真实感，不能充分发挥角色扮演法教学的真正作用。这是因为，角色扮演法不是常规的课堂练习和课堂示范，它需要参与角色扮演的学员根据案例背景，设身处地地去解决问题，从而让参与者和观察者"悟出"正确答案。

例如，在某次对变电站值班人员的培训上，培训师授课内容为线路倒闸操作，在讲授完操作的具体步骤后，培训师对大家说："接下来，尝试一下情景模拟，学员两人一组，一人为监护人，一人为操作人，在仿真系统上对票完成倒闸操作。"但实际上这种教学手段与其说是一种角色扮演，不如说只是练习，因为只是通过两句话而构建的情景，并不能真的让学员有太多代入感与体验感，所设置的情景与冲突也不够。

（三）忽略情感共鸣

角色扮演法教学的课堂中会有两种角色，一是参演者，他们是角色演练的主角，其表现决定了角色扮演能否成功。而容易被忽略的另一个角色同样影响着教学的效果，那就是旁观者。有些培训师只关注到"前台"演练过程，而忽略了观察演练的其他学员的"带入"效果，这就使得大部分学员在此环节并未投入学习，导致培训效果不佳。

综上所述，培训课堂中的角色扮演法教学应该给学员带来更深刻的体验，更强烈的"真实感"和"临场感"。其区别于传统的课堂练习和示范教学，更强调学员"从做中学"，而不是"学了再做"。因此在背景设计和课堂组织中要充分考虑对角色扮演者和全体参与者"状态"的引导，使角色扮演的"真实感"最大化。

四、提升效果的关键技巧

（一）精心设计

角色扮演法在应用的时候，一是需要基于角色扮演法的要素，设置明确的教学目标，角色扮演法不是为了营造氛围而设计的，是服务于特定的教学目标的。因此，每一个角色扮演活动设计，都需要有特定的教学目标为引导。二是要设计合理情景，确保所设计的情景与工作现场尽量一致，具有仿真性、代表性、价值性及挑战性。三是可参与的演练难度，在演练难度的设计上要充分考虑学员的实际情况，让学员能够参与进来，避免因为难度过大或者过于简单，让学员失去参与意愿。四是清晰的操作流程，从前期的准备，中期实施的分组、时间把控到后期的点评方向等，都设置明确的要求，保障操作的顺畅和实施的质量。

（二）注重控制

角色扮演环节要出彩、出效果，最关键的是要加强"控制"。一是对"角色"的控制。需要提前设定"角色"的背景信息，假如是销售培训，可以对角色的年龄、需求、性格特质等做详细设定，同时，对于大家平时工作中经常犯的问题或错误也要设计进去，成为"陷阱"，看演练者是否有能力解决这些问题点，这样才能让大家在练中学，使演练有意义。二是对"时间"的控制，在进行角色演练时，需要规定时间，在要求时间内完成所需要的动作，而不能无限期演练。出现时间不可控的情况，一方面要做好提前准备，明确时间和操作要点。当现场出现时间超限的时候，培训师要根据教学目标灵活做出调整。三是对"观摩者"的控制，制作"观摩评估表"，请观摩人员针对演练人员的表现进行评估、打分，然后发表意见，目的是让所有人都参与其中，观摩别人也是一种成长。

（三）提供支持

在演练过程中，学员可能会出现畏难或者因为要在群体当中演练有压力，无法全心投入的情况。当培训师注意到这个现象的时候，需要通过鼓励、适当示范等方式推动学员参与。当现场争论激烈到影响演练的时候，培训师需要进入到小组当中，进行倾听和梳理，将争论双方的观点进行提炼，并引导双方说出观点背后的依据，推进小组做出决策。

【培训实践】

在"优质服务中的沟通技巧"培训课程中，采用角色扮演法，帮助学员在体验过程中掌握沟通的艺术。

角色扮演法设计表

设计要点	具体要求	具体内容
1. 总背景资料设置	背景描述，如客户投诉、电费催缴、停电解释、网格服务等。时间、空间、人物、事件描述等。具体需要交代哪些情况视教学目的而定	王女士收到一条供电公司发来的催费短信，让其缴纳新房的数百元电费。对于自己去年才购置的尚未装修的新房，怎么可能会产生欠费？异常困惑的王女士赶到供电所了解情况。但大厅服务人员的解释未获王女士的认可而产生争执，引起大厅其他客户的围观和聚集。
2. 各人物资料设置	一般会设计至少两个角色，视教学内容而定。人物背景说明需要包括情节设定和人物的心理描写，并设计一些发展高潮和冲突	姜柜员是负责接待王女士的前台服务人员，业务熟练，在接待时能够最大程度取得用户谅解。 王女士认为自己所购的住房一直都是闲置状态，并未装修入住，对收到的欠费短信非常诧异，认为是供电部门的差错。
3. 任务说明	需要清晰指明每个角色的任务，任务说明里提出需要演练者完成的任务，这种任务具有冲突性。同时其他观察者也需要有明确的任务	主练者为姜柜员这个角色，姜柜员需要通过与王女士的交流，让王女士消气并找到解决方法。 辅练者为王女士这个角色，按照背景真实演绎即可。 观察者重点观察姜柜员与王女士沟通的技巧是否到位。
4. 所需清单	做好道具和物品清单	编写背景资料的PPT。 将各角色的背景资料分别打印，相应分发给演练者。 椅子2把。 计时器1个。

学习单元三　任务引导法的应用

【知识要点】

　　任务引导法是一种以任务为载体，让学员通过完成任务达到掌握知识、强化技能的目标的培训教学方法。这种教学方法中的任务紧贴生产实际，能很好地指导帮助学员学以致用。本单元主要内容包括任务引导法的基本概念、实施步骤、常见误区和提升应用效果的关键技巧。

一、任务引导法的基本概念

（一）任务引导法的含义

　　任务引导法是指将教学目标与课程内容隐含在一个或几个有代表性的任务中，以学员完成任务作为教学活动的重心，重在培养学员综合职业能力的教学方法。

（二）任务引导法的作用

1. 激发学员的学习兴趣

　　任务引导法以贴近工作实际的工作任务为学习载体，学员在学习中可以调用已有的知识技能及经验，达到学以致用的目的。一般地，学员以小组为单位进行探索学习，带着目标推进工作任务完成，完成任务的过程中学员可以角色分工，团队协作推进任务开展。此外，任务一般具有一定的挑战性，符合成人的学习心理特点，任务完成后会有充分的成就感。所以，任务引导法能够充分激发学员的学习兴趣。

2. 增强学员的综合能力

任务引导法中学员运用知识技能完成任务，强化了学员对知识技能的理解运用，增强了学员知识灵活运用和实战技能的培养。学员分组进行探索学习、完成任务，在这个过程中能增强团队协作意识。在完成任务的过程中，往往涉及制定方案、职责分工、跟踪解决、反馈调整等一系列流程，能够很好地锻炼学员分析问题、解决问题的能力。总而言之，任务引导法能锻炼学员多方面的综合能力，让学员得到多方面提高。

二、任务引导法的实施步骤

实施任务引导法主要包括以下四个步骤：设计任务、执行任务、展示成果、点评总结。

（一）设计任务

任务设计包括具体要完成的任务内容、完成任务的形式及完成时限、分享形式等规则设计。在进行任务设计时，要特别注意紧密结合电力生产实际，将教学目标进行分解，并针对性地进行任务设计，确保完成任务后要实现教学目标。

（二）执行任务

学员个人或者以团队形式进行探索式学习，运用已有知识经验推进任务开展。以团队形式完成任务时，一般还要明确组内人员的分工。任务执行的过程中，培训师应适时地了解各组的任务进展情况，并给予适当的引导，确保各组顺利推进完成任务。

（三）展示成果

任务完成后，要进行成果的展示。如果是分组进行的，最好让每个小组都进行展示。展示的形式根据任务情况确定，可采用口述、画图、对照设备讲解等形式。

（四）点评总结

成果展示完成后，要进行及时点评，点评包括自评、互评、培训师点评，通过多种点评进一步加深全体学员对知识的理解掌握，强化对操作技能的掌握。

培训师在点评时，要注意从过程和结果两个维度开展，全面点评任务推进过程中好的方面，也要及时指出其中还存在的问题，并就存在的问题给予指导意见。

三、任务引导法的常见误区

（一）任务设计不合理

任务引导法中最重要的就是任务的设计，直接关系到任务引导法教学的效果。培训师在进行任务设计时，常常存在几个误区：一是任务与工作联系不够紧密，不能充分地让学员应用已有的知识技能解决实际问题，学以致用的效果就会打折扣，也不能很好地激发学员的学习兴趣。二是任务难度不适宜，难度较高不利于学员自主探索学习，难度太低不具有挑战性，也难以激发学员的学习兴趣，达不到好的教学效果。

（二）过程管控不及时

任务引导法中学员是主体，充分发挥主观能动性进行探索学习，导致很多培训师认为布置了任务就可以了，没有在任务推进过程中及时了解进度，可能最终导致不能及时解决可能存在的问题，导致最终任务完成情况不佳，达不到好的学习效果。

（三）评价反馈不全面

学员以团队形式进行探索式学习，在完成任务得出结论或结果后，展示评价很重要，可以分享思考过程，培训师进行多维度点评，帮助全体学员共同学习。但是常见的情况是，没有充分给各组展示的机会，培训师没有就过程和结果两个维度进行全面的点评，任务引导法的学习效果就会打折扣。

四、提升任务引导法应用效果的关键技巧

（一）任务要贴近生产实际

针对成人的培训特别强调学以致用，对于任务驱动这种方法来说也尤其要注意让学员能够学以致用，在进行任务设计时，要注意从电力行业生产现场工作任务为基础，比如反事故演习、客户投诉处理等工作任务，以实际的工作任务为载体推进学习，能够极大地激发学员的学习兴趣并积极参与，从而获得好的学习效果。

（二）评价反馈注意多元化

任务完成后要组织开展充分的评价，将任务完成情况及时反馈给各组学员。培训师要特别注意评价主体多元和评价内容多元两个方面。评价主体方面，可以让各组自评、组间互评、培训师点评，创造充分的交流机会，发挥不同视角看问题的优势。评价内容方面，培训师要结合任务执行过程和完成的结果两个方面进行点评，并针对其中的问题，给予学员具体的指导意见。

【培训实践】

任务引导法的应用实施进程表
（以关于"查找计量装置窃电部位"任务引导法的应用为例）

任务引导法的实施步骤	方法与手段	教学思路
设计任务	依托反窃电模拟实操平台设计计量故障	1. 培训师首先带领学员回顾上次课程关于计量装置原理的知识，重点讲解各部位异常对计量结果的影响。 2. 在高供低计反窃电模拟实操平台上设置 2 处计量异常。 3. 培训师交代工作任务：查找高供低计计量装置异常部位并分析对计量结果的影响。
执行任务	分小组进行数据测量并分析结果	1. 将培训学员分为 8 组，每组 5 人，分别在 8 个模拟实操平台上操作。 2. 各小组进行操作分工，分别负责操作、记录、监护、分析。 3. 用相位伏安表进行测量等操作，并记录相关数据，分析并得出结论。
展示成果	各小组做代表性展示	各小组派代表在白板的原理图上展示分析结果，并简要分析对计量装置的影响。
点评总结	培训师点评并归纳总结	1. 培训师作点评，既点评任务执行的过程，也对各组的任务执行结果进行点评，特别指出其中在安全操作方面的欠妥之处。 2. 结合各组任务完成情况，培训师重点通过归纳讲解强化学员对关键原理的理解和关键操作的掌握，达到掌握窃电分析方法的目标。

【课程小结】

　　本培训课程介绍了包括案例分析法、角色扮演法和任务引导法三种交互式教学方法，重点讲解了实施步骤、常见误区和提高应用效果的关键技巧。交互式培训教学方法是"以学员为中心"的生动实践，在提升成人培训学习效果方面具有非常明显的作用。培训师应在掌握理论的基础上，在培训授课中加强实践，达到灵活运用的目标。

职业模块三

培 训 课 程 设 计

培训课程一　培 训 课 程 设 计 概 述

【培训目标】

知识目标	1. 能正确描述培训课程设计的概念及内容。 2. 能正确描述培训课程设计的成果形式。
技能目标	能根据实际情况，选择合适的培训课程设计的成果形式。

　　培训课程设计是企业培训师进行课程开发的重要环节，也是企业培训师的必备技能。能否设计出满足培训需求、具有较强的针对性与实用性、课堂教学效果良好的培训课程是衡量培训师水平的一个重要标志。本培训课程介绍培训课程设计的概念、作用、内容及成果形式等基础知识。

学习单元一　培训课程设计的概念

【知识要点】

　　培训课程设计是对培训课程的各个环节、各要素进行科学计划和合理安排的过程。本学习单元主要介绍培训课程设计的概念、作用、主要环节及内容等基础知识，为后续具体介绍如何进行培训课程设计奠定基础。

一、培训课程设计的概念

　　培训课程设计是为了优化培训过程、增强培训效果，以学习理论、教育传播理论和系统科学理论为基础，根据培训需求和培训目标，对培训课程的各个环节、各要素进行科学计划和合理安排的过程。培训课程设计包括多个方面，如培训目标的确定、培训内容的选择与组织、教学方法与手段的设计等，为教学活动的全过程制定整体实施方案。

培训课程设计具有以下特征：

（一）以系统思想和方法为指导

运用科学方法系统地探索解决教学问题的有效方案，实现效果好、效率高的教学，促进学员学习，达到培训目的，并实现学员个性发展。

（二）以关于学和教的科学理论为基础

课程教学设计的产物是一种规划、一种教学系统实施的方案或能实现预期功能的教学系统。

（三）重视培训项目背景和学员情况的分析

通过培训项目背景分析，能为后续教学设计的决策提供依据和指导；进行学员情况分析，能使设计的方案更符合学员的需要。

（四）既遵循科学性又体现艺术性

教学活动是一种具有决策性和创造性的研究和实践活动，它是背景范畴、经验范畴和组织化的知识范畴三方面综合作用的产物，既遵循科学性又体现艺术性。

二、培训课程设计的内容

培训课程设计主要解决如何把培训需求分析的结果，转换成具体的、能够操作实施的课程教学过程，形成培训师在正式授课前对整个教学活动的构想。总体说来，培训课程设计可概括为三大环节，如图 3-1 所示。

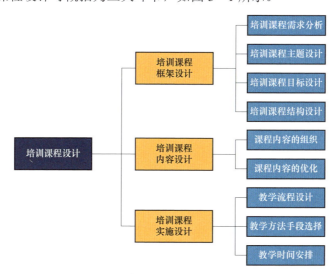

图 3-1　培训课程设计的三大环节

（一）培训课程框架设计

培训课程框架设计是分析培训需求及学员特点，明确课程的主题和目标，搭建课程整体结构。主要包括培训课程需求分析、培训课程主题设计、培训课程目标设计、培训课程结构设计。

（二）培训课程内容设计

培训课程内容设计是根据课程框架，对教学内容进行科学地编排和优化，理清知识之间的内部逻辑和联系，把隐形经验显性化，显性思维结构化，结构思维形象化，有针对性地弥补课程目标与学员现状之间的差距，优化教学。主要包括课程内容的组织和课程内容的优化。

（三）培训课程实施设计

培训课程实施设计是根据课程目标、内容和学员情况，设计具体的教学组织形式、选择教学方式、教学策略、设计教学活动，匹配合适的练习，规划教学时间安排等，形成一系列符合逻辑的课堂教学实施方案。主要包括：教学流程设计、教学方法手段选择，教学时间安排。

培训课程设计是对教学活动系统地规划、安排与决策，各个设计环节不能完全机械地分隔开来，需要统筹考虑。

本章第二至第四节将详细介绍每个培训课程设计环节的具体内容和方法。

三、培训课程设计的作用

培训课程设计是以解决教学问题、使培训效果达到最优化、促进学员学习为目的的特殊设计活动，是激发学员学习兴趣、提高学习效率的技术过程，其实质是为教学活动制订行动纲领的过程。主要作用表现在以下三方面：

（一）规划教学活动

通过培训课程设计，培训师分析培训课程需求，对培训教学的内容和实施过程进行系统地规划，为实施教学活动提供合适的方案和安排，有助于提升培训的针对性和实用性。

（二）指导教学进程

培训课程设计的实质是为培训教学活动制定行动纲领的过程，为培训师开展培训教学提供详细的指导。培训师依照培训课程设计开展教学活动，可以避免教学活动的随意性和盲目性，有助于教学活动顺利进行。

（三）提升教学效果

通过培训课程设计，培训师更好地明确教学目标，优化培训内容，选择教学方法和手段，使培训内容更符合培训需求，逻辑更清晰，学员更容易理解，从而提升培训效果，提高培训效率。

四、培训课程设计的原则

企业培训能否有效实施，能否满足企业及员工的培训需求，归根结底依赖于培训课程设计的成功与否。培训课程设计应遵循以下原则：

（一）强调以绩效为目标

绩效是连接培训与企业战略目标的关键纽带，以绩效目标为导向的理念贯穿了整个课程教学设计的各个方面。确定培训的有效性不能仅仅依据学员的培训成绩，而是应根据培训后企业的实际绩效来确定。只有将培训内容成功地应用到工作中，培训课程才算真正地结束。培训的焦点自始至终都应围绕着绩效开展，培训师应明确培训的最终目标是为了改善工作绩效，并且在课程教学设计中综合考虑影响学员工作绩效的各个因素。培训的目的是在提高学员个人绩效的基础上，提高团队绩效，最终达到公司的战略目的，能够提高绩效的培训才是有效的培训。

（二）强调学习从个人层次向组织层次的转化

社会的发展和科技的进步使个体和组织工作变得复杂，工作任务复杂性的不断提升，企业中员工个体之间的关系逐渐从"竞争和独立"向"相互依赖和相互协作"转移。因此，企业培训的课程教学设计必须综合考虑个体和组织的需求，学习目标不是单纯地为了提高学员的知识技能，而是为了在更高组织层次上提高绩效。学习虽然是个体层次的现象，但是大多数情况下，个体学习的结果对于高层的组织有很大影响。为了实现个体层次的学习向组织层次的转变，课程教学设计应该考虑有效的协作式学习方式。

（三）强调以学员为中心

企业培训对象是成年人，成年人的学习是一种基于反思的体验，学习是在探索和解决工作、生活难题的同时，获得新的知识、掌握相关技能、转变思想观念的过程。在企业培训课程教学设计过程中，除了应用成人的学习理论之外，更要贯彻以学员为主体、以培训师为主导的培训理念，强调以学员为中心的课程教学设计。学员应由外部刺激的被动接受者转变为信息加工的主体、知识意义的主动建构者；培训师应由知识的传授者、灌输者转变为学员主动意义建构的帮助者、促进者和引导者。

学习单元二　培训课程设计的形式

【知识要点】

培训课程设计是开展培训教学活动实施的行动指南。本学习单元主要介绍培训课程设计的表现形式，为培训师根据实际情况，选择合适的课程设计的形式提供参考。

培训课程设计由培训内容和培训实施两部分组成。

（1）培训内容：包括课程名称、教学对象、教学目标、教学内容、教学重难点、课堂练习、课后作业、培训资料等；

（2）培训实施：包括每个知识点采用的教学方法、教学手段、所需时长，如何开展教学活动、如何搭配的课堂练习等。

培训课程设计是开展培训教学活动实施的行动指南，其表现形式一般有表格式和记述式两种：

（1）表格式课程设计是将培训教学内容以概要的形式进行记录，简明扼要、重点突出、使用方便，满足指导培训教学实施的需要，在培训过程中使用较多。表格式培训课程设计模板如表3-1和表3-2所示。

（2）记述式课程设计是将培训教学的全部信息详细记录到课程教学设计中，内容全面、表述细致、信息量大，具有较好地指导培训教学实施的作用。记述式其培训课程设计模板如表3-3所示。

培训师可根据自身的经验和实际授课情况，选择合适的课程设计成果形式，如果培训师经验丰富，可采用简明扼要的表格式培训课程设计。表格式课程设计的示例如表3-4和表3-5所示。如果培训师经验不足，可采用表述细致的记述式培训课程设计，内容更加详细。记述式培训课程设计示例如表3-6所示。

表3-1　　　　　　　　表格式培训课程教学设计表（一）模板

课程名称					
培训课程	培训师			审核批准	
	培训对象				
	授课时间			授课地点	
	教学目标	态度目标			
		知识目标			
		技能目标			
	教学内容				
	教学重点				
	教学难点				
培训资源	参考资料				
	设备设施				
教学模式	教学策略				
	能力训练任务				

表 3-2　　　　　　　　　表格式培训课程教学设计表（二）模板

步骤	教学内容	教学方法	学员活动	教学手段	时间分配
开场组织					
课程导入					
课程讲授					
归纳总结					
迁移扩展					

表 3-3　　　　　　　　　记述式培训课程教学设计模板

一、课程名称：
二、课程时间：
三、培训师：
四、教学目标：
五、教学重点：
六、教学难点：
七、教学内容：
　　1. 具体记述教学知识点
　　2. 教学方法
　　3. 教学手段
　　4. 所用时长
　　5. 教学活动
　　6. 课堂练习
　　7. ……
八、参考资料：
九、设备设施：
十、教学策略：
十一、能力训练任务：
十二、行动任务：
（略）

表 3-4　　　　　　　　　表格式培训课程教学设计表（一）举例

课程名称		提问法的运用				
培训课程	培训师				审核批准	/
	培训对象	新入行培训师	授课时间	30 分钟	授课地点	/
	教学目标	知识目标	能够准确说出提问法的实施步骤和应用要领			
		技能目标	能够正确运用提问法的要领，进行提问法教学			
	教学内容	一、提问法的概念作用 二、提问法的实施步骤 三、提问法的应用要领				
	教学重点	提问法的应用要领				
	教学难点	"积极反馈学员"				

续表

培训资源	参考资料	/
	设备设施	/
教学模式	教学策略	"引导-发现"策略 "传递-接受"策略
	能力训练任务	能力训练任务: 根据下发的材料提出"你认为可以通过什么方式培养职业态度?"问题。根据培训师的回答做出合理的反馈

表 3-5 表格式培训课程教学设计表(二)举例

步骤	教学内容	教学方法	学员活动	教学手段	时间分配
组织教学	考勤、培训纪律、安全提示 其他:学员分组、呼吁积极参与	/	/	/	/
课程导入	设疑导入:问题能引发学习兴趣,激活思维。作为培训师怎么在课堂当中用好提问法,激活学员兴趣? 引出本次课程主题	讲授法	认真聆听	PPT	2分钟
课程讲授	一、提问法的概念作用 1. 讲读概念 2. 提问:课堂中的提问和提问法有区别吗? 3. 引导学员归纳出提问法的核心。 4. 提问:为什么要在课堂上使用提问法? 5. 引导学员思考并陈述观点。 6. 引导学员归纳出提问法的作用。	讲授法 提问法	认真聆听 记录要点 陈述观点 思考记录	PPT	5分钟
	二、提问法的实施步骤 1. 演示提问法的实施步骤: (1)引入问题:培训师授课对象是成年人,因此在授课时要充分考虑成年人的学习特征。 (2)提出问题:分析成人学习有什么特点? (3)组织思考。 (4)指定回答。 (5)处理点评。 2. 提问:演示的提问法包括哪些实施步骤? 3. 引导学员归纳出提问法的步骤: (1)实施提问:引入问题、提出问题、组织思考、指定回答 (2)处理点评 4. 结合"新入行培训师提问恐惧"讲解:要做好充分的课前准备。	演示法 提问法	观察思考 陈述观点 思考记录	PPT	8分钟
	三、提问法的应用要领 1. 演示过于积极、正常思考、过于消极的三种学员状态。 2. 提问:你会选择谁当你的回答对象? 3. 引导学员归纳出提问法要领一: 察言观色 4. 提问:如果学员的答案完全出乎意料,如何反馈? 5. 引导学员归纳出提问法要领二: 积极反馈	提问法	陈述观点 思考记录	PPT 挂图	12分钟

续表

步骤	教学内容	教学方法	学员活动	教学手段	时间分配
课程讲授	**能力训练任务：** （1）步骤任务：根据下发的材料提出"你认为可以通过什么方式培养职业态度？"问题。根据培训师的回答做出合理的反馈。 （2）交代规则。 （3）学员练习，培训师观察引导。 （4）讲师点评反馈。	提问法	陈述观点思考记录	PPT挂图	
课程小结	引导学员回顾本次课程主要内容，加深理解记忆				2 分钟
行动任务	请搜集查阅 5G 技术的相关资料，充分应用提问法的应用要领对 5G 的概念进行讲授，在下节课呈现分享。				1 分钟

表 3-6　　　　　　**记述式培训课程教学设计举例**

一、课程名称：提问法的运用

二、课程时间：30 分钟

三、培训师：/

四、教学目标：知识目标：能够复述提问法的实施步骤和应用要领。

技能目标：能够正确运用提问法的要领，进行提问法教学。

五、教学重点：第三部分提问法的应用要领是本次课程的重点。

六、教学难点：第三部分应用要领中"积极反馈学员"是本次课程的难点。

七、教学内容：

1. 课程导入

（1）采用设疑导入的方法：启蒙书本《十万个为什么》很容易激发孩子的学习兴趣。可见问题是能引发学习兴趣，激活思维的。作为培训师怎么在课堂当中用好提问法，激活学员兴趣呢？引出本次课程主题。

（2）教学手段和时间：PPT，2 分钟。

2. 过渡：各位培训师对提问并不陌生，但还是要系统地认识一下什么是提问法。

3. 讲解第一部分：提问法的概念作用

（1）讲读：提问法的含义：根据培训目标和培训内容设计问题并向学员发问，引导学员思考得出结论，从而获得知识、发展智力。

（2）提问：课堂中的提问和提问法有区别吗？

（3）引导学员思考并陈述观点。

（4）引导学员归纳出提问法的核心。

（5）提问：可能更多的是站在培训师角度对于进度的确认。提问法：站在学员的角度设计问题，引导学员思考，有的放矢。

（6）提问：为什么要在课堂上使用提问法？

（7）引导学员思考并陈述观点。

（8）引导学员归纳出提问法的作用：

1）引发学员的思考。

2）反馈学习的情况。

3）活跃课堂的气氛。

（9）教学手段和时间：PPT，5 分钟。

4. 过渡：提问法要想起到最好的作用，要按照科学的步骤进行。

5. 讲解第二部分：提问法的实施步骤

（1）引入问题：培训师授课对象是成年人，因此在授课时要充分考虑成年人的学习特征。

（2）提出问题：分析成人学习有什么特点？

（3）组织思考。

（4）指定回答。

（5）处理点评：成年人的学习是带有目的性的，要充分理解，并利用这种特征更好地辅助教学。

（6）提问：演示的提问法包括哪些实施步骤？

（7）引导学员思考并陈述观点。

续表

（8）引导学员归纳出提问法的步骤。

（9）实施提问：引入问题、提出问题、组织思考、指定回答。

（10）处理点评。

（11）结合"新入行培训师提问恐惧"讲解：要做好充分的课前准备。

（12）教学手段和时间：PPT，8分钟。

6. 过渡： 充分应用提问法教学，不仅要在课前精心设计，还要根据课堂实际情况灵活调整，在使用过程中要注意哪些问题呢？

7. 讲解第三部分：提问法的应用要领

（1）演示过于积极、正常思考、过于消极的三种学员状态。

（2）提问：你会选择谁当你的回答对象？

（3）引导学员思考并陈述观点。

（4）引导学员归纳出提问法要领一：

察言观色：

◆ 过于积极的学员：前两个问题帮助活跃气氛，不能完全依赖。

◆ 认真思考的学员：鼓励回答。

◆ 过于消极的学员：适当提醒。

（5）提问：如果学员的答案完全出乎意料，如何反馈？（例：学员对于问题"培训师口语表达可以在哪几个方面提高"的回答是"我认为这些都是虚的，内容最重要"）

（6）引导学员思考并陈述观点。

（7）引导学员归纳出提问法要领二：

积极反馈：

◆ 正面反馈：感谢参与、肯定表扬。

◆ 中性反馈：不做具体评价、巧妙转移。

8. 课程总结：

采用挂图回顾课程内容，引导学员回顾本次课程主要内容，加深理解记忆。时间约12分钟。

升华主题：对于任何知识的掌握都要认识—实践—再认识—再实践。希望各位在课后能不断实践，提升能力。时间约2分钟。

八、参考资料：/

九、设备设施：/

十、教学策略："引导－发现"策略、"传递－接受"策略

十一、能力训练任务：

（1）步骤任务：根据下发的材料：培训师职业态度概念及培养方法，理解职业态度培养方法。并应用提问法对培训师提出"你认为可以通过什么方式培养职业态度？"这一问题。根据培训师的回答做出合理的反馈。

（2）交代规则：准备2分钟，准备结束后每组随机抽取一名学员上台呈现。

（3）技能练习：学员练习，培训师观察引导。

（4）讲师点评反馈，学员思考记录。

十二、行动任务：请搜集查阅5G技术的相关资料，充分应用提问法的应用要领对5G的概念进行讲授，在下节课呈现分享。时间约1分钟

【课程小结】

本培训课程介绍了培训课程设计的概念、作用、内容及成果形式等基础知识。

培训课程设计为教学活动的全过程制定整体实施方案，主要包括培训课程框架设计、培训课程主题设计和培训课程实施设计。培训课程设计的成果由培训内容和培训实施两部分组成，其表现形式一般有表格式和记述式两种。表格式简明扼要，记述式信息全面，培训师可根据自身的经验和实际授课情况，选择合适的课程设计成果形式。

培训课程二　培训课程框架设计

【培训目标】

知识目标	1. 能正确描述培训课程需求分析的内容与方法。 2. 能正确描述培训课程主题的设计原则。 3. 能正确描述培训课程目标的编写方法。 4. 能正确描述培训课程结构的设计原则与方法。
技能目标	能根据培训课程需求分析的结果，设计合适的培训课程框架。

培训课程框架设计是培训课程设计的第一个环节，主要是分析学员特点及需求，明确课程的主题和目标，搭建课程整体结构。培训课程框架设计包括培训课程需求分析、培训课程主题设计、培训课程目标设计、培训课程结构设计，如图 3-2 所示。

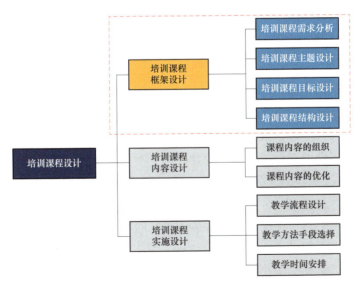

图 3-2　培训课程框架设计

学习单元一　培训课程需求分析

【知识要点】

培训课程需求分析是进行培训课程框架设计的第一步，本单元主要介绍培训课程需求分析的内容与方法，为后续开展培训课程主题设计、目标设计和结构设计提供依据。

一、培训课程需求分析的内容

如果培训课程内容与培训需求无关，很难达到较好的培训效果。培训师在培训课程设计时，针对具体培训课程还需进一步从组织、工作以及个人三个层面进行培训课程需求分析。对症下药，有的放矢，才能更有效地传授培训课程内容，提高培训效率，提升培训效果。培训课程需求分析主要包括三方面的内容：

（一）培训组织者的具体需求

在培训课程设计过程中，深入分析培训组织者的具体需求至关重要。从企业战略和整体运营的角度出发，分析企业的发展规划、组织目标、关键部门、关键岗位、关键任务及其对任职人员技能、知识方面的要求，能指导培训课程与组织的战略目标和期望紧密对接，提高培训的针对性和有效性。通过了解组织者的需求，培训者可以定制课程内容，确保培训主题、深度和广度与参与者的实际需求相匹配。

（二）培训对象的个人需求

成人培训的目的性较强，更关注能解决实际问题，带来显著收益的课程。课程内容符合学员的个人需求，才能激发学员的培训动机，调动学员的积极性，持续抓住学员的注意力。因此，培训师在准备课程内容时，需要明确具体培训对象，从员工个人能力和职业发展的角度出发，认真分析他们关注的痛点、难点、热点是什么，有针对性地进行培训课程设计。

（三）培训对象的基本情况

在进行培训课程需求分析时，除了关注以上两方面的需求以外，培训师还需要关注培训对象的基本情况，包括人员信息化的能力现状两个方面。

人员信息主要指培训人数、年龄结构、工作年限、性别比例、学历层次、岗位情况等信息。培训师分析学员基本信息，可以为后续安排教学内容、选择教学方法、设计教学活动等提供依据。

能力现状是学员现具有的知识和技能，包括学员的职业能力等级和已具备的知识技能水平。成人参加培训会把他原来的知识、技能、态度带到培训过程中，原有的经验会影响其对培训内容的兴趣和参与度。培训师分析学员能力现状与课程目标要求的知识、技能、态度之间的差距，有助于培训师确定培训内容的起点、重点、难点等信息。

二、培训课程需求分析的方法

培训师进行培训课程需求分析，通常可以采用以下几种方法：

（一）日常观察法

通过观察日常工作中的场景和员工在工作中的实际表现，识别技能差距和培训需求。培训师可以通过观察了解生产现场的现状与问题。日常观察法提供了真实世界中的行为数据，可以揭示员工在实际工作环境中的真实表现。然而，这种方法也有局限性，比如可能受到观察者偏见的影响，或者在没有足够背景信息的情况下难以解释观察到的行为。因此，日常观察法通常与其他方法结合使用，获得更全面合理的结果。

（二）对象访谈法

面对面或通过电话、视频会议等远程方式与特定对象进行交流沟通的方法。这种方法通常用于收集关于个人经验、观点、态度、感受和行为的深入信息。在培训课程需求分析中，对象访谈法是一种非常有用的工具，可以帮助培训师更直接地收集学员或培训组织者详细、个性化培训需求信息，从而设计出更加符合实际需求的培训课程。

（三）问卷调研法

问卷调研法是一种常用的数据收集方法，通过设计问卷来收集参与者的信息和意见。问卷可以是纸质的，也可以是电子形式，如在线问卷。问卷调查法是一种有效的工具，可以帮助培训师快速收集大量数据，为培训课程的设计和评估提供依据。

设计问卷时，需要注意以下几点：确保问题清晰、简洁、易于理解。避免引导性问题，确保问题的中立性。考虑问题的多样性，包括开放式和封闭式问题。设计逻辑清晰的问卷结构。测试问卷的有效性和可靠性。确保问卷的分发和回收过程高效、有序。

例如，培训师可以为组织者和参与者分别设计调研表，如培训负责人问卷调研表、参训学员问卷调研表。培训负责人问卷调研的调研要素包括：参训人员情况（参训人数、性别构成、年龄构成、岗位类别、学历构成）、培训要求（企业对此次培训的要求或期望）等。参训学员问卷调研表的调研要素包括：个人基本情况（背景）、对培训主题的了解程度（认知）、对本次培训最感兴趣的内容和最想解决的问题（需求）等。

（四）资料分析法

对已有的文档、记录、数据和其他形式的信息材料进行系统性的审查、评估和解释。这种方法可以帮助培训师了解特定主题或问题的背景、现状和趋势，为后续课程设计提供依据。

在培训课程需求分析中，可以分析的资料包括：历史数据、组织文档、战略规划文件、工作流程手册等，行业报告、政策文件等。

例如，对于管理类培训，可以收集企业发展、组织目标、员工管理等文件资料；对于营销类培训，可以收集营销计划、业绩报表等资料；对于服务类培训，可以收集服务流程、客户投诉等资料；对于技能类培训，可以收集相关的规程、规范、标准化作业要求、典型案例等。通过收集、分析资料，一方面能了解问题所在，另一方面也可以将资料作为课程案例，让培训更具针对性。

（五）入场调研法

如果培训师在开始授课前，难以使用以上几种调研方法，可以采用入场调研法。入场调研法是学员到培训场地后，培训师采用现场访谈、问卷、提问等方式进行调研。这种方法对培训师的临场应变和调整能力提出了更高的要求，培训师需设计合适、有效的问题，现场进行调查，并根据现场搜集的结果，快速分析培训需求和聚焦问题。如果培训前准备的内容与调查的结果偏离较大，培训师可以在培训过程中或者课间休息时间适当地对课程进行调整。

学习单元二　培训课程主题设计

【知识要点】

培训课程主题设计是进行培训课程框架设计的第二步，本单元主要介绍课程主题分析要素、课程主题选择原则、课程主题选择方法和课程名称的命名方法。

培训课程主题设计是确定培训课程的核心内容和焦点的过程。这个过程涉及对培训目标、受众需求、预期成果以及可用资源的深入分析，以确保培训内容既符合组织的战略目标，又能满足参与者的学习需求。

培训课程主题设计包括两方面内容，既要确定课程的主题，又要确定课程的名称。培训课程主题是培训课程的主旨内容，指明了培训内容的方向，如果培训主题偏离培训需求，可能会严重影响培训效果，因此，培训课程主题设计十分关键。课程名称可以理解为课程主题的显性表达。类似写文章的过程，既要思考写哪方面的内容，又需要给文章命名一个"标题"，给文章命名标题的过程也是思考

"文章表达什么主旨"的过程。培训课程主题设计也是如此，确定培训课程的核心内容和主旨之后，还需要设计一个贴切的课程名称。

一、课程主题分析要素

课程主题的选择和设计影响课程的质量和培训效果，对培训对象的学习体验和成果有着直接的影响。确立课程主题至少需要考虑三个关键方面：

（一）培训的具体需求；

（二）培训对象的关注点；

（三）实际培训资源条件。

其中，"（一）培训的具体需求"和"（二）培训对象的关注点"的内容与"学习单元一"中培训课程需求分析类似，本单元就不再详细介绍。

对于实际培训资源条件，电力企业的培训课程很多是技能类的课程，需要相应的实训设备、设施和实训环境支持。因此，培训师在分析具体的培训需求和培训对象的关注点的基础上，还需要评估"实际培训资源条件"。

培训师确定培训课程的主题内容，既要考虑必要性，又要考虑可行性。在确立课程主题时，培训师需重点考虑需要解决的问题、具体的培训对象、解决问题的可行性三个要点，并且培训师自身的知识储备，能力水平，经验素质都满足，课程主题就可以初步确立了。

二、课程主题选择原则

课程主题选择是培训课程设计的重要环节，需要遵循一定的原则来确保课程的有效性和实用性。课程主题的选择原则主要有三个方面：

（一）需求导向原则

遵循需求导向原则，培训课程能够更加精准地满足学员和组织的需求，提高培训的针对性和有效性，从而实现组织的战略目标和学员的职业发展目标。主题应基于对培训对象需求的深入分析，确保培训内容解决实际问题。

（二）解决问题原则

课程主题应该实用、有深度、有价值、能解决学员的实际问题。立足当前现场工作，针对学员在实际工作中遇到的盲点、热点、难点、疑点问题确定选题，使确定的选题来源于现场工作实际。课程主题应有专业深度，不能浮于表面，要有总结经验和方法，让课程有价值、有收获。

（三）具体聚焦原则

企业培训的时间一般较短，通常为几天，企业培训课程一般为1～4学时，一次课程的时间较短，一次培训课程的内容不宜太多，主题不宜过大。课程主题的选择应"宁小勿大，具体聚焦"，选题宜小不宜大，建议用一系列小而精的课替代一门大而全的课。

对培训师而言，开发这样的课程难度和工作量适中；对学员而言，学习负担不太大；对企业而言，能有效地避免工学矛盾，方便灵活地组织培训。

例如，培训课程名称【继电保护原理】，培训时长：4课时。主题过于宽泛，不聚焦，针对性不强。选题要能解决具体问题，宜小不宜大。可以根据本节课的实际内容，改成更具体的名称，例如【220kV线路差动保护原理】【220kV线路距离保护原理】【智能变电站SCD文件配置流程介绍】等。

如果要开发较大的课程，建议将其模块化，将课题化大为小有三种常用方式：

1. 流程分解法

即把一个大工作任务或大问题按照实施步骤拆分成一系列子课题。

例如：智能变电站文件配置，可分解为智能变电站SCD文件建模，智能变电站SCD文件配置，智能变电站SCD文件下载等。

2. 结构分解法

即把复杂的任务或工作按照结构逻辑拆分成一系列子课题。

例如，对于新型电力系统的技术应用，可以按照调度专业、营销专业、变电专业、输电专业、通信专业等。作为子课题分别介绍，即为结构分解法。

3. 要素分解法

即把一个系统、过程或任务分解成基本的组成部分或要素，构成一系列子课题。

例如，以"如何提高供电营业厅客服人员的服务能力"课题为例，这个问题可以从"人、货、场"三个方面进行分析解决。在"人"这个方面，包含"人"的服务技巧、产品知识以及服务意识等而"服务技巧"往下继续细分，还可以拆解成迎宾、介绍产品、回答顾客异议、收费等。

值得注意的是，培训课程主题的拆分并非越细越好，过度细碎的拆分会给学员的体系化认知带来挑战。每个主题应该是独立而完整的，有明确的课程目标和完成的课程内容。

三、课程名称的命名方法

一个课程主题可以有多个课程名称来表达，课程名称的基本要求是准确地概括课程的主旨内容。俗话说"题好一半文"，文章的标题是"文眼"，好的标题能使文章光彩照人，好的课程标题也能使课程锦上添花。

设计课程名称，首先要让学员看得明白，不引起歧义。在此基础之上，课程名称如果新颖出彩、独树一帜，则更能吸引学员，让人眼前一亮。

（一）课程命名的要求

1. 准确

好的课程名称，首先要表述准确，能反映课程主题的实质，让学员一看就明白，不引起歧义。

例如："智能变电站 SCD 文件配置流程介绍""高损台区原因分析与查找"。

2. 简洁

课程名称要精练简洁，不宜用长句，也不宜添加其他谦虚的用词。

例如："浅谈当前物流平台，思考发展的方向"，这个课题太长了，也不宜用"浅谈"，课程名称不是论文名称，要简洁有力。

3. 全面

课程名称要能够全面概括课程内容，避免以偏概全。

例如："工作票管理的重要性"，该课程是对工作票的要求、考核要点等内容做了全面介绍，工作票管理的重要性只是整个课程的一部分内容，不足以概括整个课程，用部分内容来命名整个课程名称是不合适的。

4. 新颖

新颖有趣的课程名称可以激发培训对象的好奇心，人的好奇心是探索的重要动机。这一点是建立在前三个要求基础上的，新颖的课程标题能帮助培训师的课程独树一帜，与众不同。

（二）课程命名的方式

1. 以课程主题命名

课程名称如实地反映出课程的主题内容或核心观点等要素。

例如，"公文写作的技巧""如何开好班前会"等。

2. 对象＋主题组合式

在课程的主题内容或核心观点的基础上，加上培训对象。

例如，"新员工安全教育第一课""五星班组长管理能力提升秘诀"等。

3. 对象（主题）＋收益组合式

在课程的主题内容或核心观点的基础上，加上培训对象通过参加课程能够获得的具体收益或成果。

例如，"高效能人士的七个习惯"和"领导者魅力表达九项修炼"等。

（三）课题命名的优化

电力专业课程一般比较严谨，理性，容易给人带来普通、刻板、枯燥的感觉，不容易吸引人的注意力，培训师可以通过巧起课程名称的方式，让课题形象化、生动化，与众不同。

1. 隐喻象征式

课程名称中使用隐喻象征等说明课程的核心内容。

例如："给设备测'体温'——红外测温技术简介""谁动了我的客户：客户维护与管理"。

2. 流行话语式

课程名称中套用一些流行话语来说明课程的核心内容。

例如："防微杜渐：企业用工风险防范""克勤克俭：输煤系统节能降耗精细化管理"。

3. 惹人注目式

用一些惹人注目式的词语、句子来命名课程。

例如培训师培训课程开发宝典"从菜鸟到高手——新员工入职培训""教你一分钟搞定断路器控制回路故障查找"。

优化课题命名是重要但不紧急之事，如果暂时没有想出特别合适出彩的，可以先拟一个初步的课名，后续在课程优化过程中推敲完善。选定课程名称首先要做到表述准确，能反映课程主题的实质，让学员一看就明白，不引起歧义。有些课程名称过于华而不实，词不达意，反而适得其反了。

例如："一炷香的时间——运用 SMART 原则编写课程目标""以'训'代'战'——实训项目可研编写三步法则"，主标题不太明确，不容易理解，不如直接用副标题，更加简洁清楚。

学习单元三　培训课程目标设计

【知识要点】

培训课程目标是培训师进行培训课程设计的指南针，培训课程目标制定的合理与否，在很大程度上影响培训课程设计的实际效果。本单元介绍培训课程目标的概念、作用、层次及制定原则和方法。

一、培训课程目标的概念及作用

（一）培训课程目标的概念

培训课程目标是培训课程本身要实现的具体要求，是学员经过课程学习后在知识、技能态度等方面应当达到的标准。培训课程目标是对学员完成培训课程学习后应该达到的学习结果的期望，它关注的是学员学到了什么内容，而不是培训师教授了什么内容。

（二）培训课程目标的作用

在培训课程设计中，培训课程目标确定是否合理，很大程度上会影响培训课程设计的实际效果，具有十分重要的作用。培训活动应以培训课程目标为导向，始终围绕实现培训课程目标进行。培训课程设计主要有以下三方面的作用：

1. 为培训师提供培训的方向

培训课程目标是培训师进行课程教学设计的依据，课程内容的搭建、课程实施的设计、训练任务的设计、培训策略的适配、方法手段的选择等后续设计工作都要围绕培训课程目标展开。

2. 为学员提供学习的指引

培训课程目标有助于学员了解需要达到的标准和努力的方向，明确需要留意或者寻求帮助的地方，厘清这层关系有助于帮助学员消除学习之前的焦躁与疑惑，增强学员的内部学习动机。

3. 为教学评价提供参考依据

培训课程目标为培训结束时评价和检查学员通过培训在知识、技能和态度上的改变与改进提供了依据。

二、培训课程目标的类型

在培训教学中，培训课程目标主要包括知识目标、技能目标、态度目标三种类型。

（一）知识目标

知识目标是学员通过培训后，对基本概念、基本理论的理解能力所要达到的水平。

（二）技能目标

技能目标可细分为智力技能目标和操作技能目标。

（1）智力技能目标是学员通过培训后，运用所学知识完成智力任务的水平。

（2）操作技能目标是学员通过培训后，运用所学技能完成操作任务的平台。行为动词大体上有发表意见、提出问题、体验策划、制订计划探讨、组织等。

（三）态度目标

态度目标是学员通过培训后，在思想、观念以及信念等方面应达到的水平。

三、培训课程目标的层次

教育专家认为，每个领域都有不同的层次，从简单到复杂，每个层次都是建立在前面几个已经完成的层次基础之上的。布鲁姆等人指出，认知领域的教育目标分为六个层次，即知道、领会、应用、分析、综合、评价。在认知领域，应用（第三层）就是建立在学员知道（第一层）和领会（第二层）知识的基础之上的。每个层次都比它前面几个层次更具挑战性，如评价某件事就比知道某件事要难得多。

培训目标的每类目标可分为若干层次来表述学习的程度。

（一）**知识目标**：由低级到高级可以分为记忆、理解两个层次。如表3-7所示。

表3-7　　　　　　　　　　知识目标层次说明表

层次	层次含义说明
记忆	主要指记忆知识，对学过的知识和有关信息能够识别和再现
理解	能掌握所学的知识，抓住事物的本质，并可以用自己的言语解释信息

（二）**技能目标**：可细分为智力技能目标和操作技能目标。

智力技能目标由低级到高级可分为辨别、概念、规则、高级规则四个层次。如表3-8所示。

表3-8　　　　　　　　　　智力技能目标层次说明表

层次	层次含义说明
辨别	能区分事物之间的不同点
概念	能识别具有共同特征的同类物体，并运用概念的定义特征对事物分类
规则	运用单一规则（一条定律、一条原理或一条已确定的程序）解决问题
高级规则	能同时运用几条规则，解决不同内容范围的问题或者更复杂的问题

操作技能目标由低级到高级可分为模仿、操作、熟练、创作四个层次。如表3-9所示。

表3-9　　　　　　　　　　操作技能目标层次说明表

层次	层次含义说明
模仿	在他人的指导下，能够运用简单的技能
操作	经过反复练习，能独立地完成一项任务
熟练	能准确、自主地完成一项技能或任务
创作	能创造新动作、新技能

（三）**态度目标**：由低级到高级可分为接受、反应、价值判断、信奉四个层次如表3-10所示。

表 3-10　　　　　　　　　　　态度目标层次说明表

层次	层次含义说明
接受	愿意注意特殊的现象或刺激
反应	自愿地对刺激进行回应
价值判断	对特殊的对象、现象或行为形成一种自己的价值观
信奉	按照内发的、稳定的价值体系行事

培训师在制定培训课程目标时，要综合分析各种因素，确定合适的，能够达成的课程目标。下面介绍如何制定课程目标。

四、培训课程目标的制定

（一）培训课程目标的制定原则

确定课程目标需根据培训的目的，综合考虑企业和员工发展的需求、培训环境、技术支撑、课程类型及学员特征等情况来制定。常用的制定培训课程目标的原则是 SMART 原则，具体内容如表 3-11 所示。

表 3-11　　　　　　　　培训课程目标的 SMART 原则

SMART 原则	解释	说明
S（specific）	具体化	用具体的语言清楚地说明要达到的行为标准
M（measurable）	可衡量	能量化的量化，不能量化的质化；以时量、数量、质量等作为衡量达到目标的程度
A（acceptable）	可达到	要根据学员的素质、经历等情况，以实际工作要求为指导，设计切合实际、可达到的目标
R（realistic）	实际性	在目前条件下，是否可行、可操作
T（timed）	时限性	目标是有时限限制的，没有时限限制的目标不容易考核，或者考核不公正

（二）培训课程目标的构成要素

一个完整的培训课程目标包括行为主体（A）、行为动词（B）、行为条件（C）、执行标准（D）四个要素，简称 ABCD 形式，具体内容见表 3-12。

表 3-12　　　　　　　　培训课程目标 ABCD 四个要素

ABCD 要素	解释	说明
A（actor）	行为主体	培训对象，即学员
B（behavior）	行为动词	做什么，即执行的行为
C（condition）	行为条件	行为发生的条件，即执行的前提条件
D（degree）	执行标准	行为合格的最低标准，即用可测定的程度描述执行标准

（三）培训课程目标的表述方式

编写培训课程目标时，一般按知识、技能和态度的类别，对学员在学习应达到的行为状态做出具体明确的表述。培训目标的四要素一般的表述方式如下：

1. 行为主体的表述

无论是一般的行为目标，还是具体的行为目标，在描述时都应描述学员的学习结果而不是培训师的教学行为。具体来说，一般不描述培训师的教学程序，活动安排、教学意图。

例如"使学员……""让学员……""提高学员……""培养学员……"，而用"能认出……""能解释……""能设计……""能写出……""能对……进行评价""能根据……对……进行分析"描述学员的预期学习结果因此，要清楚地表明达成目标的行为主体是学员。

2. 行为动词的表述

课程目标对学员的预期行动进行描述时，应注意行为动词的应用。应采用可观察、可操作、可检验的具体的行为动词来描述。而传统习惯上采用内隐体验动词，仅仅体现内部心理过程，过于笼统含糊，难以观察，难以测量，无法检验。

例如"理解""了解""知道""掌握""意识到""感觉"这类动词就不太合适。

描述学员的预期行为时，按照可观察性、可实现性和可测量性原则，行为动词应该采用外显性行为动词，意义更为明确易于观察，便于操作、检验。

例如：认出、说出、描述、解释说明、分析、评价、模仿、参与、讨论、交流、认同、拒绝等行为动词。

3. 行为条件的表述

有时需要表明学员应在什么情况下或在什么范围内完成指定的学习活动。

例如"在规定时间内独立完成……""通过合作学习小组的讨论，制订……解决方案""仅采用……工具，完成二次回路故障排查"。

4. 表现程度的表述

表现程度是学员达成课程目标后所表现出来的水准，用以测量学员学习目标达成程度。例如"能准确无误地说出……""详细地写出……""客观正确地评价……。"等表述中的状语部分，限定了目标水平的表现程度，便于检验。

培训课程目标的确定要以学员为行为主体，从学员的角度出发，陈述行为结果的典型特征，用专业、准确、定量的语言准确表达出来，方便学员理解。有时，为了陈述简便，可省略行为主体和行为条件，以动宾结构的形式描述，但前提是不能引起歧义。

描述培训课程目标常用的行为动词见表3-13。

表 3-13 描述培训课程目标的行为动词

目标维度	行为动词
知识目标	描述、陈述、识别、辨认、列举、指出、回忆、说明、罗列、叙述，解释、选择
智力技能目标	比较、区别、区分、分类、判断、评判、估计、评估、估价、核查、审查、检查、修订、推断、归纳、概括、确定、收集、整理、总结、排列、组合、联合、选择、推广、分析、剖析、诊断、计算、证明、评价、评鉴、鉴别、监控、统计、估值、绘制、测量、编制、编写、制定、策划、设计、提出、建立、形成、应用、使用、开发、决定
操作技能目标	模仿、使用、操作、安装、组装、装配、制作、测量、调试、调整、均衡、连接、移动、形成、解决
态度目标	注意、倾听、应答、判断、认可、认同、承认、接纳、接受、具有、形成、遵守、改正、同意、支持、反对、决定、参与、增加、采取、拥护、摒弃、树立、坚持、实施

例如，"掌握培训课程设计的概念；""了解培训课程设计的意义；"。这些培训目标使用的"理解""了解""知道""掌握"等，仅仅体现内部心理过程，过于笼统含糊，难以观察，难以测量，无法检验。应采用"正例"中的可观察、可操作、可检验的具体的行为动词来描述，例如"能正确简述培训课程设计的概念"，"能按照规程要求，正确填写工作票和二次安措票。"

例如，"提高继电保护装置校验水平""宣贯实训安全管理制度"课程目标描述的是培训师的教学活动、教学意图，这是不合适的。课程目标应描述学员的学习结果而不是培训师的教学行为。

学习单元四 培训课程结构设计

【知识要点】

培训师完成课程主题、目标设计后，下一步是进行课程结构设计。培训课程结构设计是根据课程主题和课程目标，厘清各内容间的内在关系，结合学员认知规律，将培训内容结构化、模块化，并按照一定的逻辑顺序搭建授课大纲目录。本单元介绍金字塔结构模型及培训课程结构设计"四步成形法"的步骤。

一、金字塔结构模型

逻辑严谨，结构清晰的信息更容易被理解、记忆、传播，纲举目张、层次清晰是让课程逻辑清晰的关键。培训课程的主题和章节、章与章、节与节之间，以及小节的内部都需要搭建清晰的逻辑结构。采用金字塔结构模型是一种帮助梳理课程内容逻辑、搭建课程大纲目录的有效方法。

1973 年，麦肯锡国际管理咨询公司的咨询顾问巴巴拉·明托（BarbaraMinto）

提出金字塔原理，这是一种重点突出、逻辑清晰、层次分明、简单易懂的思考方式和表达方式，能清晰地展现表达的逻辑思路，让听众有兴趣、能理解、记得住。搭建金字塔结构的具体做法是：自上而下表达，自下而上思考；纵向总结概括，横向归类分组，标题提炼思想精华。

例如，列举购书清单时，不采用金字塔结构和采用金字塔结构表达的方法，购书清单的对比如图3-3所示。

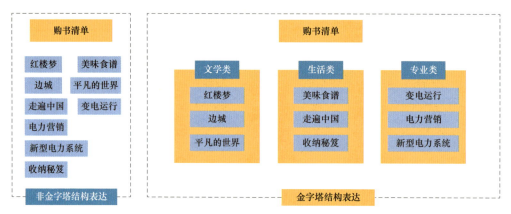

图3-3　采购清单对比图

不采用金字塔结构表达时，仅将课程内容简单罗列出来，学员需要记忆9项内容。采用金字塔结构进行分类以后，9项被分为3个组，增加了一个层级对内容属性进行抽象概括。较高层级的思想能够提示其下面一个层级的思想，分类清楚，排列有序，便于采购者理解、记忆。

在这种金字塔结构中，思想之间的联系方式分成了纵向和横向两种。纵向结构中，上一层级的思想是对下一层级思想的概括，下一层级思想是对其上一层级思想的解释和支持；横向结构中，每一层级中的思想必须属于同一逻辑范畴，并按一定的逻辑顺序组织安排。金字塔原理的标准结构从上至下有四个层级，由少到多，上尖下宽，像一个三角形的金字塔。图3-4是一张标准的金字塔结构图，一个中心论点被分成若干分观点，每个分论点又由若干论据支撑。

二、课程大纲搭建

将金字塔原理运用到课程结构中，中心论点即为课程主题，分论点是支撑课程主题的章，论据即为支撑章的节。采用金字塔结构的搭建培训课程大纲目录，能帮助培训师梳理课程内容，厘清课程思路、层次分明、简单易懂，让听众有兴趣，能理解，记得住。

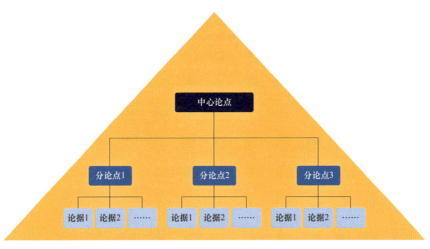

图 3-4 金字塔结构图

下面介绍采用"四步成形法"搭建金字塔结构课程大纲目录的步骤，分别是：归纳分类、搭建层级、排列逻辑、优化精炼。

（一）归纳分类

大脑的记忆是有极限的，如果信息太多学员很难抓住重点，难以记住。当一节课程包括多个知识点时，如果仅将各个知识点按照顺序依次罗列，会让学员觉得学习内容繁多，理不清头绪，给学员带来较大的学习负担，影响学习积极性和效果。例如，图 3-5 所示的培训课程目录。

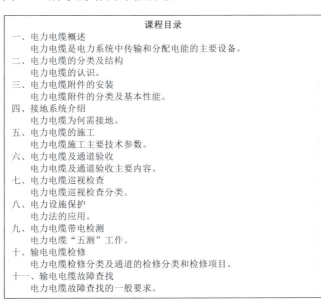

图 3-5 培训课程目录

91

该培训课程目录类似课本教材的目录，不适合作为培训课程的目录，主要有两方面问题：一是直接将知识点简单罗列上去，没有归纳；二是没有对目录进行分级，层次不分明。这样的课程目录不利于学员厘清课程内容的关系，会增加学员的认知负荷，影响培训效果。对于此类课程目录，应采用分类分级的思想，对课程内容进行归纳分类。

1. 分类的思想

人的思维习惯是越简单越轻松，越容易接受和理解，这与大脑记忆和思考的极限有关。1956 年，乔治·A·米勒博士在《心理学评论》杂志上发表了一篇名为《神奇的数字7±2》的文章，文章中提出的观点，至今仍然被广泛引用。米勒的观点基于这样一个实验：给被试者一组数据（或颜色、声音、气味等），结果发现多数人只能记住 7 样左右，而且通常是开头和结尾的数据记得比较牢，中间的部分被忘得很快。所以米勒在论文中提出：多数人的短期记忆一次只能记住 7 个左右的信息模块，少数人能记住 9 个甚至更多，少数人只能记住 5 个。同时，米勒指出，大脑更容易记住的是 3 个，最容易记住的是 1 个。

因此，当课程内容特别多，超过在短时间内所能记住的范畴时，需要将内容进行分类归纳，减少信息模块，帮助学员减轻认知负荷。基于米勒的脑科学研究发现，大脑比较容易记住的是 3 个数据，因此，搭建一级目录时，可以试着将所有内容进行分类、归纳为三个部分。对于一节课的章节，两个部分稍显单薄，超过三个部分则略显冗长，三个部分简化了不必要项，合并了同类项，核心要点能够显现出来，更有说服力。图 3-6 是两个课程内容归纳分类的前后对比实例。

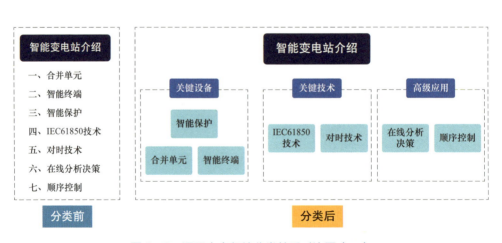

图 3-6　课程内容归纳分类前后对比图（一）

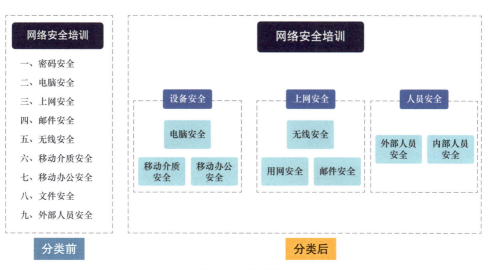

图 3-6 课程内容归纳分类前后对比图（二）

值得注意的是，这里是建议培训师对课程内容要有归纳整理的思想，并不是要求一定要将每一门课程的目录设计成三个部分，任何方法都需要根据实际情况活学活用。比如：《油色谱检测的四步法》课程，正好是从四个维度提炼课程内容的，将目录分为四个部分也很合理。

2. 分类的要求

分类的基本要求是清楚明了，分类充分体现了思维的逻辑性、结构性，使得思考更有条理。从思维的角度看，分类清楚可以使结构性思维不再是对问题的机械拆分，而是对其内在逻辑的排列。从分析的角度看，分类清楚有助于尽可能地考虑周全，将一个概念或一件事充分解构，从相关的各个方面去审视和分析。从使用的角度看，分类清楚可以使复杂的事物简单化。

金字塔原理中的一个重要原则 MECE 法则，可以帮助检查分类是否清晰。MECE，是"Mutually Exclusive，Collectively Exhaustive"首字母的缩写中文意思是"相互独立，完全穷尽"，它是芭芭拉·明托在金字塔原理中提出的一个很重要的方法。MECE 分析意味着将问题细分为明确的、没有重叠的子问题，做到不重叠、不遗漏。相互独立要求各部分之间相互独立，即分类是在同一标准或维度，并且有明确区分，不可重叠；完全穷尽是所有的部分都完全穷尽，全面、周密，没有遗漏，如图 3-7 所示。

MECE 分析要求分类做到这两点：相互独立和完全穷尽。培训授课大纲也是如此，课程内容多、时间长、有多级目录，章、节、论据点之间也需要遵循 MECE 原则，做到分类清楚，条理通畅。

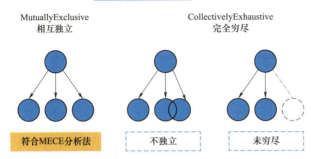

图 3-7 "相互独立，完全穷尽"的示意图

（1）不重叠

每一个层级之间的观点，必须是相互独立的，不能有交叉、重叠，否则学员的思维就容易混淆一起，理不清楚，听不明白。

例如，图 3-8 所示的课程大纲。

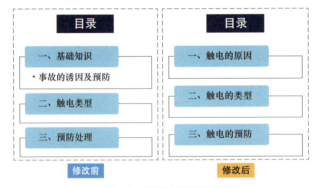

图 3-8 重叠的课程大纲

修改前的课程大纲中，第一章的节内容"事故的诱因及预防"与"第三章预防处理"有重叠；第二章触电类型，分类的标准与第一章和第三章也不相同。整个课程大纲各章节之间，重叠交叉，逻辑不清。按照 MECE 法则，重新梳理内容的关系，修改后的大纲没有重叠，分类清楚，逻辑清晰。

（2）不遗漏

按照 MECE 法则的要求，课程大纲的章节之间要做到不重叠，章节之内要做到不遗漏。下一层级的内容要紧扣上一层级主题，将内容完全展示出来。但是，在实际电力企业培训中，一个整体的知识内容可能被拆解成多个子内容，有时候因为培训时间有限，无法在一次授课中全部包含进去。对于这种情况，建议在课程开始，先介绍整体知识架构，明确本次课程内容属于整体架构的哪个层级、哪个部分，前续后续课程分别是什么，本次受课程时长限制，仅讲解哪个或哪几个内容，其他内容将在什么时间讲解，让学员清楚明白本课程内容与其他内容的关系。

3. 分类的方法

分类是以事物的性质、特点、用途等作为区分的标准，将符合同一标准的事物归类，不同的则分开。分类方法基本上有两种。第一种是外部分类法，人为地依据事物的外部特征进行分类。第二种分类方法是本质分类法，根据事物的本质特征进行分类。事物的属性是多方面的，分类的方法也是多样的，在不同的情况下，可以采用不同的分类方法。一般而言，找到事物、知识、问题的一个属性，一种维度，按照 MECE 原则的要求，根据一定的逻辑进行分类即可。

（二）搭建层级

1. 分级的思想

归纳分类清楚内容以后，下一步是对内容进行分级，搭建金字塔模型的层级结构。课程内容由章、节、点组成，课程目录分为章目录（一级目录）、节目录（二级目录）、点目录（三、四级目录）。一级目录定模块，二级目录定层级，三级目录定要素，四级目录定要点。对于复杂的技能项目，在编制技能类授课内容框架时，先搭建一级目录（任务单元），理清各任务单元间的逻辑关系；再搭建二级目录（任务单元下的操作步骤），理清各步骤间的逻辑关系；后搭建三级目录（各步骤下的操作点），理清各操作点间的逻辑关系；若有必要，最后搭建四级目录（各操作点下的操作行为），理清各操作行为间的逻辑关系。

30 分钟以内的课程，搭建一级目录即可；1～2 小时的课程，需要搭二、三级目录；超过 4 小时的课程，重要章节可以展开到四级目录。搭建要注意一个原则：层级清晰有序号，目录规范要统一。对于多级目录，可参考图 3-9，将序号格式分级统一。

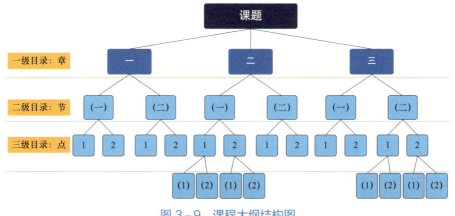

图 3-9　课程大纲结构图

例如,对图3-5课程内容归纳分类后,第二步搭建目录层级,即可形成图3-10课程大纲目录。

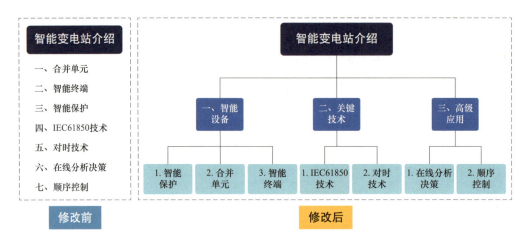

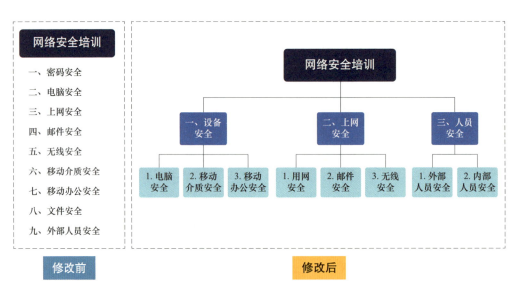

图3-10 搭建课程大纲目录层级

2. 分级的要求

将课程内容进行归纳分类分级后,要做到结构清晰,还需要检查层级结构是否清楚、明白、有条理。金字塔原理中的另一个重要原则是:上下对应。即上一层级观点必须是对下一层级观点的总结概括;下一层级观点必须是上一层级观点的解释说明。简单地理解,上下对应就是直属的上下两层级存在"因果"或"从属"两种关系。通常上一层级是果,下一层级是因,下一层级从属于上一层级。如果将没有"因果"或"从属"关系的内容放在一起，上下不对应，逻辑就会混乱。

此外，同一层级的内容必须属于同一个逻辑范畴，即分论点1、分论点2、分论点3必须属于同一个逻辑范畴。如果分类标准不一致，就很容易出现信息交叉、前后内容不符、逻辑不清的情况。

例如，如图3-11所示，在"电力设备隐患的排查与治理"这一主题下，第一个模块"电力生产安全的重要性"与上一层级主题没有"因果"或"从属"关联性。电力生产安全比电力设备隐患的范畴更大，"电力生产安全的重要性"却在"电力设备隐患排查与治理"的下一次层级，上下不对应。修改后的大纲内容中，第一个模块与上一层主题关联性更紧密，上下对应关系更清晰。

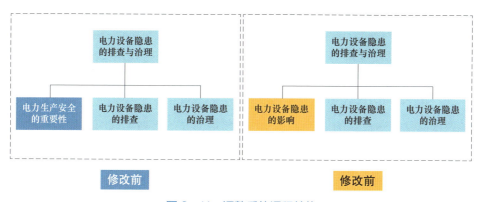

图3-11　调整后的课程结构

3. 提炼标题

将授课内容分层分级搭建内容大纲后，逐级提炼标题名称，即可形成多级目录。各级目录标题要简明、同级句式要统一，上一层级要包含下一层级，标题间内容数量尽量相对均衡，建议不超过7个，3个左右为宜。

为满足标题间"上统下"和数量合理的要求，可采用"标题升级"法将各个下一层级标题概括组合，作为一个上级标题。提炼标题可参考以下三种方法：

（1）**关键字概括**。在同一逻辑关系中，将相同的关键字段概括在一起，可将多个同一级的标题合并成为一个上一级标题。

例如：将三个二级标题"检查绝缘手套、检查接地钳表、检查杆号牌"，可重组为一个上一级标题"检查事项"，其下包括"二级标题：检查绝缘手套、检查接地钳表、检查杆号牌"。

（2）**同属性概括**。在同一逻辑关系中，将有相同属性的可概括在一起。

例如："准备工作票、准备操作票、准备接地线登记表、准备作业指导书等"，这些内容都具备资料的属性，上一级标题可以概括为"准备资料"。

（3）同目标概括。在同一逻辑关系中，按目标达成的要素或步骤归类概括。

例如："拆接地极、测量电阻、读数记录和恢复接地"，其目标是"测量电阻值"，因此，上一级标题可概括为"测电阻"。

（三）排列逻辑

遵循分类清楚的原则，将授课内容进行分类分级可以将一个整体分成多个相互独立、完全穷尽的部分。但是把哪个部分放在前面先表达，哪个部分放在后面后介绍，也应该按照逻辑排序。排列逻辑是整体的各个部分之间排列次序的是合乎逻辑的，而不是杂乱无章的。排序逻辑是人脑思维的自然要求，也是让学员更容易记忆和理解的一种方式。因此，课程结构设计中，每一级大纲内容，每个主题下的分论点，章与章，节与节之间也必须按照逻辑顺序来排列大纲目录。

逻辑的种类有很多，比如：按照逻辑学概念排序；按照时间排序；按照方位排序；按照数字排序；按照重要性排序等。常见的比较适合授课的逻辑结构有以下三种：

1. 3W 模式结构

3W 模式即 WHY—WHAT—HOW 式。即讲解所学的知识点，为什么要引入该知识点以及该知识点的用途。这是按照解决问题的思路形成的课程结构顺序，是一种通用的课程结构，适合大多数的课程结构搭建。这种逻辑结构符合人们理解和接受一个新知识、新信息的思维模式。

例如，在设计"新能源发电在新型电力系统中的应用"课程时，可能会想到以下问题：

① 为什么要用新能源发电？

② 什么是新能源发电？

③ 什么是新型电力系统？

④ 新能源是如何发电的？

⑤ 新能源发电在新型电力系统中是如何应用的？

这些问题是否具有相关性？这里主要涉及三大类问题：为什么—①；是什么—②③；怎么做—④⑤。即"为什么，是什么，怎么做"3W 模式结构。

在实际结构搭建中，"WHY"部分可变通为遇到的困难、问题的原因、重要性、现状背景等，"WHAT"部分可变通为概念、定义、原则、要素、分类、规定等，"HOW"部分可变通为方法、步骤、流程、技巧等，使各个模块和内容更贴合工作实际。

2. 流程模式结构

流程模式结构即按照流程、操作的步骤或时间进展阶段来设计整体课程的一种模式。

例如，"课堂教学环节设计"课程就可以按照流程模式结构顺序进行安排，结构可分为组织教学、课程导入、讲授新课、总结归纳、行动任务五个部分。

流程模式结构可以用在课程内容大纲上，也可以用在课程内容大纲下课程小节的知识点上。

例如，单相电能表的误差测试有 5 个步骤：（1）看铭牌；（2）断空开；（3）接负载；（4）记时间；（5）算误差。

流程模式结构的优点在于逻辑性强，环节紧凑，能吸引学员，这种结构多用于操作性比较强的技能类课程。

3. 并列模式结构

当一门综合性课程需要很多独立内容来支撑，每个独立内容之间没有严格的逻辑关系，但共同为解决一个问题服务时，可采用并列结构。这种结构可以用于系列专题培训课程的设计，也可以用于课程内容大纲的设计。培训师把几个没有先后逻辑关系的模块组织在一起，形成一门完整的课程，每一个模块都能解决学员工作中的一个问题。并列模式结构中，调整内容顺序相对方便，搭建大纲目录也相对简单。

例如，在设计"企业培训师课堂互动方法"课程时，将课程划分为 4 个模块：（1）眼法；（2）口法；（3）手法；（4）身法。这 4 个模块之间没有明显的先后关系，但都能指导培训师进行课堂互动，这就是并列模式结构。

在实际搭建培训课程大纲目录时，可以综合运用多种模式结构，帮助厘清课程的逻辑结构。

（四）优化精炼

采用"四步成形法"设计培训课程大纲，完成了归纳分类、搭建层级、排列逻辑以后，最后一步是将语言优化精炼，这是更进一步的要求。语言优化精炼有三个标准：通顺、精炼、生动。

1. 通顺

目录标题的表述非常重要，它应该准确、通顺，让学员能够迅速理解所表达的内容。通顺的目录标题不仅能够准确地概括章节内容，还能让整体结构更加清晰，便于学员理解和参考。所以，在经过前三步确定课程大纲目录后，还需要进一步优化每个标题的表述，确保目录标题的表述准确、通顺，文从字顺，易于理解。

例如，如图 3-12 所示。修改前的标题三文字拗口，修改后的标题表述简洁通顺。

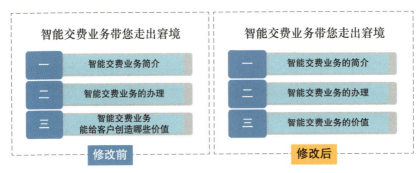

图 3-12　标题通顺示例

2. 精炼

作为目录标题，文字不宜过长，应尽量去除冗余的词汇，表达简洁、明了，让学员一目了然地了解标题的核心内容。这样不仅可以提高阅读效率，还能增强信息的传播效果。

例如，比较图 3-13 中修改前后的目录，修改后的目录更加简洁精炼。

图 3-13　标题精炼示例

3. 生动

表达是一门语言的艺术，生动的语言描述，能够激发学员的好奇心，引发他们的学习兴趣，留下更加深刻的印象。可以尝试运用比喻、拟人等修辞手法，将抽象的目标具体化、形象化，使标题更加生动有趣。

例如图 3-14 中的目录，修改后的目录标题既贴切又生动。

值得注意的是，生动并不意味着随意夸张或脱离实际，生动这一标准是建立在前两个标准的基础上，与优化课题命名一样，属于"重要但不紧急"之事。目录标题首先要做到表述准确、精炼，能反映内容的实质，表述直白、让学员一看就明白，不引起歧义。有些名称过于华而不实，词不达意，反而适得其反。如果暂时没有想出特别合适出彩的标题，可以先拟定准确、通顺、简洁的标题，在课程优化过程中再慢慢推敲，不要舍本逐末。

图 3-14　标题生动示例

综上所述，根据金字塔结构模型，采用"四步成形法"是一种有效搭建课程大纲框架的方法，按照归纳分类、搭建层级、排列逻辑、优化精炼的步骤，先厘清结构，再优化标题，结构越清晰，表达越有效。

【课程小结】

本培训课程介绍了培训课程框架设计的内容、方法与原则。培训课程框架设计是培训课程设计的第一个环节，梳理培训课程整体设计思路，主要包括培训课程需求分析、培训课程主题设计、培训课程目标设计和培训课程结构设计。培训课程需求分析为培训主题设计提供依据，培训课程主题选择要遵循需求导向、解决问题、具体聚焦的原则。培训课程目标是培训课程本身要实现的具体要求，是学员经过课程学习后在知识、技能态度等方面应当达到的标准，制定培训课程目标要遵循 ABCD 法则。纲举目张、结构清晰是让课程逻辑清晰的关键，采用"四步成形法"有助于快速搭建课程大纲框架。

培训课程三　培训课程内容设计

【培训目标】

知识目标	1. 能正确描述组织培训课程内容的流程。 2. 能正确描述优化培训课程内容的方法。
技能目标	能根据课程框架，组织并优化课程内容。

培训课程内容设计是根据课程框架，对教学内容进行科学地编排和优化，理清知识之间的内部逻辑和联系，把隐形经验显性化，显性思维结构化，结构思维形象化，有针对性地弥补课程目标与学员现状之间的差距，优化教学。本课程主要包括课程内容的组织和课程内容的优化。如图 3-15 所示：

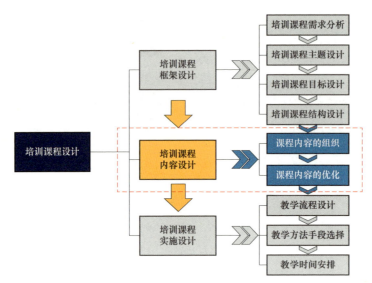

图 3-15　培训课程内容设计

学习单元一　课程内容的组织

【知识要点】

课程内容的组织是一个系统性的过程，旨在确保知识、技能和态度等内容以逻辑、连贯且易于理解的方式呈现给学员。本单元主要包括课程内容的筛选和课程内容的编排。

一、课程内容的筛选

（一）确定内容范围

一门培训课程不可能涉及所有主题相关的内容，筛选课程内容时，应首先考虑学员相关的学习背景和学习需求，根据课程目标的要求，把学员需要学习的知识、技能等方面的内容罗列出来；根据课时等限制条件，确定学员必须了解的内容以及可以删除的内容。主要考虑以下几个因素：

1. 明确课程目标

课程内容是课程目标最直接的体现，直接指向课程"应该教什么"。设计的过程中，常常出现内容脱离目标的现象，因此，在筛选课程内容时，培训师首先要做的是充分理解课程目标，知道学员想学什么，期望达到什么程度，这样才能有助于选择合适的内容。

2. 罗列相关信息

根据课程目标，分析哪些内容最能支持这些目标的实现。这需要对课程内容进行评估，确保所选内容与目标直接相关，并能够有效地帮助学员掌握所需知识和技能。这个阶段不需要考虑内容的重要程度，将相关信息尽可能多罗列，信息越多，可选范围就越大。

【案例】

"班组长管理能力提升"课程，将相关信息罗列出来，包括：创新思维模式、团队协作与沟通、问题解决技巧、领导力、职业道德、情绪管理、个人职业规划等。根据此次培训需求、学员的痛点和刚需，结合课程目标，大家亟待提升的是创新思维、团队沟通协作及问题处理技巧方面的能力。其他内容对培训学员来说要么是老生常谈，要么并非痛点，像个人职业规划明显就不是讲给班组长的内容，可以直接删除。

3. 筛选合适内容

基于相关信息，筛选出与课程目标最为匹配的内容。可以将所有内容划分为三个级别：第一级——最支撑主题的内容，这部分要保留；第二级——次要支撑主题的内容，可根据培训时长决定是否保留，如果时间紧张可打印成学习资料发给学员自学；第三级——不支撑主题的内容，这类信息会耽误有限的培训时间，使目标无法达成，要删除。确保所选内容的深度和广度既能满足实现目标的需要，又能满足学员的学习需求。可按照不同课程类型，将学习内容的难易程度进行分类，结合学员现状，进行内容筛选。以下示例可供参考，如表 3-14 所示，这种方法更适用于系列课程。

表 3-14　　　　　　　　课程内容筛选（以知识类为例）

课程类型	学习内容	学员现状	学习内容筛选
知识类	入门	具备	删除
	中等	缺乏	保留
	高级	不需要	删除

在内容筛选过程中要注意以下几点：

（1）**内容的多与少**。新手培训师在选择课程内容时，往往会觉得越多越好，事实上，课程内容的选择要注意两个关键词："技能必备、知识够用"，不追求课程知识内容的"多而博"，而强调"少而精"；不追求知识的宽泛普适，而追求知识的实用有效、学以致用。

同时，"技能必备、知识够用"还要求把握好内容的广度和深度，不但要包含达成目标所必需的技能点，还要体现理论知识的针对性和适用性，避免理论分析和灌输过多、过深，以够用为度。

（2）内容的实践性。自主式的主动学习将更加有利于学员发现问题、分析问题、解决问题以及创新等多方面能力的提升。课程内容一定是支撑课程目标实现的，在选择课程内容时，培训师可以着重选择直接提升学员专业技能的内容，包括具体的操作步骤、真实的案例，对于实操类课程还可以设计并提供操作指南。

（二）搜集课程素材

课程内容的筛选除了要考虑知识本身的特性，还要考虑其他相关课程因素。其中有个重要的因素，那就是课程素材。培训师都希望自己的课程素材丰富新颖。就像做一桌美味佳肴，先要找到一堆新鲜多样的食材。同样，开发一门有价值的课程，也要先找到大量有价值的素材。这里提到的素材是指为促进学员理解而选取的课程支撑材料，包括但不限于文字案例、图片、视频、道具等形式。

1. 文字案例

培训师可根据培训的目标和主题，收集生产现场的真实案例，并以文字表述，若没有合适的案例，也自己按需编写。注意在选择案例时，应与培训的内容和主题密切相关，紧扣知识点，并包含一定的问题分析点。案例应尽量贴近学员的生活和工作，所选案例应尽量接近学员的岗位实际，尽量和专业相关。

【案例】

在讲授"典型窃电案例分析"课程时，以文字的形式，如图 3-16 所示，陈述了一则真实的窃电案例，让学员对借零窃电的形式有了更具体的认识。

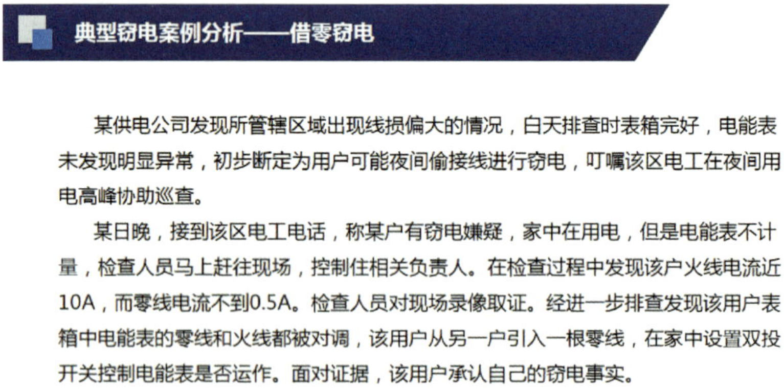

典型窃电案例分析——借零窃电

某供电公司发现所管辖区域出现线损偏大的情况，白天排查时表箱完好，电能表未发现明显异常，初步断定为用户可能夜间偷接线进行窃电，叮嘱该区电工在夜间用电高峰协助巡查。

某日晚，接到该区电工电话，称某户有窃电嫌疑，家中在用电，但是电能表不计量，检查人员马上赶往现场，控制住相关负责人。在检查过程中发现该户火线电流近10A，而零线电流不到0.5A。检查人员对现场录像取证。经进一步排查发现该用户表箱中电能表的零线和火线都被对调，该用户从另一户引入一根零线，在家中设置双投开关控制电能表是否运作。面对证据，该用户承认自己的窃电事实。

图 3-16　典型窃电案例分析

2. 图片图表

纯文字的案例是极理性的表达，只进入学员的左脑。而且由于文字全部显示出来，学员可以直接看到案例的故事情节，没有任何悬念，缺少吸引力。所以，案例的呈现时可以配备相关图片、照片、图表。既可以是身边工作现场的实拍照片，也可以是用以阐述说明的图表文件。图片图表比文字案例多了视觉上的刺激，会让学员在课后更容易从脑中提取出这个案例，从而想到案例所论证的观点。

培训课程中用到的图片素材有关联性图片和延展性图片两类，关联性图片是和课程知识点、技能点内容高度相关的图片，如设备的实拍图、原理图，生产现场的实拍图片等。延展性图片是指和课程内容有相似性，启发学员思考的图片，或网络上搜集的素材图片。

【案例】

在讲授"安全风险管控—恶性违章"课程时，以图片来展示违章事件，如图 3-17 所示，让学员多了视觉刺激，加深印象。

图 3-17　违章案例

3. 视频

在培训的课堂上，字不如表、表不如图、图不如视频，那是因为动态的比静态的更吸引学员的注意力。而且对于技能类课程来说，特别对于一些细微处的操作，视频比图片展示得更直观、更清晰，因此，视频也是培训课程中一类常见的素材形式。培训师可以通过网络下载也可以进行实拍。

【案例】

在讲授"电能表现场误差分析——瓦秒法"课程时，关于瓦秒法的操作步骤有三步，如图 3-18 所示，分别是断开空气开关、接入自带吹风、记录测量时间，在讲完操作要点和注意事项后，培训师要演示具体操作方法。由于所有操作都是在电能表表尾进行的，电能表表尾空间较小，特别是在"接入自带吹风"负荷时，还要准确地对准相应的端子，现场演示学员经常反映看不清楚，于是培训师将整个过程拍成视频，重点部位、操作难点采用放大特定，教学效果明显提高，受到学员一致好评。

③ 实例分析——t 的测量

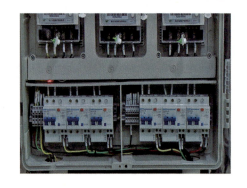

步骤

1.断开空气开关

2.接入自带吹风

3.记录测量时间

图 3-18　瓦秒表操作步骤

在使用视频素材时，注意尽量将视频插入 PPT 课件中，有些培训师在插入视频素材时习惯用超链接，但在播放时就需鼠标去点击链接，再等待视频慢慢打开，如果电脑上没有相应的播放器，还会出现无法播放的情况，打断培训师的讲授思路和课程节奏。视频素材建议直接插入 PPT，只要格式正确，都能正常播放。

4. 道具

在教学中，道具的展示能够让学员近距离看到实物，也是一种吸引学员注意力的方式。培训课堂上使用的道具可以分为内容道具和活动道具。内容道具，即与课程知识点、案例相关的道具，可以是实物，也可以是模型或教具。尤其是在讲授专业技术课程中，实物道具的展示能让学员更直观地理解枯燥的知识点。活动道具，是在课程互动活动中使用的辅助道具，如扑克牌、乒乓球、便利贴等。

【案例】

在讲授"无人机的结构与功能"课程时，培训师将无人机带到课堂上，如图 3-19 所示，边讲解边进行全方位展示，吸引学员注意力的同时还将无人机的结构呈现得非常清晰。

一般来说，课程素材是课程内容的载体，课程内容是更为抽象的概念、方法、原则、策略等。培训则是运用课程素材，让学员学会应掌握的课程内容。课程素材和课程内容都是培训课程必不

图 3-19　无人机展示

可少的内容，两者密不可分。

如果课程开发者先拥有课例、案例、教案等丰富的课程素材，则要进一步总结和提炼，才能使之上升为教师培训课程内容，否则就变成了素材的堆砌。

（三）提炼课程内容

素材来源于平时的积累，素材的丰富程度与培训师的经验密切相关。培训师的经验往往表现在各种场景中，具有一定的情境性。这些经验比较个性化，很难被复制。而课程内容是结构化的经验，要求课程开发者从众多碎片化的、具象性的信息中抽象出要点，并按照一定逻辑形成一个结构。因此经验和案例只能作为培训课程的素材，还不能算是课程内容。课程内容可以是自己实践经验的总结，还可以是对他人观点的梳理、提炼、丰富、拓展。那么如何从经验中来提炼内容呢？这里分为自身经验和他人经验两个方面。

1. 自身经验

对于培训师自身的经验，可以通过四个步骤来提炼课程内容。

第一步，明确问题。培训师需要清晰地认识到在每个步骤中需要解决的关键问题。这有助于聚焦核心问题，避免在解决问题的过程中走入歧途。同时，明确问题也有助于培训师更有针对性地寻找解决方法。

第二步，萃取方法。培训师需要思考解决每个关键问题所采用的方法。这个过程需要培训师具备创新和思考的能力，同时也是对自身经验和知识体系的巩固和拓展。

第三步，比较分析。对萃取出来的方法进行深入的比较和分析，确保这些方法是最优化的。比较分析有助于培训师发现不同方法之间的优缺点，从而在实际应用中选择出最佳方案。

第四步，提炼优化。培训师需要将案例中涉及的操作步骤区分出来。这个过程需要培训师具备反思和总结的能力，以便在后续解决问题的过程中能够更好地运用经验。以下经验提炼步骤表 3－15 可供参考。

表 3－15　　　　　　　　　　　　经验提炼步骤表

步骤	具体内容
明确问题	聚焦主题、明确问题
萃取方法	工作方法、细节诀窍、新手雷区
比较分析	背后原理、理由解释、深入比较、反思分析
提炼优化	提炼步骤、总结优化

2. 他人经验

对于他人经验，可以通过以下几个方法来搜集并提炼课程内容。

（1）专家访谈

专家访谈是通过访问专家，与之直接交谈而获得有关信息的方法。它又可分为座谈采访、会议采访、电话采访或者交流分享等形式。采访需要做好充分准备，认真选择调查对象，了解调查对象，收集相关业务资料和背景资料。这种方法的关键是能找到真正的专家，具有与课程主题相关的丰富的工作实践经验的专家，如果专家善于表达就再好不过了。经验分享时，可以是一对一的专家访谈，也可以是一对多的专家研讨，也可以是专家之间的交流分享，培训师需要对访谈后的资料进行整理和验证。

开始前要说明访谈目的和期望，以打消对方的顾虑，得到对方的配合。避免对方不愿讲自己的观点、经验、做法。为有效访谈，可以通过以下几个步骤来完成。

第一步，分解细化。提前对访谈对象的相关材料进行深入分析，把访谈对象的经验细化成具体的阶段、步骤或要点，由框架到细节，逐步深入进行访谈。

第二步，总结确认。每访谈一个部分，都要及时总结对方谈到的关键点，并请对方确认，保证自己的理解是正确无误的。

第三步，询问建议。使用对方的观点、经验、做法时要征求对方的意见，得到允许后再使用。

【案例】

"客户投诉处理"这个主题非常重要，但作为专职培训师可能缺乏现场实践经验，于是需要访谈供电所客户经理，对他们的实践经验进行萃取，开发出客户服务系列培训课程。这种方法对培训师萃取能力要求比较高，也比较花费时间。表 3-16 中的访谈思路可供参考。

表 3-16　　　　　　　"客户投诉处理"主题访谈表

步骤	问题
分解细化	您从事这项工作的心得是什么？
	在处理客户投诉时有哪几个步骤？
	在每一步分别会遇到什么挑战，您是怎么做的？能具体说一说吗？
	除了以上以外，还有吗？
总结确认	我想和您确认一下，您刚才谈到的第一步，最重要的是以下几个观点，是吗？
请求建议	非常感谢您给我们提供了大量有价值的信息，请问这些经验可以放到培训资料中吗？相信可以帮助很多客户经理提高工作效率。他们一定会非常感谢您的

（2）观察法

观察法是指通过开会、深入现场、实地采样、进行现场观察并准确记录（包括测绘、录音、录像、拍照、笔录等）调研情况。它主要包括两个方面，一是对人的行为的观察。二是对客观事物的观察。观察法使用广泛，常与搜集实物结合使用，以提高收集信息的可靠性。操作时需要关注以下几个要点：

第一，明确目的。提前做好相关资料的收集与学习工作，对专家工作进行预设，分步骤、分类型详细记录。分步骤、分类型记录表如表 3－17 所示。

表 3－17　　　　　　　　　　　观察法记录表

工作内容分解	具体工作要点	经验心得	注意事项
前期准备			
第一步			
第二步			
第三步			
……			

第二，运用必要的录音录像设备，把整体环节录下来，以备反复观察使用，同时，也可将其作为课程素材。需要注意的是，若是有人物出镜，需征求本人同意再进行录制。

第三，比对关键环节，提取要点。比对关键环节中资深专家的做法与普通员工的做法，总结资深专家的经验。

（3）检索法

文献检索就是从浩繁的文献中检索出所需信息的过程。文献检索可分手工检索和计算机检索。手工检索是指主要通过已有的书籍、文献、索引、文摘、参考指南等来查找有关的信息。计算机检索，即通过计算机进行文献检索，其特点是检索速度快、信息量大，它是当前收集文献信息的主要方法。

（4）AI 搜索法

AI 搜索法就是利用人工智能技术进行信息搜索的方法。它结合了机器学习、自然语言处理、深度学习等多种技术，能够更智能、更高效地帮助使用者从海量的数据中检索出所需的信息。通常包括以下几个步骤：

第一，选择搜索工具。市面上有很多可使用的 AI 搜索工具，有网页版和 App 版本，比如 ChatGPT、文心一言、Kimi 智能助手等。

第二，输入搜索查询。AI 搜索工具会通过自然语言处理技术来理解用户的查询意图，包括识别关键词、短语，以及理解查询背后的语义和上下文。发起查询时，AI 搜索工具通常会根据相关因素对搜索结果进行排序，如关键词的匹配度、数据的关联性，以及使用者的历史行为和偏好等，可结合自身需求来。

第三，查找关联信息。如果对搜索结果不满意，可以基于搜索结果继续进行深入搜索。一些 AI 搜索工具还提供了智能功能，如问答、推荐等。可以使用这些功能来获取更个性化的搜索结果或建议。

与传统的搜索方法相比，AI 搜索法具有更高的智能性和灵活性。它不仅能够更准确地理解用户的需求，还能够根据用户的反馈和行为来不断优化搜索结果，从而提供更加个性化和精准的搜索体验。我们可以充分利用 AI 搜索工具的优势来提升学习和工作的效率，同时也要合理使用，避免过度依赖搜索工具而忽视自己的思考和判断能力。

作为一名培训师，需要不断探索和总结获取实践经验的方法和技巧，将实践中的智慧融入课程内容中，使学习者从中受益，并在实际工作中运用这些经验，以便更好地为学员提供高质量的培训。

二、课程内容的编排

课程内容的编排是指将筛选出的课程内容按照一定逻辑和顺序进行排列和整合，既包括课程内容大纲的确立，也包括课程内容小节的开发，两者紧密结合才是一门完整的课程。

确定课程内容大纲就是搭建课程知识体系框架。有了课程主题和目标后，要思考解决问题和实现课程目标需要哪些知识模块，每个模块都是一个课程内容大纲。编写课程内容大纲是为了梳理、更新或增加培训师需要讲授的知识，确保关键内容不会被遗漏，同时让章节标题的重要性更加突出。

撰写课程内容小节的重要性在于，需要通过填充丰富实用的内容，将内容模块化，使课程更加稳定和"落地"。换句话说，从简要的课程内容大纲到详细的课程内容小节，这是一个不断深化和拓展的过程，目的是让课程内容更加丰满，更具实用性。在开始编写小节内容之前，先制定一个详细的内容大纲或思维导图。这有助于系统地组织信息，确保没有遗漏关键内容。具体可分为以下五个步骤。

1. 明确目标

培训师需要根据大纲的主题和核心知识点，设定章节的目标，并梳理出需要讲解的关键知识点，确保这些知识点能支撑章节目标的实现，并且每一节都能独立地传达一个核心信息。同时要明确小节在整章或整个课程中的位置，以便学员能在学习过程中更好地理解和掌握课程内容。

2. 理清逻辑

培训师需要分析各章节之间的逻辑关系，例如哪些是基础知识，哪些是高级内容，哪些章节之间存在依赖关系等。合理安排每个小节的内容和顺序，使之形成一个层次清晰、逻辑严密的体系。同时要考虑"新知"和"旧知"的问题。对于缺少工作经验的学员，可以先聚焦"问题是什么"，然后才是"如何解决问题"；对于有一定工作经验的学员，需要先聚焦"如何解决问题"，先构思解决问题的行为步骤，提供完成每一个步骤所需要的经验规则或启发式建议，然后才是"问题是什么"。这样，学员在跟随课程进度时，就能顺畅地理解并吸收知识。

3. 初步排序

基于章节间的逻辑关系，进行小节内部的初步排序。

（1）按主题：确定每章的核心内容。分析它们之间的关联、递进或并列关系。根据这些关系，可以初步确定章节内部的排列顺序。例如，《电能计量联合接线盒的结构与应用》课程分为三个章节：一、联合接线盒的由来；二、联合接线盒的结构；三、联合接线盒的应用。在第三章中，主要介绍三种应用场景及工作模式：计量、换表、校验。按并列关系进行初步排序。

（2）按因果：识别每一章内容中是否存在因果关系。如果某一节的内容是另一节内容的前提或基础，那么前者应该排在后者之前。通过这种方式，可以建立起单元内部的逻辑链条。例如，《双碳目标下电力企业面临的挑战及举措》课程的第一章为：双碳目标的提出，按现象、原因、解决方案的顺序，也就是按因果来进行排序，从而构成第一章节的内容如图 3-20 所示。

图 3-20 《双碳目标下电力企业面临的挑战及举措》课程第一章结构

（3）按层次：将课程内容按照难易程度或知识深度进行分层。确定每个小节所属的层次，并按照层次的高低进行排序。这种方法有助于学员逐步深入，从基础到高级地掌握知识。对于有操作步骤的技能类课程，也可以按实操的步骤来进行排序。例如，《抄表数据异常判断》课程分为三个章节，第三章的内容是"抄表数据异常判断要领"，培训师总结提炼为三个步骤：查档案、查信息、查显示。

【案例】

在进行"电力需求响应补贴计算方法"课程设计时，培训师将思维导图绘制出来。本课程分为三个章节，分别是电力需求响应的概念、电力需求响应的方式和电力需求响应的应用。第一章中的内容按因果进行排序，讲授需求响应的由来和意义。第二章中的内容按主题进行排序，讲授三种不同的响应方式；第三章的内容按照需求响应应用的步骤进行排序，如图3-21所示。

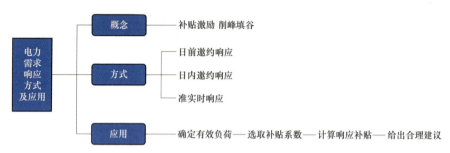

图3-21 《电力需求响应补贴计算方法》思维导图

4. 优化调整

初步排序完成后，培训师进一步进行优化和调整。这里可以用到一个结构化思维的原则：结论先行。就是在进行表达的时候需要把结论放在前面。例如，在通知同事们更改会议时间的时候，先把最终的会议时间放在最前面说，至于更改时间的原因，或许太多太杂，或许不必进行解释。在课程实施时，结论先行就是指先提出结论或者观点，再展开讲授。很多课程容易出现两个问题：一是只有内容，没有观点；二是讲了很多内容，最后才抛出观点。有些培训师在授课时通常会说明所有的背景、原因、过程，最后才到结论，甚至没有结论，这样会让听的学员感觉一头雾水，听了半天不知道培训师要表达的意思。所以，培训师要遵循结论先行原则，尽早提出鲜明的观点，把结论放在开头说，这样学员才更容易记忆你想要表达的主题。

结论先行在培训课程中的应用场景，通常可以分为三种情况，即学员需求、内容复杂和时间有限。

（1）学员需求

无论通过口头还是书面方式，要想让对方理解培训师表达的内容，都应该站在对方的角度去思考应该怎么表达。作为听众，你是希望对方把十分复杂的情况都交代一遍，却没有一个主题或结论，还是希望对方把结果先说清楚，再慢慢交代背景呢？应该都希望是第二种情况吧。同样，一门课程是否成功取决于学员听完这门课以后的收获感，前面讲过对于有一定工作经验的学员，需要先聚焦"如何解决问题"，然后才是"问题是什么"，这也是结论先行的必要应用场景。

（2）内容复杂

大脑的记忆是有极限的，如果信息太多就很难抓住重点并记住，特别是在听课的时候。阅读时没有记住或没有理解，还可以返回去再看，但在听课的时候就很难做到这点。因此，在内容复杂难懂，而又必须对它进行解释说明的情况下，首先用到结论先行的原则。

【案例】

在讲解电气事故的类型时，培训师直接告诉学员电气事故主要分为电击事故、电弧事故和雷电事故三类，并简要说明每类事故的特点和预防措施。接着，通过案例分析或模拟演练等方式，进一步阐述这些结论的应用和实践。这样，学员就能在短时间内对复杂的内容有一个清晰的认识。

（3）时间有限

在时间紧迫的极端情况，无论是要引起对方兴趣，或是要激发对方思考，都需要高度浓缩，并且把结论放在前面讲，否则在这么短的时间内，无关紧要的内容对方根本无法理解。

由于课堂时间有限，如果出现学员对课程某部分或某个概念很感兴趣，但这部分内容不是本次课程重点的情况下，培训师如果完全不提会让学员产生失落感，然而又没有充分的时间展开讲解，此时就需要做到结论先行，直接给出结论，省去说明和思考的时间。

【案例】

在讲解电力安全时，学员对某个特定的电力安全设备感兴趣，培训师可以首先简要说明该设备的主要功能、使用场景。接下来，培训师通过说明它与整体课程目标的关系、它在整个电力安全体系中的位置，以及它与其他安全措施的关联，帮助学员理解为什么即使他们对此感兴趣，也不能在当前课程中深入探讨，并告知学员可以课后再讨论。

5. 内容填充

将图片、视频、案例等素材相对应匹配到章节中，确保素材的质量和内容与小节目标相符，能够辅助学员理解和掌握知识点。可以在适当的位置设置问题、讨论点和思考题，激发学员的主动思考，提高学习效果。同时，还可以引入一些拓展性的话题，引导学员拓宽视野，深入探索相关领域。

【案例】

在"抄表数据异常判断"课程中，课程为三个章节，第三章的内容是"抄表数据异常判断要领"，共分为查档案、查信息、查显示三个步骤如图 3-22 所示。在设计内容时加入系统截图、实物图片以及现场拍摄的视频素材配合讲授，更加直观生动。

在组织过程中，要注重内容的连贯性和一致性，避免重复或遗漏。同时，也要考虑教学时间的合理分配，确保在规定的时间内完成教学任务。

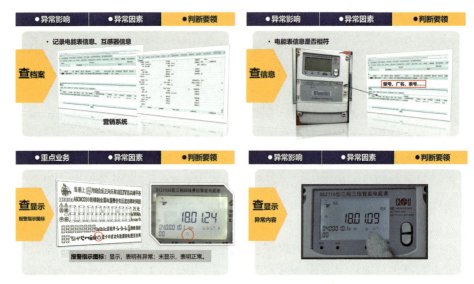

图 3-22　抄表数据异常判断要领

学 习 单 元 二　课 程 内 容 的 优 化

【知识要点】

课程内容的优化是对组织好的课程内容进行进一步的细化和完善，将结构思维形象化，有针对性地弥补课程目标与学员现状之间的差距，最终指导课程实施。本单元主要包括课程内容的加工和课程内容的迭代。

一、课程内容的加工

加工课程内容的目的在于提高授课对象的学习兴趣和参与度，提高教学效果。

（一）处理重点难点

在课程设计过程中，处理课程重点和难点是至关重要的环节，这直接关系到学员的学习效果和理解程度。因此在课程内容的加工环节，首先需要明确此次课程的重点和难点的处理方法。

1. 强调课程重点

培训师要根据课程目标的要求，对课程教学内容要点进行分档排队，厘清教学内容之间的逻辑和主次关系，按课程目标要求，把学员需要掌握的核心知识、技能、态度和必须解决的关键性问题作为重点内容。教学内容的重点确定要突出、得当，同时考虑重点部分课程内容所需的教学活动时间，安排得当。针对重点内容的讲解，要做到以下四点：

（1）**明确告知**：在课程开始时，培训师应明确告知学员本节课的重点内容，引起学员的注意和重视。

（2）**重复强调**：在课程中多次重复和强调重点，确保学员对此有深刻的印象。在讲解过程中、课堂练习以及课程结束时，都可以再次提及和强调。除了口头强调外，还可以在板书、PPT 或其他教学材料上用醒目的方式标注出重点。

（3）**多角度讲解**：采用多种教学方法，使用与重点相关的案例来帮助学员理解和记忆，如案例分析、小组讨论、角色扮演等，从不同角度对重点内容进行讲解，加深学员的理解。

（4）**课堂练习**：针对重点内容进行课堂练习，让学员在实践中巩固和理解。

值得注意的是，有效运用案例来讲解课程重点，可以帮助学员更好地理解和记忆关键知识点。案例的具体实施可参照以下几个步骤：

1）**案例的选择**：确保所选案例与课程重点紧密相关，能够直接支持或解释关键概念。案例应该具有代表性和普遍性，能够引起学生的共鸣。

2）**案例的引入**：在引入案例时，可以简要介绍案例的背景和情境，以激发学员的兴趣和好奇心。同时，明确告诉学员这个案例将如何帮助其理解课程重点。最好利用多媒体资源来展示案例。例如，使用视频、图片、动画等方式来呈现案例情境和过程，使学员更加直观地理解案例内容。

3）**案例的分析**：在分析案例时，要明确指出案例与课程重点之间的联系，将案例与关键知识点相结合。可以通过提问、讨论等方式引导学员深入思考案例中的问题和解决方案，帮助他们理解知识点的实际应用和重要性。可以通过对比、归纳等方式，将案例中的关键信息与课程重点进行对应和关联，帮助学员形成清晰的知识框架。

4）**引导学员参与**：鼓励大家就案例发表自己的观点和看法，促进课堂互动。可以通过小组讨论、角色扮演等方式，让学员更深入地参与案例分析和讨论，从而加深对课程重点的理解和记忆。

5）**总结与回顾**：在案例讲解结束后，要进行总结和回顾。概括案例中的关键信息和课程重点，引导学员思考如何将所学知识应用到实际生活中去。

2. 化解课程难点

培训师要准确把握课程定位，对学员心态、观念、技能薄弱点、知识缺项等情况进行深度分析，将学员难以理解的部分和难度大、出现频率高、易产生学习障碍的知识点作为难点内容。同时对难点部分所需的教学活动进行设计，能有效化解难点，便于学员掌握。针对难点内容，可采用以下方法来化解：

（1）**分步解析**：对于难点内容，培训师应将其分解成若干个小步骤，逐步引导学员进行理解和掌握。每一步都要确保学员完全理解后再进行下一步。

（2）**利用直观教具**：采用图表、实物、动画等直观教具，使抽象的概念或过程具体化、可视化，帮助学员更好地理解和记忆难点内容。

（3）**巩固练习**：针对难点进行额外的练习和作业，让学员在实践中加深理解和掌握。

（4）**鼓励提问**：鼓励学员就难点提出问题，并给予及时的解答。对于仍然难以理解的学员，可以提供个性化的辅导。可以是一对一的辅导，也可以是小组辅导。不仅可以帮助学员解决疑惑，还可以增强他们的自信心和参与度。

（5）**提供学习资源**：为学员提供与难点内容相关的额外学习资源，如参考书、在线课程等，以便学员在课后进行自主学习和巩固。

【案例】

"储能技术在新型电力系统建设中的应用"课程的技能目标是能归纳不同储能技术的应用场景，培训对象为电力企业生产一线班组长，在内容已组织好的基础上，培训师确定重点内容是第三章储能技术的应用，时间分配占全部课程时长的50%，运用提问法、案例分析法、讨论法等方法，强化重点。根据培训对象具有"对于新型储能技术还未建立清晰的认识，理解上存在一定困难"的特点，确定第三章中的多类型储能协同应用是课程难点，因此采用具体案例讲解、小组讨论的方式，最后通过表格归纳提炼，化解难点。

（二）设计教学活动

在组织好课程内容以后，培训师需要知道如何能让学员有效地吸收这些内容。全程采用讲授法无疑是枯燥且单一的，这就需要为这些课程内容设计教学活动。教学活动要满足课程内容的需要，并为课程内容服务，要思考学员在吸收课程内容时可能面临的挑战是什么、困惑是什么，要能帮助学员成功应对这些挑战，并促进学员对课程内容的有效吸收与理解。例如，在经验总结完成以后，可以通过案例分析、情景模拟等方法将经验转化为具体内容并呈现出来；或是通过小组讨论、角色扮演等方式引导学员深入理解和应用经验。

有些培训师在设计课程时，会因为某部分内容不好讲而设计讨论环节。这种方法主要是基于满足培训师的需要，而不是基于学员需求在设计，是不可取的。

为一门课程内容设计教学活动通常会分两个阶段去设计。

第一阶段是整体教学活动设计。在这个阶段，可以从三个方面来考虑：开场活动、讲解活动、检验活动。

【案例】

在设计"触电急救"课程时，开场活动为：培训师在开场部分播放一个触电事故的视频，让学员直观感受触电的危害，从而导入今天的课程；讲解活动为：在课程讲授环节设计讲演结合的活动，讲解触电急救的基本步骤，并分组进行实操演练；检验活动为：邀请学员上台演示，检查学员掌握情况的同时也让大家熟记触电急救的正确步骤。

第二阶段是单个教学活动设计。这个阶段的任务是对要添加的每个教学活动进行精雕细琢，包括每个教学活动的设计流程、设计细节、设计问题的措辞等，让教学活动的设计更加合理、更加贴合课程内容和实际的授课场景。在这个阶段，培训师需要关注的问题例如：

（1）教学活动中的关键研讨问题的设计是否合理，是否符合教学目标，是否能满足培训师的授课需求。

（2）围绕关键研讨问题的活动流程是否合理，如小组的分组方式、汇总答案的方式、学员可以使用的材料等是否合理且有效。好的研讨形式既能尊重学员，又能吸引学员参与并最大限度地激发学员的主观能动性。教学方法手段选择将在后续培训课程实施设计中具体讲述。只有将教学活动由点到面地设计好，才能为课堂的有效实施打下坚实的基础。

【案例】

在设计"触电急救"课程中的"讲解活动"时，就要考虑具体流程应该如何实施。比如，桌子的排列应该是岛式，便于学员观察培训师的演示；模拟器材（包括模拟电源插座、人体模型、急救用品等）要结合学员数量适当准备；要结合课程安排分组实操，合理设定每人操作时间，避免超时。

（三）优化呈现形式

所谓"理性话题，感性演绎"，培训课程往往偏理性，夹杂着枯燥、乏味的条目内容，可能无法吸引学员的注意力，培训师需要用一些有趣又易于理解的方式来阐释，做到"深入浅出"。可以通过打比方、做对比、举例子、讲故事等方式来对课程的呈现形式进行优化处理。

1. 打比方

打比方就是利用两种不同事物之间的相似之处做比较，以突出事物特点，增强说明的形象性和生动性的说明方法。这种方法可以很有效地帮助学员，特别是帮助新手在已知和未知之间架设起一座桥梁，用学员已知代入未知。

打比方有两个关键。第一个关键是要抓住问题的核心，即原事物和所打的比方必须具有共同的关键特性。第二个关键是必须用简单的东西来类比复杂的问题。

【案例】

某次培训课程内容涉及"有功功率"和"无功功率"，这是两个比较抽象难懂的专业概念，尤其是无功功率，很难说清楚。于是培训师打了个比方：有功功率是产生能量的，就像米饭一样；无功功率不产生能量，就像水一样；人光吃饭不喝水是不行的，传输"有功"不依靠"无功"也是不行的。

两个复杂难懂的概念，一下子就变得清晰了，并且还把这两个复杂概念之间的关系也解释清楚了。

2. 做对比

做对比是将两种类别相同或不同的事物、现象等加以比较来说明特征的方法，用于突出强调事物的某种特征。做对比既可以是同类相比，也可以是异类相比，可以对事物进行横比，也可以对事物进行纵比。可以采用数据对比、图表对比、事例对比。数据对比是通过具体数值的比较来揭示事物之间的差异，如电网供电量、负荷增长率等。图表对比则通过直观的图形展示数据的变化趋势，如柱状图、折线图等。而事例对比则是通过具体的案例来比较不同事物之间的相似性和差异性，如企业成功案例的对比分析。

【案例】

在"新政策下基本电费的计算"课程导入时，培训师展示了两张电费单如图3-23所示：用户有2个工厂，对比发现1厂用电量比2厂大，基本电费却比2厂少，引发学员思考，从而引出新政策对基本电费的影响。

3. 举例子

举例子是通过列举有代表性的、恰当的事例来说明事物特征的说明方法。实际案例的引入可以使学员更加直观地理解课程内容，通过分析案例中的问题和方法，让学员感受到理论知识在解决实际问题中的重要作用。培训师可以挑选具有代表性的案例，或是与学员工作生活密切相关的实例，以提高学员的兴趣和参与度，增强说服力。百度百科中提到举例子通常有三个使用要求。

（1）所举例子与所说明的问题要内容一致，不能似是而非，更不能张冠李戴，否则就起不到说明事物特征的作用。

（2）所举例子要尽量典型、有影响力和代表性，以增强说明的效果。

（3）所举例子要通俗易懂，深入浅出，让人感觉到有可信度，更能说明事物的特征，语言表述恰到好处。

图 3-23　电费单

【案例】

在讲解电能替代中的"以电代气"这一概念时，培训师举例：家庭厨房中，传统的燃气灶虽然方便，但也会排放一定的废气。而现在都采用电炊具，如电饭煲、电磁炉等，不仅使用方便，而且清洁环保。这就是以电代气的实际应用。

4. 讲故事

故事充满了趣味性和代入感，无论对文化传承，还是对教育训练，故事都发挥了举足轻重的作用。培训课堂也不例外，如果培训师把事例讲得过于笼统，就会影响学员的感知，学员在听完后没有任何触动，所以一定要让事例生动起来。

课程中的故事要寓教于乐，能给人启发和思考。故事可以来源于历史、真实经历、新闻报道等。培训师可以结合自身经验，在课程中加入工作经验的提炼环节，可以帮助学员更好地理解理论知识在实际工作中的应用，让学员对课程内容理解更加深入。

【案例】

在讲"网络安全意识"课程中的"网络钓鱼攻击"时，培训师讲了这样一个故事，同事收到一封来自"银行客服"的电子邮件，邮件声称他的银行账户存在安全风险，需要点击链接进行验证和更新信息。同事点击了邮件中的链接，被引导到一个看似与银行官方网站非常相似的页面。他按照页面上的提示输入了自己的银行账户信息和密码。不久之后，他收到了一条银行转账成功的通知，但转账金额并不是他自己操作的。这就是遭遇了网络钓鱼攻击。

5. 形象化

一是数据形象化。很多培训师在课程中运用数据，但学员并不理解这些数据意味着什么，这样的数据是无效的。可以把数据形象化，或是转换一种更利于学员理解的表达方式。最简单的数据解释就是代入大家熟知的参照物。例如，某次电能替代技术课程内容涉及需要解释"2030年新增电能替代电量达到6000亿千瓦"，这个数据学员可能没有直观感受，可以进一步说明，这个电量可以供全国14亿人口，每人每天24小时不间断地吹空调，吹27天，一下就有画面感了。

二是视觉形象化。在PPT制作中有一个原则叫"文不如表，表不如图"。课件中避免出现大量文字，信息量太大会让学员产生视觉疲劳，培训效果将大打折扣。因此需要将培训内容用一些视觉化的元素表达出来，让学员更容易接受并吸收。

【案例】

在讲授"电力需求响应补贴计算方法"课程时，这一重点内容为"需求响应的方法"，共有日前邀约响应、日内邀约响应、准实时响应三种，以日前邀约响应为例，文件中以文字形式对日前邀约响应的流程进行了解释，但比较抽象难懂（如图3-24左图所示），培训师在授课时，将文字描述转变为图片描述（如图3-24右图所示），更直观、清晰地展示了日前邀约响应的实际过程。

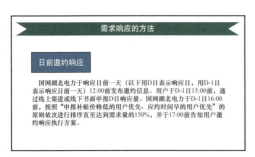 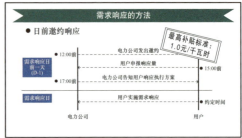

图3-24 需求响应的方法

在讲授"现场作业安全——安全帽"课程时，重点内容是讲解安全帽的规范佩戴方法，培训师将其总结为六字诀：端、看、理、扣、紧、收，原来的课件如图 3-25 左图所示，以文字表述，配以网络上收集的安全帽图片，经过调整后，课件改为图 3-25 右图所示，培训师自拍图片，以关联性图片展示六个步骤的操作方法。学员结合图片很快就记住了操作步骤。

图 3-25　安全帽六字诀

二、课程内容的迭代

以上课程内容的设计都是基于一门新的培训课程。如果某次课程主题是以前讲过的，能否继续用以前的课程内容来进行培训教学？这就要结合培训对象、行业发展等多种因素来考虑内容的适宜与否。课程内容的更新与迭代是确保培训教学始终与时俱进的重要环节。

（一）课程内容的迭代步骤

1. 进行需求分析

不同的培训对象，学员特点和需求必然不一样。因此，在开始更新或迭代课程内容之前，需要提前与学员、需求提出方等群体进行沟通，了解当前学员的培训需求、兴趣和行业发展趋势。收集并分析学员的反馈数据，了解他们对当前课程的看法和建议。

2. 审查现有内容

仔细审查当前课程内容，识别出需要更新、修改或删除的部分。特别注意那些过时、不准确或不再相关的内容，以及那些不符合课程目标或学员需求的内容。例如在案例的选择上，课程中要选择最新、最具有代表性的案例，以保持课程的时效性和吸引力。

3. 制定更新计划

根据需求分析的结果和审查现有内容的情况，制定详细内容的更新计划。确定要添加的新内容、要修改的内容以及要删除的内容。制定时间表，明确各个阶段的任务和完成时间。

4. 改进教学方法

随着技术的不断发展，新的教学技术和工具不断涌现。在更新课程内容时，可以考虑引入这些新技术和工具。例如，可以利用在线学习平台、虚拟现实（VR）或增强现实（AR）技术等来提供更具互动性和沉浸感的学习体验。

5. 完成内容更新

要确保新添加或修改的内容具有高质量和准确性。可以通过专家审核、同行讨论的方式来确保内容的质量。

（二）课程内容的迭代要求

1. 持续性

课程内容的更新与迭代是一个持续的过程，需要随时应对不断变化的需求和挑战。建立一个可持续的更新机制，定期检查和更新课程内容，确保其始终与最新的行业趋势和学员需求保持一致。

2. 多元化

在课程内容的更新与迭代中，培训师还要注重个性化和多元化的发展。这意味着培训师需要提供多样化的学习资源和路径，以满足不同学员的学习需求和兴趣。例如，利用互联网技术，开发在线课程方便学员随时随地进行学习，同时定期更新在线课程内容，确保学员能够学到最新、最实用的知识。

3. 灵活性

对于内容没有明显变化的课程，可以考虑在上课的过程中进行少部分内容和形式的创新，通过每一次与学员的互动及交流来完成课程的迭代。可以用学员分享的案例替换原来的案例，用更加生动的形式替换原来的形式，从而完成课程的迭代更新，这样一来，就算学员听过两次相同主题的课程也能有不同的收获。

（三）积累素材的方法

课程内容的迭代与更新离不开平时的积累。作为一名培训师，要刻意培养随时记录、随时整理素材的好习惯，可以通过以下这些方法来积累素材。

1. 撰写教学反思日志

每次培训课程结束后，对课程进行复盘，把自己教学实践中发生的有趣现象、失败或成功的教学设计都以教学案例的形式记录下来，把让自己印象深刻或困惑的实践现象都在反思日志中记录下来。以便在课程的更新迭代或其他课程设计中，有很多鲜活的例子可以列举。

2. 搜索优质网络资源

经常在网络上搜索相关研究者分享的课程和文章，这些文章或课程是提炼后的经验，是比较精华的资料，可以直接学习借鉴。也可以收藏和关注一些高质量、素材较多的网站和公众号。

3. 主动收集现场资源

在生产现场或是在平时工作中，时刻保持对周围环境的敏感度，遇到特殊的故障、典型的操作、特别的场景时，利用手机、相机或笔记本等工具，及时记录观察到的现象或事件。这样的素材运用在课程上既有吸引力，又有说服力。

4. 注意日常生活积累

生活中有很多素材可以用在培训课程中，关键要做生活的有心人。可以记录自己的感受、体验，也可以记录他人的故事、经验。如电影、电视剧中看到的有价值的片段，也可以把它下载下来，作为自己的培训课程资源。这些都是很生动的课程素材。

5. 及时整理素材资源

将收集到的各种资源进行整合，形成丰富多样的教学素材库。建立专门的文件夹，把这些素材按照主题、类型进行命名、分类、整理，形成课程素材档案，并及时对档案库进行更新迭代，方便自己每次课程开发时进行筛选。

【课程小结】

本课程从课程内容的组织和优化两个方面介绍了培训课程内容设计的具体过程。课程内容的组织主要包括课程内容的筛选和编排，从确定内容范畴、收集课程素材和提炼课程内容三个环节讲述如何筛选课程内容，完成筛选以后通过五个步骤对课程内容进行编排，以确保内容逻辑、连贯且易于理解。课程内容的优化主要包括课程内容的加工和迭代，从处理重点难点、设计教学活动和优化呈现形式三个方面讲述如何对组织好的课程内容进行加工，以及如何对已有内容进一步的完善和更新迭代，最终指导课程实施。

培训课程四 培训课程实施设计

【培训目标】

知识目标	1. 能正确描述教学流程的主要环节及其内容。 2. 能正确描述教学方法与教学手段的选择原则。
技能目标	能根据课程框架及内容，设计具体的教学流程。

培训课程实施设计是确保培训课程顺利进行的关键环节，是在已确定的课程框架和课程内容基础上，设计具体的教学组织形式，选择合适的教学方式与手段，规划合理的教学时间安排等，形成完整有效的培训课程实施方案，为学员提供高质量的培训服务。本培训课程介绍教学流程设计、教学方法手段选择，教学时间分配三个方面内容。如图 3-26 所示。

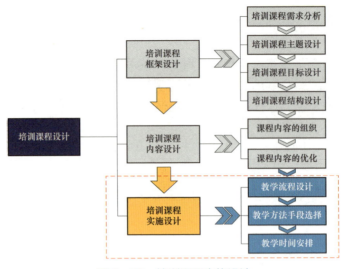

图 3-26　培训课程实施设计

学习单元一　教学流程设计

【知识要点】

教学流程设计是培训课程实施设计的基础，包括开场组织、课程导入、课程讲授、总结归纳、迁移扩展五个环节，确保教学过程的连贯性和完整性。在教学流程设计的基础上，进一步结合教学活动、教学方法、教学手段、学员活动和时间分配，全面提升学习效果，确保教学目标的顺利实现，如图 3-27 所示。

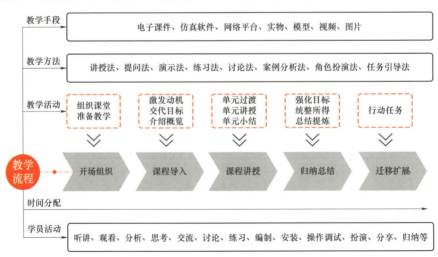

图 3-27　教学流程示意图

一、开场组织

开场组织是指开始上课那一刻，培训师在授课前对学员心理、情绪的调动和课堂纪律的维护，目的是安定学员情绪，调整学习状态，营造教学氛围，使学员与培训师之间建立有效的联系，跟随培训师的课程讲授。开场组织主要包括组织课堂、准备教学两个方面的内容，如表 3−18 所示。

表 3−18　　　　　　　　　开场组织实施设计要点

教学流程	教学活动	
	教学环节	操作内容
开场组织	组织课堂	学员考勤、课程整体介绍、自我介绍
	准备教学	学员分组（如需要）、教学条件准备、强调注意事项

组织课堂主要包括学员考勤、课程整体介绍、自我介绍等。培训师登台亮相后，要善于运用独特的开场白来活跃气氛，用朴实亲切的语言与学员搭起一座友谊的桥梁，这种良好的教学氛围，既有利于培训师的教，又有利于学员的学。其中，学员考勤是学员管理的基本要求，如已进行电子考勤，这个环节可以省略。

准备教学主要包括学员分组、教学条件准备、强调注意事项等。学员分组可根据教学具体内容选择是否需要分组，如不需要，这个环节可以省略；教学条件准备主要包括：教学材料到位、教学场地布置到位、教学设备、工器具检查到位。

例如，如果学员人数在 40 人以内，且需要采取合作学习的形式时，可以考虑采取分组的形式组织教学。分组时，应注意老少搭配、男女搭配。由于培训课程的特殊性，培训师须根据课程性质和特点，特别强调人身安全、设备安全和信息安全等方面的事项和要求。

开场组织时间不宜太长，不要拖泥带水，完成相关铺垫工作即可。

二、课程导入

课程导入是激起学员的兴趣并将其引导到即将讲授内容上来的环节，目的是引起学员注意，激发学习动机，提供学习方向，启迪学员思维。课程导入要新颖简短，能吸引学员注意，诱发学员兴趣。导入的内容一定是与本堂课讲授内容相关，主要包括提出工作问题、激发学习动机、交代教学目标、介绍课程概览、说明教学进程五个教学环节。下面以技能类培训课程为例来介绍教学流程设计，如表 3−19 所示。

表 3-19 课程导入实施设计要点

教学流程	教学活动	
	教学环节	操作内容
课程导入	提出问题	提出现实工作问题或工作任务
	激发动机	解决该工作问题或者完成该工作任务有什么结果影响
	交代目标	课程结束时将如何表现该技能
	介绍概览	讲解解决问题的方法或完成任务的步骤，其与各单元的关系，强调教学重点和难点，说明知能学习、技能操练和归纳总结等环节的教学进度

提出的工作问题应该是来自工作现场的真实问题或者某个具体、复杂的真实任务。提出工作问题时，应尽量把问题与学员的经验联系起来，提出问题时可以采用述事例、析案例、讲法规、展图片和播视频等活动形式进行导入。

例如，在讲"断路器控制回路故障查找"的课程时，培训师以现场实际发生的案例作为导入：某变电站的一条 35kV 出线发生相间短路故障，此时继电保护装置立即动作，相继发出跳闸命令和重合闸命令，但断路器跳闸之后，并未执行重合闸命令，最后导致整条线路发生停电。运维人员发现保护装置上有这样一条告警信息——控制回路异常，于是立即通知二次检修人员去现场检查，最后发现是断路器机构箱内的控制回路出现了故障，那具体是哪里出现了故障呢？通过案例引出了本次课程的学习内容，同时这个案例也与学员的工作经验紧密相关，激发学员的学习兴趣。

提出工作问题后，要向学员指出在教学活动结束后能做或应做的事情，让学员知晓课程学习会给自己带来什么收获，吸引学员的注意力，激发学员认知的内驱力，使学员一上课就能把关注点转移到课堂上来。

学员的兴趣激发起来后，再向学员交代教学目标，让学员知晓课程结束后应该掌握哪些新的知识和技能。接着进行课程概览介绍，就是让学员知道即将学习的内容，形成一个总体思路和框架结构。课程概览介绍主要包括以下三方面的内容，提供课程的组成单元及顺序，指出各单元与课程的内在关系，强调课程学习的重点难点；简要说明教学进程，向学员说明学习时间的大致安排。

三、课程讲授

课程讲授是教学流程设计的主体，也是一堂课成败的关键，其目的是运用合适的教学方法和手段，组织教学活动，让学员高效掌握支持问题解决的相关新知识、新技能。从内容上讲，课程讲授要根据学员的认识规律，从感性到理性，从具体到抽象，从个别到一般，从简单到复杂，突出重点，化解难点，概念准确，详略得当。从方法来讲，课程讲授要结合教材的内容和学员实际，合理地运用讲述、讨论、分析、模拟、仿真、演示等方法手段，优化培训过程，使学员在有限的时间内留下最深刻的印象。要针对不同的培训内容，选择不同的培训方法。

课程讲授以课程单元为单位分步实施，每个课程单元包括单元过渡、单元讲授、单元小结三个教学环节。如表 3-20 所示。

表 3-20　　　　　　　　　　　课程讲授实施设计要点

教学流程	教学活动	
	教学环节	操作内容
课程讲授	单元过渡	引入本单元知识内容
	单元讲授	精心传授：回忆旧知能，传授新知识
		示证说明：示范表现或引导发现各个要素或者步骤，归纳操作要领
		作业练习：练习某个要素分析或步骤操作，分析某个实例的操作过程
		反馈修正：对某个要素分析或步骤操作的正确性与完整性做出反馈
	单元小结	对课程单元中新知识的应用领域、核心要素、运用要领、注意事项等方面进行总结提炼

（一）单元过渡

单元过渡的作用及形式类似于课程导入，引入本单元知识内容，包括提出问题解决事件、激发学习动机、交代单元目标、提供单元概览四个方面的内容。在单元过渡时，提出问题解决事件除了可以采用述事例、析案例、讲法规、示图片和展视频等活动形式进行过渡外，还可采用提疑问、做类比、找关联等活动形式。单元过渡的时间注意不宜太长，一般应控制在 3 分钟以内。

（二）单元讲授

单元讲授是指按照课程单元中所排列的纲目内容顺序进行讲授。在讲授过程中，培训师应将教学内容与训练任务有机融合，清楚自己教的活动，有效组织学员的学习活动，选择适当的教学方法，提供有效的手段支撑，赋予合理的教学时间。当代国际著名的教育技术和教学设计理论家 M·戴维·梅里尔于 2002 年提出一种新的教学理论——五星教学原理，即聚焦问题—激活旧知—论证新知—应用新知—融会贯通，用以改进在线教学、多媒体教学或 E-Learning（网络化学习）中只重视信息呈现、忽略有效教学特征的弊端，充分调动学习积极性，帮助学员有效掌握学习内容。这里结合五星教学原理，把单元讲授的整个过程划分为以下 3 个环节供培训师参考。

1. 铺垫——激活旧知

培训师一般都具有一定的阅历与经验，梅里尔指出，就具体内容而言，当学者回忆已有知识与技能并将其作为新学习的基础时，才能促进学习。因此，培训师在讲解每一个重要的知识点时，都应把学员有关这个知识点的已有经验或知识储备调动起来。

就学员关于新知识的已有经验而言，大概可以划分为三种情况。第一种，学员空杯，学员对新知识的了解非常少；第二种，学员满杯，学员对新知识非常了解；第三种，学员半杯，学员对新知识有所了解，但又了解得不够深入。

对不同状态的学员，培训师要有针对性地策略。对于第一种学员，培训师可让其联系以往的生活经验，建立起学习信心；对于第二种学员，培训师可给予适度的挑战，让其沉下心来进入学习状态；对于第三种学员，培训师可直击问题，请其回答关于该知识点的问题。

2. 新授——示证新知

新知示证是指针对一个问题解决事件，提供一个部分的或者完整的样例，进行示范与说明该事件中出现一些新的知识和技能，以此向学员展示在具体的情境中如何运用。梅里尔指出，当学习者观察将要学习的新知识与技能的示证时，才能促进学习。对于不同难度的教学任务，可选择其适用的教学方法进行授课，但并没有绝对固定的匹配方法。对于某些难度较高的教学任务，有时还需要运用多种教学方法。

例如，从相对的角度来说，难度较低的教学任务多使用讲授法，难度中等的教学任务适合使用举例法，难度较高的教学任务适合使用演示法，难度最高的教学任务最好使用体验法。

3. 巩固——应用新知

梅里尔指出，当学习者运用新掌握的知识与技能解决问题时，才能促进学习。关于应用新知，有三个关键点。

第一，紧扣目标练习，即围绕目标展开练习。

第二，逐渐放手练习，即随着学习者对任务熟练程度和自主能力的提高，培训师逐渐放手让学员自己练习。

第三，变式练习，即围绕核心知识点，举一反三进行练习。培训师应该按照循序渐进、由浅入深、由简到繁的原则，根据学员的程度逐步提升练习的难度和复杂程度。

针对不同的课程内容点，根据适配的教学策略和得当的教学方法，配套安排培训师教的活动和学员学的活动。

设计教的活动时，常与教学内容或组织活动联系在一起，采用动宾结构，如讲授欧姆定律、组织学员讨论。常用的活动动词有：讲解、展示播放、演示、示范、举例、提问、分析、布置、组织、巡视、指导、测试、点评、总结等。

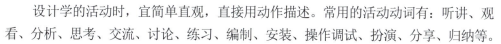

设计学的活动时，宜简单直观，直接用动作描述。常用的活动动词有：听讲、观看、分析、思考、交流、讨论、练习、编制、安装、操作调试、扮演、分享、归纳等。

（三）单元小结

单元小结是在单元讲授结束后，对课程单元中新知识的应用领域、核心要素、运用要领、注意事项等方面进行总结提炼，强化学员对新知识的理解，帮助学员构建相关的心智模式。单元小结可以采用归类整合、图表呈现、要素对比、抽取词汇等形式进行归纳和提炼。

四、归纳总结

一堂课的内容有主有次，给以适当的小结可以提纲挈领，把握全局，也可以延伸扩展，留下回味。归纳总结的目的是对课程学习的成果进行梳理和提炼升华，帮助学员固化成方法论层面的经验。归纳总结与课程导入这两个环节有很多相似之处，课程导入是让学员定向，激发学员的学习动机，归纳总结是让学员再次定向，激励其综合和组织刚学到的知能，构建解决工作问题的心智模式。归纳总结通常包括强化目标、统整所得、总结提炼三个教学环节。如表 3-21 所示。

表 3-21　　　　　　　　　归纳总结实施设计要点

教学流程	教学活动	
	教学环节	操作内容
归纳总结	强化目标	学员自述已经学会了如何来表现该技能
	统整所得	对新旧知能进行整理和对比，找到内在联系，重新整合和组织
	总结提炼	围绕技能目标从核心要素、操作步骤、技术要领、注意事项和应用延伸等方面进行总结和提炼

（一）强化目标

让学员知道课程结束时自己已经学到了哪些知能。具体做法是培训师回顾教学目标，让学员说出自己学到了什么。

（二）统整所得

将刚刚学习的新知识和曾经学习的旧知能进行有意义地汇集整理。其具体做法就是让学员制作一份将过去和现在教学内容联系起来的图表，对新旧知能进行对比，找到其间的联系，对新旧知能进行综合和组织。

（三）总结提炼

对整个课程的新知识从核心要素、操作步骤、技术要领、注意事项和应用延伸等方面进行归纳概括，提炼解决工作问题的方法，总结提炼应围绕课程的技能目标（或态度目标）开展，其方式方法与单元小结类似。

五、迁移扩展

培训课程的结束事实上意味着学员自主运用课程知识与技能处理教学问题的开始。在设计行动任务时，应考虑学员的能力现状、具备的资源条件、课后的自习时间、学习的考核指标等因素，使任务形式多样强度适中、分量适当，有效地帮助学员的学习迁移。课后行动任务布置可以分为"直接迁移任务"和"间接迁移任务"。如表3-22所示。

表3-22 迁移扩展实施设计要点

教学流程	教学活动	
	教学环节	操作内容
迁移扩展	行动任务	1. 直接迁移任务：每一次执行的运用情境都类似，各次运用的情境之间有着许多共同要素的任务。 2. 间接迁移任务：每次执行时的情境都可能不同，完成有赖于问题解决过程的任务

（一）直接迁移任务

直接迁移任务是指每一次执行的运用情境都类似，各次运用的情境之间有着许多共同要素的任务，可直接使用课程所学知识技能来完成。例如，当读取和回复电子邮件时，每一次使用的界面都差不多，而所要进行的操作也基本相同，对于此类工作任务的培训，可以运用工作中用到的界面进行示范和练习。

（二）间接迁移任务

间接迁移任务是指每次执行时的情境都可能不同，需要学员结合实际情况通过思考灵活运用所学知识技能来解决问题。相比于直接迁移任务来说，它更强调的是学员对新知识的运用能力。例如，课程教学设计是典型的间接迁移任务，培训师需要根据课程目标的要求，考虑课程内容性质、学员特征、课程时长以及教学资源等因素，制订具体的教学目标，有针对性地选择工作问题，编排突出问题解决的教学内容顺序，设计适宜的训练任务，适配不同的教学策略，选择合适的教学方法和手段。因此，在培训课程结束时，培训师可以根据以上2种迁移任务的不同适用情境为学员设计更有效的课后行动任务作业，让学员将所学的新知识迁移扩展，运用到新的情境中，实现学以致用。

学习单元二　教学方法手段选择

【知识要点】

教学方法手段选择是在教学流程设计基础上，进一步落实课程实施设计的关键环节，不同的教学方法和手段能够带给学员不同的学习体验，需要结合学员的实际情况和教学目标综合考虑多种因素灵活调整，选择合适的教学方法和手段有助于激发学员学习的积极性，更有效地实现教学目标，提高教学质量。本单元分别介绍了教学方法与教学手段的选择原则与方法。

一、教学方法选择

一门培训课程的教学方法往往不止一种，不应以单纯的讲授方式来完成，而应针对不同的知识点或技能灵活运用多种培训方法调动学员学习的积极性。培训师不仅要依据内容的多少和限定时间来选择恰当的方法，同时还要根据培训资源条件、针对学员实际情况、结合培训师专长变换培训方法。在培训之初，可采用游戏、测试的方式帮助培训对象发现自身观念和工作实践中存在的问题，调动学员学习的兴趣；然后可通过讲授、演示、练习等方式讲解知识、理论和技能；最后通过交流、讨论等形式使培训对象意识到自身与学习目标之间的差距，进一步努力学习。每一种教学方法都有它的长处与短处，有一定的适用领域。如何选择教学方法，应综合考虑以下几个因素。

（一）教学方法选择应遵循教学原则

激发动机、认知减负、集中注意、心智建模四个原则从心理学的原理出发，给出了合适的教学活动方式。遵循教学原则选择教学方法，可以提高教学效率，确保教学目标的达成。

（二）教学方法选择应与教学策略相匹配

教学策略构思时已经充分考虑了教学目标的要求和课程内容的特点，对于不同的教学策略，其教学内容的传递途径不同，教与学的活动方式也不一样，配套的教学方法应服务于教学策略的实施。

（三）教学方法选择应与参训学员特征相适应

教学方法要适应学员的年龄特征、专业背景、生活经验、能力等级和知识基础，同时还要考虑培训班学员的人数多少。

（四）教学方法选择应考虑课程时间的长短

不同的教学方法，教与学的活动方式不同，花费的时间也大不一样，受课程时长的限制，教学方法的选择和搭配应统筹考虑。

（五）教学方法选择应考虑项目的资源条件

很多教学方法对课堂的环境与布置、实训场地的设备与工位都会有相应的要求，只有当培训项目具备这些条件时，才可选择可以支撑的教学方法。

（六）教学方法选择应考虑培训师自身的能力水平

教学方法要由培训师来运用，因此选用什么方法，还要考虑培训师自身的条件。

例如，对于变电检修、电气试验等专业技能课程，培训师亲自动手演示操练，这样效果最佳，如果培训师缺乏相应的技能，则可借助多媒体进行演示。

（七）教学方法选择应考虑方法本身的教学效果

对于不同教学目标的课程内容，各种教学方法的教学效果也有着相当大的差异。

例如，在电网调度自动化专业技能培训中，涉及电力监控系统网络安全渗透技能培训，现在教学目标是让学员掌握网络安全基础知识和技能。在这种情况下，可以采用以下教学方法：

首先，通过讲授法，讲解安全理论基础、Web 安全基础和密码学等知识，让学员了解网络安全的基本知识。这种方法有助于学员在短时间内掌握大量的理论知识，为后续实践打下基础。

然后，通过练习法，安排适量的时间让学员进行实际操作，培养学员的实践能力。在实训过程中，培训师可设置一些难题，鼓励学员通过查阅资料、请教同学和培训师等方式解决问题，从而提高学员的解决问题的能力和自主学习能力。

接着，通过讨论法，组织学员进行小组讨论，让学员分享自己的学习经验和心得，从而提高学员的沟通能力和团队合作精神。此外，培训师还可以引导学员探讨网络安全领域的前沿技术和热点问题，激发学员的求知欲和探索精神。

最后，通过任务引导法，可结合实际项目任务，让学员分组进行实战演练。这种方法有助于将所学知识应用于实际工作中，提高学员的综合实践能力和职业素养。

通过以上案例分析可以看出，在以上课程中，讲授法、讨论法、练习法和任务引导法等教学方法各有优势。在教学过程中应根据课程特点和教学目标，灵活选用适宜的教学方法，以提高教学效果。同时，还应关注学员的学习反馈，不断调整和优化教学方法，以满足学员的个性化需求。总之，教学方法选择应考虑方法本身的教学效果，同时关注学员的实际需求，以实现最佳教学效果。

具体选用方法可参考以下分类进行选择。

1. 对知识类授课，将知识要求分为了解、理解、掌握三个层次。

（1）**了解：**要求对所列知识的含义有初步的、感性的认识，知道这一知识内容是什么，按照一定的程序和步骤照样模仿，并能（或会）在有关的问题中识别和认识它。

（2）**理解：**要求对所列知识内容有较深刻的理性认识，知道知识间的逻辑关系，能够对所列知识做正确的描述说明并用数学语言表达，能够利用所学的知识内容对有关问题进行比较、判别、讨论，具备利用所学知识解决简单问题的能力。

（3）**掌握：**要求能够对所列的知识内容进行推导证明，能够利用所学知识对问题进行分析、研究、讨论，并且加以解决。

根据培训目的需要达到的要求层次合理选用知识类授课方法，以保证实现预期的培训效果。知识要求层次与选用培训方法的培训效果对比可参考下表，从表中可以看出，对于要求学员对知识达到了解程度的，选用讲授法、演示法、提问法等；对于要求学员对知识达到理解程度的，选用讨论法、案例分析法、讲授法等；对于要求学员对知识达到灵活运用，解决同类实际问题的程度，选用案例分析法、角色扮演法等，见表 3 - 23。

表 3 - 23　　　　　知识要求层次与培训方法运用效果对比参考

要求层次	讲授法	演示法	提问法	讨论法	案例分析法	角色扮演法
了解	良好	很好	很好	一般	一般	一般
理解	良好	一般	很好	很好	良好	一般
掌握	一般	一般	一般	良好	很好	很好

2. 对技能类授课，将技能要求可分为掌握、应用、迁移三个层次。

（1）**掌握**：要求学员掌握基本操作要领，能独立模仿操作。

（2）**应用**：要求学员熟悉操作要领，完成实际技能项目操作。

（3）**迁移**：要求学员结合实际情况，灵活运用所学知识技能，解决实际问题。

根据培训目的需要达到的要求层次，合理选用技能类授课方法，以达到预期的培训效果。技能目标与选用培训方法的培训效果对比可参考下表。从表中可以看出，对于要求学员对技能达到掌握程度的技能培训，选用演示法、练习法等；对于要求学员对技能达到应用程度的技能培训，选练习法、角色扮演法、任务引导法等；对于要求学员对技能达到迁移程度的技能培训，选角色扮演法、任务引导法等，见表 3 - 24。

表 3 - 24　　　　　技能目标与选用培训方法的培训效果对比

要求层次	演示法	练习法	任务引导法	角色扮演法
掌握	良好	很好	一般	一般
应用	一般	良好	很好	很好
迁移	一般	一般	很好	良好

二、教学手段选择

培训教学手段是培训师与学员教学相互传递信息的工具、媒体或设备，是培训实施的必要辅助途径。常用的培训教学手段有电子课件、仿真软件、网络平台、实物、模型、图片等多种类型。

在进行教学设计时要精心考虑可以选用的培训手段以辅助教学，从而更好地实现培训目标。选择教学手段实际上就是选择传递信息的路径，信息主要是通过学员的视觉、听觉、触觉进行传递的，针对不同的课程内容，应该选择合适的信息传递方式，让学员看得见、听得清、摸得着，确保教学传递高效。选择教学手段时，应把握以下几点。

（一）充分利用现有培训资源选择教学手段

在分析教学要素时，应充分了解企业的培训资源，包括实物模型、演示仪器、仿真设备、网络技术、投影、录音、录像等，这样才能充分利用已有的设备条件，精心考虑可以选用的培训工具，与培训方法相结合，提高培训效率。

例如，在讲"变电站的局放检测"课程时，涉及的检测工具局放检测仪便于携带，培训师可以直接在课堂上进行展示实物，结合实物介绍学习目标，更有助于学员理解。

（二）按照课程内容的性质选择教学手段

不同性质的课程内容，其教学手段会有很大的差异性，如操作类技能实训课程，一般从视觉和触觉两种传递方式选择教学手段，而对于智力技能类课程，通常从听觉和视觉两种传递方式选择教学手段。

例如，对于"变电站倒闸操作"的课程，可结合仿真平台与实训设备进行实操演练，让学员亲自动手学习，更有助于倒闸操作的技能掌握。

（三）遵循教学原则选择教学手段

选择教学手段应注意多样性，才能有效地激发学员的学习兴趣，减少认知负荷、集中学习的注意力，帮助学员有效地构建心智模式。

（四）从支撑教学方法的角度选择教学手段

教学手段是为教学方法服务的，一旦选用了某种教学方法，就应配套相应的教学手段。其实，教学方法与教学手段是同时考虑的，只有具备一定的资源条件，才可选择付诸实施的方法和手段。

（五）发挥不同教学手段的长处

培训师应清楚各种教学手段的优缺点和运用时的注意事项，方可扬长避短，确保取得满意的教学效果。

例如，电子课件作为一种常见的培训教学手段，具有信息传递迅速、内容丰富、形式多样等优点，可以有效提高学员的学习兴趣和参与度。但在使用过程中，培训师应注意避免过度依赖课件，忽视与学员的互动交流，同时要保证课件内容的更新和质量，以免造成信息过时、学员注意力不集中等问题；网络平台可以打破地域和时间限制，为学员提供便捷的学习途径。然而，网络平台的教学也存在一定弊端，如网络安全问题、学员自律性差等。因此，培训师在利用网络平台进行教学时，应加强课程管理，确保学员能够在安全、自律的环境中进行学习；实物、模型、图片等教学手段具有直观、生动的特点，能够帮助学员更好地理解和掌握知识。但在实际运用中，培训师需注意与专业知识的结合，避免过于依赖实物教学，导致学员忽视专业知识的学习。

此外，培训师在选择教学手段时，还需根据学员的特点和需求进行调整。

例如，对于年纪较长的学员，可以适当减少电子课件和网络教学的使用，增加实物和图片等直观教学手段，以便于学员更好地理解和接受知识。

总之，培训教学手段的选择和运用需因人而异，灵活多变。培训师应充分了解各种教学手段的优缺点，结合学员特点和需求，发挥各种教学手段的长处，确保培训教学效果的满意度。同时，培训师还应不断探索和尝试新的教学手段，以适应时代发展的需求，为学员提供更加优质、高效的培训教学服务。

表 3-25 归纳列举了常用的一些教学方法、手段、学员活动，具体该如何应用请参照上述原则进行选择。

表 3-25　　　　　　　教学方法、手段、学员活动设计表

教学流程	教学方法		教学手段	学员活动
	知识类	技能类		
开场组织	讲授法 提问法 演示法 讨论法 案例分析法 角色扮演法	讲授法 提问法 演示法 练习法 讨论法 案例分析法 角色扮演法 任务引导法	电子课件 仿真软件 网络平台 实物 模型 视频 图片	听讲、观看、分析、思考、交流、讨论、练习、编制、安装、操作调试、扮演、分享、归纳
课程导入				
课程讲授				
归纳总结				
迁移扩展				

学习单元三　教 学 时 间 分 配

【知识要点】

教学时间分配应根据教学内容的难易程度，结合选用的培训方法，松紧有度地合理安排每个环节的用时。本单元通过案例讲解，介绍了不同时长课程的教学时间分配方法。

对于课程讲授环节，安排的时间一般不低于课程总时长的 80%；对教学重点内容和技能操作训练内容，安排用时应多一些；当采用讨论案例分析法、任务引

导法、角色扮演法等学员参与度高的方法时，安排用时应充分考虑教学活动开展的完整性。时间的分配与安排要合理、松紧有度，因人、因课而异，在培训前应做好时间规划。

在课程设计时，培训师根据各章节知识内容、教学方法、教学手段等设计合适的教学时长，在设计时长要考虑可行性，且通过时长反映出课程的重点和难点，将各章节培训时长列成一张时间计划表，对培训内容进行时间分配。比如一堂30分钟的课程，一般导入时间约为3～5分钟，讲解重难点章节时间约为18～20分钟，课程小结与行动任务时间约为5分钟。

【案例】

表 3–26 某课程教学时间分配表 1

绿色电力在一带一路中的发展与应用			
教学环节		培训内容	计划时间
课程导入		视频导入请学员思考怎样在一带一路中发展绿色电力	5 分钟
讲授新课	第一章	绿色电力的发展背景	10 分钟
	第二章	绿色电力的重要作用	20 分钟
	第三章	绿色电力的发展措施	20 分钟
本课小结		围绕绿色电力这一关键词，回顾课程主要讲授的三个方面内容	5 分钟
行动任务		简短写出一份调研分析报告，并简单给出如何通过发展绿色电力解决问题的建议	

如果是 3 小时的培训，中间要安排一次休息，有的培训师，做培训一讲就是 3 个小时，中场不休息，初衷是一气呵成完成培训，但其实这是违背了成人学习的规律，效果反而适得其反。

通过研究人类的脑电波发现，人的清醒度会以 90 分钟为周期发生变化，也就是说人脑比较清醒的 90 分钟和产生倦意的 20 分钟会交替出现，形成一个循环。所以对于半天或 3 小时的培训，中场一般要安排一次休息，这样更有利于学员注意力的恢复和持续。

【案例】

"配网标准造价'组合件'的应用"课程中，技术要求高，专业术语多，还涉及系统操作，对参培学员来说提出挑战，培训师除了要设计灵活有效的教学方法，还要合理安排教学时间，至少安排 1 次或 2 次的课间休息，让学员适应放松，提高学习效率。

表 3-27　　　　　　　　　　某课程教学时间分配表 2

配网标准造价"组合件"的应用			
教学环节		培训内容	计划时间
课程导入		案例导入：能不能 10 分钟内做出一个配网工程的预算？	10 分钟
讲授新课	第一章	组合件的背景	30 分钟
	第二章	组合件的应用（概念、分类）	40 分钟
	课间休息		
	第二章	组合件的应用（使用）	20 分钟
	第三章	组合件的价值	60 分钟
本课小结		回顾运用组合件造价的步骤流程	10 分钟
行动任务		运用组合件编制案例台区预算，下周一前发培训师	

【课程小结】

本课程介绍了培训课程实施设计的内容、方法与原则。教学流程设计是培训课程实施设计的基础，主要包括开场组织、课程导入、课程讲授、总结归纳、迁移扩展五个环节，每个环节设计应根据课程目标与课程内容，综合考虑教学原则、教学策略、学员特征和资源条件等因素，选择合适的教学方法和手段，合理安排教学时间，反映课程的重点和难点，形成一系列符合逻辑的教学流程，为学员营造良好的教学氛围，引发学习兴趣，高效掌握新知识与技能。

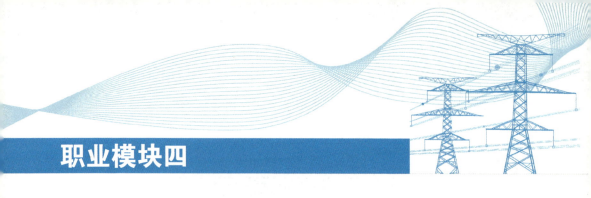

职业模块四

培训教学实施

培训课程一　教学实施的场域构造

【培训目标】

知识目标	1. 能正确描述培训显性环境构建的五个要素。 2. 能正确描述培训隐性环境构建的三个元素。
技能目标	1. 能正确开展培训前"四检三调"。 2. 能根据培训内容和学员情况，营造合适的课堂氛围。

　　场域理论认为一个人的认知、情绪和行为，会受其所在环境的影响。培训的环境以及学习的氛围，就是培训的场域，学员也会受到培训场域的影响，因此场域对一次培训的成功实施和效果达成有着重要影响。打造良好的课堂场域，可以有效地提升学习效果。本课程主要从教学环境构建和课堂氛围营造两方面介绍如何构造教学实施的场域。

学习单元一　教学环境构建

【知识要点】

　　好的培训场域，不仅能吸引学员融入培训，还能促进学员对知识的理解和思考。培训场域分为显性和隐性两种。课堂有显性环境的构建，主要包括对座位、光线、温度、设备的准备和管理。

一、座位布置

　　不同的环境，会使学员产生不同的心情和状态。培训场地布置的原则是最大限度地舒适和便于学员参与。参培学员的座位以保证目光自然交流为宜,不要太拥挤,但也不要过于疏远。常见的培训场地布置有传统课堂式、长桌式、岛屿分布式、U 形会议式等,现在一般培训授课建议分组,将座位摆放成岛屿式,如图 4-1 所示。一是与平时的会议形式区别,二是能让学员更好地参与。

对于一天以上的培训,座位可以变动,因为需要照顾到坐在后面的学员,可以教室前后小组交换位置,也可以小组顺时针转动交换位置,如图 4-2 所示。

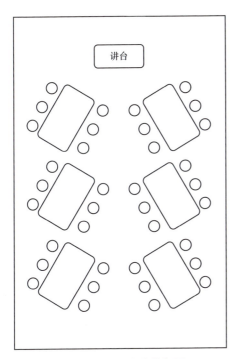

图 4-1　岛式座位布置　　　　　　　图 4-2　顺时针转动变换位置

另外,除了培训前安排好座位,在培训中,还要注意学员到场情况及变动情况。教室就是一个气场,好的气场要聚气,气场宜聚不宜散。如果在一个小组中出现了一半以上的空位,这个小组的气就散了。同样,如果一个教室里学员坐得零零散散,整个教室的气就散了。所以要根据培训当天学员的实际情况,进行座位的临时调整,将小组合并,并撤去多余的座位。如果是排排坐,开课前要请后面的学员往前坐。人聚在一起,彼此影响,学习的气场自然形成了。

二、光线控制

除了座位,也要注意教室的光线。明亮的教室,会让学员有开阔敞亮的感觉和体验,也让后排学员看得清投影上的内容。如果教室昏暗,会让学员感觉沉闷,也容易打瞌睡。所以培训时，除了考虑讲台上面的灯光对投影的影响外，其他灯光应尽量全部打开。

如果天气好，可以考虑拉开窗帘，让自然光照进课堂。科学实验发现，在自然光教室中学习的学生，其考试成绩比在白色冷光荧光灯照明教室中学习的学生，考试成绩高出 20%～26%，所以在培训中，教室的光线要尽量接近自然光。

三、温度设置

教室内的温度，也会对学员的学习状态产生影响。夏天如果人多且教室完全封闭，则会产生闷热的环境，这种环境下，学员的状态和情绪会莫名受到影响，感到烦躁，因此，需要提前打开空调，并注意通风。冬天的教室如果太温暖且封闭，学员容易困倦，要注意将空调的温度适当调低并保持通风，使培训师和学员都保持良好的状态。

图4-3　智慧教室

现在很多培训中心都建设了智慧教室，如图 4-3 所示，智慧教室里的座椅可自由摆放，根据需要摆放为岛式或条式，灯光全部采用最接近自然光的光源，而且教室的窗帘、灯光和空调等设备都是集成智能调控的，可根据培训当天的光照、气温、湿度等条件自动开闭和调节，以确保教室处于最合适的环境。

四、设备调试

在环境把控中，硬件设备的准备和检查同样必不可少。培训项目管理人员需要提前到达培训现场，做好培训设备调试。培训师也要提前半小时到场，进行设备的熟悉，完成培训开始前的"四检三调"。

（一）四检

检查电脑是否插好电源。

检查翻页笔是否运行正常。

检查话筒是否电量充足且有备用电池。

检查白板笔是否墨水充足且有板擦。

（二）三调

调试话筒音量。

调试电脑音频（如果课件中有音、视频）。

调试投影仪。

（三）"四检三调"注意事项

（1）培训师在使用笔记本电脑播放课件时，建议使用 PPT 演讲者模式，在这种模式下，培训师在授课时可以清晰地看到下一页的内容，有助于授课节奏的把控。

（2）投影仪连至电脑时建议使用拓展显示器模式，拓展模式下学员只能看到 PPT 播放页面，培训师在笔记本上的其他操作，包括修改 PPT 等学员是看不到的，有助于培训师根据现场授课情况及时调整课件。

（3）授课课件如中有音、视频等文件，一定要在正式授课前播放一次。一是防止课上播放声音过大或过小，影响教学效果和培训师授课状态。二是防止视频无法播放，中断培训授课。若音频、视频是内嵌在课件里的，要在 PPT 放映状态下播放，若音频、视频是单独拷贝的文件，要确保电脑上安装了适配播放器软件。

（4）若授课时使用无线话筒，需提前备好备用电池。一般两节五号电池，只能供无线话筒使用约三小时，若培训时间超过半天，一定要有备用电池。如有互动需求，还要多准备几只无线话筒。

（5）注意做好课件备份。培训当天所要使用到的课件等重要资料，切忌只有一份，避免授课当天因设备等原因，出现文件损坏或无法识别等问题而影响培训。建议备课完成后，将课件存到网盘、微信等网络端，再拷贝一份到 U 盘上，并在电脑上播放一遍，确保文件正确且完整。

五、实训准备

对于技能类实训项目，培训师应根据培训方案，提前 3 天以书面形式向实训场地管理人员提出明确的实训项目名称、所需实训设备、实训使用场地范围、工器具及耗材以及安全防护措施。实训场地管理人员应根据要求，协助培训师在开展实训前准备好实训设备、区域标志、安全工器具等，并做好安全警示标志、消防设施、疏散通道、视频监控检查等工作，专业类实训还要做好相关专业准备。

如带电作业、高空作业等，一定要有安全防护措施和实训事故处理预案。值得注意的是，电力类实训项目若涉及在电气设备上开展实训教学的，需提前准备培训工作票（如图 4-4 所示）和培训操作票。

变电站第二种培训工作票

国网湖北技培中心（　　　）

变电站第二种培训工作票（ ）字 第 号

1．工作负责人（监护人）：________　　班组：________

2．工作班人员（不包括工作负责人）：________ 共___人

3．工作的变电站名称及设备双重名称：

4．工作任务：

工作地点或地段及设备双重名称	工作内容

5．计划工作时间：

自___年__月__日__时__分 至___年__月__日__时__分

6．工作条件（停电或不停电，或临近及保留带电设备名称）：

7．注意事项（安全措施）：

工作票签发人签名：_____ 签发日期：____年___月___日___时___分

8．补充安全措施（工作许可人填写）：

9．确认本工作票1－8项：

工作负责人签名：________ 工作许可人签名：________

许可开工时间：______年______月______日______时______分

10．确认工作负责人布置的任务和安全措施

工作班（组）人员签名：

11．每日（次）开工和收工时间（第一天（次）开工和完工终结时间不必填写）

收工时间	工作负责人	工作许可人	开工时间	工作许可人	工作负责人
月 日 时 分			月 日 时 分		
月 日 时 分			月 日 时 分		
月 日 时 分			月 日 时 分		
月 日 时 分			月 日 时 分		
月 日 时 分			月 日 时 分		

12．工作票延期：

有效期延长到______年____月____日____时____分

工作负责人签名：________ ______年__月__日__时__分

工作许可人签名：________ ______年__月__日__时__分

13．工作票终结：

全部工作于___年___月___日___时___分结束，工作人员已全部撤离，材料工具已清理完毕，工作已终结。

工作负责人签名：_____ _____年__月__日__时__分

工作许可人签名：_____ _____年__月__日__时__分

14．备注：

图 4－4　变电站第二种培训工作票示例

学习单元二　课 堂 氛 围 营 造

【知识要点】

除了显性环境，还有隐性环境，也就是课堂氛围。好的课堂氛围，是让学员学到东西的重要前提。营造好的课堂氛围可以从三方面入手：轻松元素＋联结元素＋体验元素。

一、轻松元素

培训，是带有一定的学习目标，任何培训想要达到目标，就必须有培训学员的参与。但是培训的课堂氛围越严肃，学员的大脑神经元越难活跃起来，在课堂上接收信息越被动。因此越是专业、严肃的课程，越要设计一些轻松的元素。比如，早上开场时播放轻松的音乐，课程讲授时插入图片和视频作为素材，中场休息时播放娱乐视频，下午开场时做些互动小游戏或健身操，学员给予正确反馈时发放一些小奖品。这些小元素能对活跃场域氛围起到重要调节作用。

二、联结元素

心理学研究表明，一个人因为受心智模式的影响，进入一个陌生的场合后，最大的障碍是习惯性防卫和习得性无助。只有与身边的熟悉起来、与团队融合起来，才能消除防卫，降低无助感。

首先是学员之间的联结。划分小组、组建团队、组内分工、与其他小组开展积分竞赛等活动，都可以促进学员之间构建良好的关系。在划分小组时要注意寻找组员间的联结点。例如，可以按兴趣分组：根据学员的兴趣和喜好进行配对，让他们能够和志同道合的伙伴一起学习，可以让学员按照喜欢的运动、电影、书籍等进行分组；还可以按经验分组：根据学员的经验和背景进行分组，让在同一领域有共同经验的学员能够互相交流和分析，学员在与有类似经验的人一起时，会感到更加舒适和安心，从而更容易融入学习环境；设置也可以随机分组，通过抢数字、抽签等小游戏，使他们能有机会与不同的人合作学习，能扩大他们的人际关系圈子，增加与不同个体合作的经验，提高适应和协作能力。或者按专业划分、按年龄划分、按岗位划分等，往往一场好的培训中，学员互相之间的收获可能比从老师那里学到的还要多。值得注意的是，在分组时必须给予学员一定的自由选择权，以确保他们对分组结果满意，才能够真正投入到学习中。

其次是培训师与学员之间的联结。亲和、有趣的自我介绍是必不可少的。自我介绍是上课的前奏，也是培训师向学员展示自己讲课风格的一种手段。是引起学员注意的第一步，如果在自我介绍的 30 秒都未能吸引住学员，在之后的课程中再进行刺激就需要更大的能量。因此需要设计一个亲和、有趣、富有感染力的自我介绍，可以有效拉近培训师与学员之间的距离，同时也能够帮助培训师自身尽快融入课堂氛围中。培训师还可以选择在课前可以与学员聊聊天，了解到场学员的实际情况，学习的需求，拉近与学员的距离。在课中要启发学员思考、思想碰撞，多关注学员，感受学员的情绪，顺势而为。培训师要走下讲台，深入学员当中，感受他们的学习状态，适时调整授课。还可以留意学员名单，记住几个学员的名字（如最早到场的、上课最活跃的、最认真听讲的等），如果能在课上直接叫出学员的名字，让他感受到你不一样的关注和尊重，更有利于建立培训师和学员间的联结。

除此之外，培训师还可以设计一些创意的破冰暖场活动，让培训师与学员之间快速消除隔阂，让学员在轻松愉快的氛围中学习。在设计破冰环节时，要注重游戏的创新和趣味性，同时，破冰环节还要与课程内容相结合，不仅加强彼此的链接，也对知识有了一定的渴求。

【案例】

在某次绩效管理培训中，培训师就通过"你如何变"这样的破冰游戏，让学员既能够迅速熟悉彼此，又通过游戏感受到绩效管理的艰难之处。

游戏规则：

（1）请所有学员起立，两人为一组，然后互相仔细观察对方在衣着、配饰及携带物品等外形方面的特征，然后互相转身背对背，用1分钟时间各自在自己外形方面做3处小变化。然后再正面朝向对方，看是否双方都能在1分钟内找出对方刚才所做的变化。

（2）再请所有学员起立，还是刚才的两人为一组，互相仔细观察对方现在在衣着、配饰及携带物品等外形方面的特征，然后互相转身背对背，用1分钟时间各自在自己外形方面做2处小变化。然后再正面朝向对方，看是否双方都能在1分钟内找出对方刚才所做的变化。

（3）最后再互相仔细观察对方在衣着、配饰及携带物品等外形方面的特征，然后互相转身背对背，用30秒时间各自在自己外形方面做1处小变化。然后再正面朝向对方，看是否双方都能在30秒内找出对方刚才所做的变化。

点评：现象与绩效管理工作的联系

（1）自己对自己进行改变感觉不自在，说明改变习惯的东西起初很难，而变革的过程是痛苦的，论证推行绩效的艰难过程。

（2）在要求再做第二和第三轮改变时，发现越来越难找改变点，说明变革和改善需要创新的思维，论证改善绩效管理工作问题中需要创新思维。

（3）对对方的变化不敏感，说明观察不仔细，对变化敏感度不强，论证员工绩效行为的循序变化。

（4）游戏结束后，好多人把刚才做过的变化又调整回原来未变前的状态，说明变革是一个循序渐进的过程，论证绩效管理需要持之以恒。

三、体验元素

学习成效金字塔理论（如图4-5所示）认为，用耳朵听和用眼睛看远远低于体验式学习所获得的"学习平均留存率"，也就是大脑能记住的内容在所学的知识中所占的百分比，被动接收信息，没有主动参与，大脑神经元就无法产生连接。由此可知，体验式学习更适合成人培训。

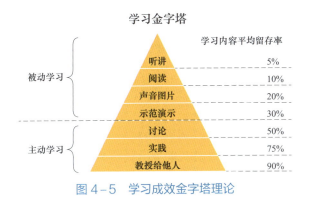

图4-5　学习成效金字塔理论

体验式学习就要不断激活学员，让其愿意自发参与其中。培训师可以设置有趣的情景体验，通过提问、小组讨论、角色扮演、模拟练习等教学活动，促使学员从被动接收状态切换到主动参与状态。

在实际的教学过程中，体验式教学体现为多种教学形式，这就要求培训师根据学员的心理特点和前期学习情况，合理设计教学活动，设计观察感受、讨论分享、实践汇报等体验模式，创设体验学习情境，引导学员体验、感悟和认知。

【案例】

在某次讲解安全帽的佩戴课程中，培训师先结合实际案例，讲解安全帽在事故中的重要作用。通过这些案例，让学员清楚地认识到安全帽在实际生产工作中的重要性。

在讲解佩戴过程时，培训师首先利用图片和视频等形式，展示安全帽的构造、材质和佩戴方法。这些直观的图像资料帮助学员在观察过程中分享自己的视觉感受，从而对安全帽有了清晰的认识。接着，培训师进行了现场演示，亲自示范如何正确地佩戴安全帽。学员通过观察培训师的操作，更加直观地了解安全帽的佩戴方法。

随后，培训师将学员分成若干小组，结合前面的学习以及培训师的演示，以小组为单位讨论提炼出安全帽的佩戴步骤，并每组派一名代表分享小组讨论结果。

在课程的最后，培训师总结了安全帽的佩戴六字诀：端、看、理、扣、紧、收，最后邀请学员上来边讲边演示安全帽的佩戴方法，确保他们掌握了安全帽的正确佩戴方法。

好的课堂，是以学员为中心的，培训师只是引导者。培训师的任务是启动学习，当学习启动了，培训师便要把路讲出来，让学员自己投入和参与。学员沉浸体验的时刻，就是个体力量被激活的时刻，是空间能量流动的时刻，也是场域氛围最好的时刻。

最理想的场域能让大家沉浸其中，忘了时间，忘了自我，意识处于一种不设防的流动状态，这就是心理学家米哈里·契克森米哈赖称之为的心流状态。当专注做一件事时，就会感受到这种状态。如果学员忘了看手机、忘了分神，时刻享受课堂的氛围，下课时感慨时间过得太快，说明他们已进入了心流状态。而这种状态会在场域流动，相互感染，培训师带动学员，学员影响学员。所以构建一个心流的学习场域，是培训师和学员共同努力的成果。

【课程小结】

本课程主要讲述了培训教学场域构造的实施要点，深入剖析了教学环境构建与课堂氛围营造的重要性。教学环境构建方面重点介绍了如何合理布置教学空间，如座位布置、光线控制、温度设置、设备调试等，为学员创造舒适、高效的学习环境，提升学习效率。课堂氛围营造方面通过轻松元素、联结元素、体验元素打造积极互动、鼓励参与的课堂氛围，帮助学员沉浸其中，进入心流状态，为培训的成功实施和效果达成，奠定坚实的基础。

培训课程二　教学实施的环节把控

【培训目标】

知识目标	1. 能正确描述与学员互动的四种形式。 2. 能正确描述培训课程开场的步骤。 3. 能正确描述培训课程结尾环节中总结回顾的五种方式。
技能目标	1. 能根据课程内容，开展适宜的课堂互动活动。 2. 能根据课程实施设计，开展高质量的开场和结尾。

任何事物中，最关键、最重要的只是小部分，大约 20%，剩下 80%尽管是多数，却是次要的。在培训课程实施时，也遵从二八法则，因此培训师要抓住重点环节，保障培训效果。本课程就主要介绍课程的开场、结尾、互动三个重点环节。

学 习 单 元 一 　 课 程 开 场 环 节

【知识要点】

好的开端等于成功的一半。拥有好的课程开场，课程就成功了一半。但很多培训师在课程开场时重形式、轻目的，故事、游戏等形式很多，但没有与课程内容建立连接，学员做完游戏后不知道为什么要做游戏。还有的培训师开场时反复强调主题和内容，让学员失去兴趣，甚至可能产生厌烦情绪。还有的培训师一上台就直接开始讲授新知，直奔主题，学员完全没有进入学习状态，极大地影响了后续学习效果。

培训开场需要培训师在培训实施前重点进行设计。开场主要有两个目的：一是要能激发学员的学习兴趣，让学员更好地投入课程中；二是要跟课程主题相关，顺畅地导入课程内容。

【案例】

在一次面向装表接电中级工开展"三相四线电能表带电更换"技能类培训课程中，课程时间共计 8 学时，开场时培训师花了 2 学时开展破冰，带领学员分小组、取队名、唱队歌、做游戏，做了很多团队活动，但在后面的授课过程中，没有需要团队协作配合完成的学习任务，培训师也没有设计团队积分激励，下午半天的课程主要是学员在实训设备上开展实操，由于活动过多，在正式开始讲课时部分学员反而因为疲惫而无法集中注意力学习，而且早上活动占用时间过长，下午的实操演练时间明显不足。课程结束后，学员不解为什么要分组，为什么要开展团队活动，这样的课程开场显然是不成功的。

反观另外一门管理类培训课程——青年班组长管理能力提升培训，培训时间共计 5 天，也同样在开场时，培训师花了 2 学时开展破冰，带领学员分组并开展团队活动，在后续整个培训中采用了行动学习的培训方法，有大量的团队研讨、经验萃取、模块搭建、小组分享等课堂活动，明显在开场时团队活动表现较好的小组，在后续培训中学习起来更顺畅，效果更好，而且通过 5 天的培训，组内学员也变成了好友，互相留下联系方式，培训结束后也经常中工作中的经验和问题互相交流。

同样的开场方法，在不同的培训班就会产生完全不同的效果，因此开场设计要因"课"制宜。

一、培训课程开场的步骤

（一）自我介绍

自我介绍包含三步，首先是控台登场、开场问好，让学员迅速安静下来。其次是对能和学员一起学习表示感谢，并简要点明学习主题。最后介绍自己，特别是介绍自己与课程主题和内容相关的从业经历或者教育经历，拉近与学员的距离，同时又体现自身的权威性，建立学员对自己的信心。

注意，新入行的培训师要切忌示弱式的开场介绍，很多青年培训师在上第一次课时喜欢说："大家好！这是我的第一次讲课，现在很紧张！"或者"准备不充分，讲得不好的地方请大家见谅！"新入行培训师希望通过用这种示弱的方式获得学员的理解与谅解，实际上，这种话语会降低学员的期望值和对培训师的信心值，可能会让学员产生出你在耽误他时间的烦躁心理。一旦学员产生了这种想法，那在之后就很难控制住场面，再好的内容都无法正常地传递和沟通。

还有培训师喜欢过分谦虚："我讲的只是我个人的看法和认识，这个不一定是对的，大家自己根据情况运用。"这种谦虚的开场白并不会使学员对培训师产生好感，甚至可能会让学员在之后的培训中质疑培训师所讲的内容是否正确。谦虚是可以的，谦虚是一种心态和胸怀，但是谦虚并不是否定自己，否定自己要讲的内容，如果你真的对自己讲的内容没有把握，那就不要讲。

当然，过分自夸的方式也并不合适。虽然适度的自我肯定可以使学员对培训师和课程内容更加相信，但是过度自夸往往会给他人留下不真实或不可信的印象。要选择恰如其分的用词来表达自己的能力和成就，最好依据客观事实或数据来展示和支撑。

（二）组织教学

组织教学主要是指开始上课前的教学准备工作，如查看考勤情况、强调课堂纪律、指明消防通道等，培训不同于学历教育，授课时间短，学员又来自不同的工作单位，近些年来工学矛盾也比较突出，因此有必要在课程开始前开展组织教学活动。

（三）导入主题

很多培训师选择提问、故事、游戏等方式开始课程，制造冲击力使学员兴奋起来，或者制造悬念，引起学员的好奇心，营造积极的学习氛围。但要注意无论采用哪种形式，活动一定和课程主题结合起来，活动的目的是引发学员思考，从而顺畅地导入课程主题。

【案例】

培训课程：正道"职"行——三场战役预防职务犯罪

培训对象：各地市公司纪检监察工作人员

培训开场（如图4-6所示）：

提问：各位学员，请问"法制"和"法治"这两个词有什么区别？邀请学习思考并分享后，培训师总结：从刀制变水治，一字之差，工作就会发生翻天覆地的变化，现在纪检监察工作重心也从事后惩处转为事前预防，真正实现不想腐、不能腐、不敢腐，如何做到呢？这就需要打赢三场战役来预防职务犯罪。

图4-6 培训开场导入主题案例

（四）课程说明

课程说明主要是指在讲解新知前，培训师向学员介绍课程的重点、难点内容、明确学习的知识目标、技能目标和态度目标，阐述课程整体逻辑架构和各章节主题以及时间安排，让学员在正式开始学习前对课程形成一个总体认知，为后续课程实施打下基础。

上述四个步骤，有些步骤在前面的章节中已经进行了详细讲解，本章重点讲解课程导入，课程导入有以下几种方法可选择。

二、课程导入方法

（一）设疑导入

设疑导入是指培训师根据培训主题和学员认知水平，通过设计一个或者几个与主题相关的问题，在课程开场时抛出以引发学员互动和思考的导入方法。

【案例】

某次培训师在给中层管理人员讲授"运营管理"的课程。在课程开始的时候，培训师先抛出一个问题："各位学员，我想问大家一个问题，事业的大小取决于你掌握资源的多少，这句话大家认可吗？请谈谈你的观点。"参培的学员都是中层管理人员，在工作中对这个问题有很深的感悟，很多学员都踊跃分享了自己的看法。最后培训师总结了大家的观点，得出了结论：事业的大小不仅取决于你掌握资源的多少，更取决于你对资源的运营和管理能力。从而引出了本次培训的主题"运营管理"。

值得注意的是，采用设疑导入时，提问难度不能太大，毕竟是在开场阶段，学员状态还未调整好，问题太难容易冷场，起不到互动效果。提问的范围也不能太大，或者表达不清，让学员无所适从，不知道从哪个角度来回答，也不利于培训师导入到课程主题。

好的导入问题一定要提前设计，而且还要预估可能产生的回答，针对不同的答案进行归类并准备好回应方式，心中有数才能胸有成竹，以免接不住学员的回答而冷场。在面对学员的答案时，无论正确与否，都需要给予一定的鼓励，营造开放的沟通氛围，为接下来的课程互动交流做铺垫。

问题设计最好有层次性、梯度性，根据学员对问题的认识逐渐加深，让学员跟着培训师的设问层层思考，达到抛砖引玉的效果。

（二）游戏导入

游戏导入是指培训师精心设计一些知识性、趣味性并与培训主题密切相关的游戏，通过游戏引导学员对新知识的好奇。这种方法可以激发学员的学习兴趣，活跃课堂气氛，有利于在短时间内提高全体学员的参与度。

【案例】

某次培训师在为班组长讲授"团队的协作与共赢"课程。在课程开始之初，就带领大家玩了一个小游戏。他让所有学员都抬起双手握拳，并让每个人的左右拳头相对击打，并问大家痛不痛。大部分学员的感受都是"痛！"。然后培训师让大家更加用力一点，很显然所有学员都感觉更痛了，接下来培训师启发大家："既然大家都感觉到很疼，如果需要继续击打，有什么方法可以感觉没那么痛呢？"引导大家把一个拳头打开，将其中一个拳头换成手掌，很显然疼痛感觉消失了很多。培训师继续引导"如果把另外一个拳头也打开，会是什么感觉呢？还痛吗？"大家纷纷表示"不痛了！"培训师总结道："是的，当我们把拳头变成掌后，痛感消失，而且还发出了和谐有力的掌声，这是多么动听的声音。我想通过这个小游戏给大家分享一个道理，其实人与人之间的合作并没有那么难，当双方拳头相向的时候，得到的是双输的结果，当我们尝试把心打开，将迎来共赢局面。所以，今天我们就来共同探讨这样一个如何合作的课程——团队协作与共赢。"

注意，使用游戏导入耗费时间最好不要太长，一般开场时间为整个课程时长的10%左右，例如45分钟的课堂，开场时间要控制在5分钟左右，否则就会喧宾夺主，学员容易陷入游戏而忽略培训主题。在设计游戏时也要尽量简单易参与，确保所有学员都能参与其中，如果只能部分学员参与的游戏，最好将其邀请到讲台上展示，以锁住所有人的注意力。做游戏的重点不在于游戏本身，而在于游戏后引发的思考，一般一个游戏的启发可以是多角度的，因此，作为培训师要学会引导学员联系课程主题角度开展思考。当然，培训师平时也要注意积累，储备一些运动量少，简单易操作的课堂小游戏。

（三）案例导入

采用案例导入有两种方法，一是展示与培训课程主题一致的案例，在开场阶段引用，作为论据佐证观点，导出主题。二是只展示案例的背景，但不公布解决方案，让学员带着问题听课，最后在课程结束时运用所学内容解决案例中的问题，检查学习效果。

【案例】

某次管理人培训讲授"时间管理"课程，在开场时给出了这样一个案例：（案例背景）赵乐是某公司领导，由于工作需要，单位其他领导均出差在外。今天是星期一，上班后有这样几件事情必须由他处理，一是有许多公文需要他签字，大概需要花费他一个小时的时间，二是10分钟后他要参与一个必须出席的协调会，三是单位某位员工在今天早上出了车祸，人被送入医院抢救，需要领导火速去医院探望。（问题）如果你是赵乐，你如何处理这三件非要你处理的事情？培训师只展示了案例背景，学员纷纷陷入为难的处境，这是案例设计的巧妙之处，有一定的冲突性。接下来培训师话锋一转："怎么样才是合适的处理办法呢？如何做到合情合理合规？请大家带着问题一起走入今天的课堂——时间管理。"

注意，用案例导入时文字不要太多，一般控制在200字左右，并将整个案例用一页 PPT 展示，因为导入案例不是教学案例，最重要的用途是激发学习兴趣，而不是解释或说明知识、观点，如果文字太多，学员会因为阅读量较大而导致开场就冷场。另外，案例的选择要有典型性和代表性，与学员的生活和工作结合紧密，提升案例的可信度，增加学员的学习意愿。

（四）数据导入

数据导入是通过展示一组或多组数据，通过分析数据得出结论，说明某个观点，突出主题的导入方法。

使用数据导入时，一要注意确保数据准确，最好要有权威可信的出处。二要保证时效性，太陈旧的数据不仅说明不了问题，还有可能引发理解误区。三要注意讲解的重点要放在挖掘数据背后的意义。如果要展示的数据比较多，PPT 逐一展示会增加学员记忆难度，可以打印在学员手册上发给大家，方便学员分析比对，避免因反复翻看 PPT 而影响思路。

（五）演示导入

演示导入是指培训师借助道具或实物进行现场演示来展示某项技能或说明某个观点的导入方法。演示导入法能够增加临场感和生动性，便于学员接受。

演示中涉及的道具及操作，在培训前要做充分准备和预演，培训师在演示过程中要展现到位，展示结束后要及时总结，避免看了热闹，忘了根本。采用演示导入展示某项技能时，培训师应对这项操作非常规范熟练且水平较高。

（六）事件导入

事件导入是指培训师通过新闻媒体上报道的热点事件，或者企业、行业里发生的典型事件进行课程导入的方法。事件导入因为时效性强、可信度高，往往能引起大家的兴趣。

【案例】

某培训师讲授"电力金具组装原理及技术升级"的课程。课程之初，大家看了一系列雪灾图片，这是大家记忆犹新的2023年的冬天，某省遭受冻雨天气，电力设备受损严重，图片中一座座电力铁塔、高压导线覆冰严重，大面积供电受阻。电力公司上下齐心、连夜奋战，快速响应，确保了安全可靠供电，并获得了政府相关部门的嘉奖。培训师又从另外一个角度引发大家思考，在自然灾害来临时，勇气和态度固然重要，但从专业的角度来思考，电力金具组装的科学性和抗压力是否可以在极端条件下有效提升电力设备运行的可靠度？接下来培训师说：因此，此次课程就从"电力金具组装原理及技术升级开始并做进一步探讨。"

事件与案例的区别在于，事件是已经真实发生的，可信度更高、冲击性更强、影响面更广，因此对热点事件的讲解不需要耗费太多的时间，大多数的学员都知道或了解，一两句话概括或者简要回顾经过即可，重点是事件带给大家的启示。在运用事件导入时，培训师可以直接展示自我观点，不用花太多时间让学员进行现场分享。

（七）视频导入

视频导入是指培训师播放一段视听材料，学员通过观看引发共鸣或思考的导入方法。视听材料可以是实际工作或生活中的真实录像，也可以截取影视作品中的部分内容。

【案例】

培训师为供电营业厅服务人员讲授"识别客户需求的技巧"课程。在课程开始之前，培训师先播放了一段视频，节选自古天乐主演的一部电影《保持通话》。其中有一个电影片段是古天乐的手机突然故障了，但是又必须与劫匪保持持续通话，在这种两难的局面下，他冲进一个手机营业厅要购买一台新手机，当时古天乐的状态是非常急躁不安的，但是销售人员（王祖蓝扮演）依然不紧不慢地向他推荐不同手机的功能、款式、型号，戏剧性的是当古天乐最后选择了一款，王祖蓝却说已经没货了，让人欲哭无泪。播放结束后，培训师分析这段视频给大家带来的启示:"每天我们都要接触形形色色的电力客户,每个客户的需求和状态都不同,如何通过有效观察快速把握客户的需求并提供优质服务,是我们需要练就的技能。因此,今天的课程就从学习'识别客户需求的技巧'开始。"

在使用视频导入时注意要选择质量好、画面、声音清晰的视频。视频时间也不宜太长,一般控制在 1~3 分钟。在播放前最好做一些背景讲解铺垫,让学员带着问题去看,或向学员说明观看重点,避免学员在观看过程中偏离学习目的。选择与学员相关的真实工作或生活场景视频时,要考虑受众的接受程度,避免一些不宜在公共场合展示的画面,还要考虑对视频中的当事人名誉是否可能带来影响。

学习单元二　教学中间环节

天时不如地利,地利不如人和,在培训授课中,天时可以看作是对培训时间的把控,地利是对培训场域的控制,最终都是为了人和,也就是控场互动,控场互动可以有效激活学员,达到预期的培训效果,培训的控扬互动主要有以下三方面:

【知识要点】

一、控扬应变

培训当中会遇到各种各样的学员、各种各样的状况,处理方式不同,结果也会不同。以下几种情况及处理方法可供各位培训师参考。

(一)学员状态疲惫

在教学环境中,确保学员的注意力和参与度对于学习效果至关重要。如果发现有学员在课堂上打瞌睡,不仅可能影响其学习效果,还可能对其他学员产生不良影响。然而,直接叫醒打瞌睡可能会让他们感到尴尬,甚至可能引起不必要的冲突。因此,可以采取一些更为巧妙和考虑周到的方法来解决这一问题。

一是提高音量,或者课件中正好有视频音频案例,在播放时把音量适当调大一点。二是设计全体性的活动,适时邀请所有学员参与。三是找他身边的学员回答问题。如果连续几种方法都未曾叫醒他,可能存在特殊原因,培训师可以采取更为细致和周到的措施,如利用课间休息或课后时间,私下与学员进行交流,以一种关心和支持的态度询问是否遇到了任何困难,比如工作压力、家庭问题或其他可能影响他们休息的因素。

(二)现场有业务专家

在进行培训时,培训师应特别尊重资深员工和年长学员,因为他们往往拥有丰富的专业知识和经验。可以通过认可他们的专业背景、保持平等的对话关系、积极倾听他们的意见、灵活调整教学内容和方法、鼓励他们与其他学员互动，以及在教学中建立与他们工作经验的联系，来展现对他们的尊重。

培训师如果清楚他们的工作背景和工作成绩，可以在授课中适时将他们作为案例点名表扬，邀请大家给他们掌声和点赞，或者请他们在课堂上分享他们的经验和做法，解答大家的疑惑，或者在课间休息时，专门找他们聊几句，表达自己对他们的关注。通过这些做法，培训师不仅能够赢得学员的尊重，还能促进一个开放、包容且富有成效的学习环境，这对所有参与培训的学员都是有益的。

（三）不上学员的提问

在开展专业类技术技能培训时，课堂上可能有的学员提出了比较偏的问题，培训师一时答不上，这时可以采用三种方法。一是培训前收集参培学员的问题，请他写出本次培训中最希望解决的问题，在课程设计环节预先对学员的提问想好对策和答案，这样在课堂上才能有的放矢，成竹在胸。二是针对个别学员提出的比较复杂、难度较高且不具有代表性的问题，不便于公开回答的，可以在课间直接找学员单独沟通，答疑处理。三是学员提高了尖锐偏激的问题，不好作答时，不要以专家、培训师的姿态居高临下，可以放下身段、摆好姿态，一捧二推三收。一捧是对学员提问表示鼓励，二推是可以将问题抛出，群策群力，邀请大家一起头脑风暴，三收是结合各小组的意见，给出综合建议。

【案例】

在一次基层供电所长的培训班上，安排了半天的新系统应用推广课程，在课程的尾声，培训师请学员就没听懂的问题进行提问，有一名学员举手："系统设计得很好，但我现在所在的供电所里员工平均年龄55岁，根本不会操作电脑，再好的系统都是白瞎，只是增加员工的工作量！"他提出的问题确实是工作现场中存在的实际问题，但这个问题与该门课程无技术关联，且短期内是无法解决的问题，这时，培训师就可以用一捧、二推、三收的方法来应对。

一捧："你这个问题提到了大家的心坎里，非常好，很有代表性！大家先掌声鼓励一下。"二推："你提的问题，我想在座的所长们也都会遇到，我们可以一起讨论一下，借助集体的智慧找出最好的解决方法。"其他的供电所长们纷纷给出了自己所里的经验，最后由培训师来总结成两点，三收："一是加强培训，提高老员工的计算机操作水平，二是制作标准模板，使资料上传更简单，降低系统的操作难度。集体的智慧是最强的，相信大家的做法也一定会给某所长带来启发。"

当然，以上都是现场的应变方法，关键还是要提高自身专业水平，成为真正的行家里手，方能以不变应万变。

二、进度把控

为了确保良好培训效果，在教学实施环节，除了教学环境和课堂氛围外，培训师还要精准控制教学实施进度。虽然在课程设计环节，已经明确了各章各节所需的时间，但在实施培训教学的过程中，往往会出现时间节奏把控不准的情况，可能是课程内容提前讲完，也可能是临近下课时间，课程内容仍然还未讲完，没有完成预期的培训目标。

为了更好地在培训实施中进行掌控，可以把时间规划表打印出来放在讲台上，然后在一章节讲完之后，安排学员复习回顾时，对照原计划的时间节点检查进度。如果讲快了，下一章节可以讲慢点，反之则要加快授课速度。对于有经验的培训师，每一章节结束的关键时间节点已了然于胸，只需要在关键节点处对一下时间，控制授课进度即可。尽量确保到结束时，实际培训时间与计划时间相差不超过 5%。

如果在实际授课中因为内容设置或课堂活动，导致讲授时间跟计划时间存在差异，可以这样处理：

（一）实际授课时间小于计划时间

如果原计划培训 3 小时，由于紧张等原因导致授课速度过快，加之内容不够丰富，准备的内容 2 个小时就讲完了。导致实际授课时间小于计划时间，建议可以开展小组讨论。让学员结合工作中遇到的问题，讨论如何运用本次课程所学方法、技能来解决实践问题，然后请小组派代表发言，最后再让学员自己总结学习心得，并在组内分享。讨论教学时间可长可短，因此被称为课程时间的调节器，但需要培训师在课程设计时准备好讨论话题，提前做好应急预案，如果还没到下课时间，要有备份的教学活动。

【案例】

原计划于 9:00～12:00 开展的台区线损管理培训，由于其他工作安排冲突临时改为 8:30～11:30 开始，结果到 11:00 时，准备的内容就讲完了，剩下的半小时如何处理？培训师结合工作经验，提出"台区电量陡降"案例，请小组运用今天所学的知识，讨论分析电量陡降的原因，并提出故障排查的方法，写在大白纸上贴到教室后面，请大家一起评价得出最优方案。如图 4-7 所示在小组讨论分享的过程中，不仅复习了课上所学的知识和技能，而且通过学员之间互相交流平时工作中遇到的典型案例，进一步强化了台区线损故障排查能力，效果受到学员的一致好评。

图 4-7　小组讨论分析电量陡降的原因并分享

（二）实际授课时间大于计划时间

若课前准备的内容太多，或课上某一知识点展开讲解得太深，快到卜课时间了，内容还没讲完。有些培训师选择后面的内容快速过，按预定时间下课，有些培训师选择拖延时间把内容讲完。作为培训师，按预定时间下课，是对其课堂时间控制能力的最基本要求，快到下课时间，内容还没讲完，就要加快进度，甚至可以直接跳过非重点内容或案例。

如果是 1～2 天较长的课程，建议灵活设置最后一部分内容，若时间宽裕，可多案例、多练习，或展开细讲。若时间紧则选重点、择要点，快速略讲。

当然，对于课程进度把握而言，最关键的还是内容设置合理，课程准备充分，熟悉要讲授的内容，并在授课前进行几次演练，尽量使实际培训时间与预期一致。

每次培训结束后，培训师都要及时进行总结复盘，对照课前的计划，比对每章节实际授课时间和预期时间，如果某些章节和知识点还没讲透，或者学员反馈特别感兴趣，则这一部分内容需要设置更多的时间，反之则可以精简甚至删除。一门好的课程，绝不是一蹴而就的，每次上完课后，都要进行课后复盘，并在下次课上完善。通过反复练习，培训师对课程进度把控将会更加游刃有余。

另外，时间感是可以培养的，作为专职培训师，需要刻意在生活中培养生物计时能力，即在不看表的情况下，感受 5 分钟、10 分钟、30 分钟的流逝，形成自己的"生物钟"，以便在授课时，对时间有更清晰的感知和掌握。

三、互动激活

美国培训大师鲍勃·派克在其代表作《重塑学习体验：以学员为中心的创新

性培训技术》一书中提出了 90－20－8 法则。

即 90 分钟是一个人带着"理解"的能力倾听的最长时间。一节培训课程的时间最长不应超过 90 分钟，每 90 分钟，一定要给学习者休息的时间。20 分钟是一个人能够带着"吸收"能力倾听的最长时间。"吸收"的含义是指学习的本质是把吸收进的信息和自己已有的经验进行关联和构建。20 分钟最好作为一个知识点的传递单元，执行完一项活动。20 分钟之后，就要变化学习方式。8 分钟是必须调动学员的时间节点。调动学员，意味着让学员做点什么，如举手、起立等，使其重新集中注意力。例如，一个讨论进行 8 分钟之后，培训者可以暂停各小组的讨论，总结一下自己看到的现象，对接下来的讨论提出要求等，再请学员继续讨论。

所以成人能够保持认真听课的最长时限为 90 分钟，其中高度集中注意力听课只能维持 20 分钟。培训师每 8 分钟就要组织学员做点什么，让他们参与其中，吸引其注意力，调动其学习主动性。

舌尖上的中国总导演陈晓卿在接受采访时谈道：人观看纪录片的疲劳周期是 8 分钟，所以一个好故事要在 8 分钟之内讲完。这个 8 分钟定律不只针对纪录片，所有做视觉传播的都适用。大家看《舌尖上的中国 2》会发现，都是用 50 分钟讲 7 个故事，一开始对 8 分钟定律还是将信将疑，《舌尖上的中国 1》的第 5 集，用 11 分钟讲了一个故事，播的时候，观察实时的收益率曲线，到了 8 分钟那里，"唰"就掉下来了，而且半天也没起来。所以，艺术传播要遵守传播的规律和科学。

培训授课也是一种传播，同样要遵循规律和科学。成人培训中，每隔 8 分钟左右就要进行一次调频和激活。如果学员偏年轻，可能调节的时间间隔更短，5 分钟一调节。如果学员年龄稍长，管理层居多，可以 10 分钟一调节。总之，如果没有干预和调频，培训就会变为死气沉沉的填鸭。因此，在培训的课程上可以根据学员状态和课程内容开展四级互动。

（一）一级互动：眼动

最简单的互动是吸引学员眼球。吸引学员注意力的关键就是吸引他的目光。要想吸引学员目光，课程中就要有鲜活的素材：图片、视频、实物演示等。

【案例】

在讲解"望闻问切四步排查回路故障"课程时，培训师用控制回路实物图片如图 4－8 所示，配合理论线路图进行讲解，并将重点部位放大显示。现场图片不仅吸引了学员目光，让讲解更加直观，而且设备细节处也看得更加清楚，增强了培训效果。

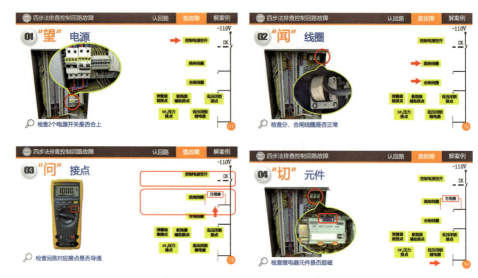

图4-8 《望闻问切四步排查回路故障》课程配图

如果有些培训内容确实比较枯燥，或者很严谨必须原文逐句讲解，比如规范、规定等文件宣贯，没有太多鲜活素材去吸引学员，那么培训师在授课过程中就要注意观察学员，当发现学员走神或者看手机的时候，培训师可以通过语音、语调的变化，动作手势等将学员的眼神召唤回来，比如一个响指、一句"注意"等。

（二）二级互动：口动

口动就是让学员在课堂上动口说。可以通过提问、小组讨论、分享交流等方式让学员动口。还可以邀请学员朗诵、复述重要知识点，以加深印象。

【案例】

在一次培训师TTT培训课上，讲到培训师风范六法，即胆法、眼法、手法、步法、站法、声法，其中声法主要介绍培训师如何正确有效地发声，授课老师将声法要诀总结为八个字：轻重缓急、抑扬顿挫。讲完声法后学员只明白了要求，但不得其要领，必须通过练习才能领悟并运用。授课老师在课堂上安排了朗诵环节，请学员现场朗诵李白的《将进酒》，将前面讲到的轻重缓急、抑扬顿挫运用其中，即回顾了技能要点，又活跃了课堂氛围。

（三）三级互动：手动

手动就是让学员在课堂上动手起来。一是动手做笔记。学员在听课时，往往容易专注其中，在讲授重点时，可以提醒大家动手做笔记或者提醒大家拿手机拍摄。"这点非常重要，大家记一下！"二是动手做活动，让学员写海报、写板书、拼图、连线等，让人动手的活动对学员的吸引力远大于仅仅用脑的活动，对知识的记忆和理解也更为深刻。三是动手鼓掌，在课堂互动环节，如学员回答完问题，小组分享后，培训师应邀请大家掌声鼓励。鼓掌本身也是一种动手，而且不仅能起到注意力聚焦的作用，还可以调节课堂气氛。

值得一提的是，特别是在技能类培训课程中，培训师更要注重学员动手能力。可以通过演示、练习、情景模拟等方法引导学员在课堂上动起来。

【案例】

技能类的培训本身重点就在学员技能的培养，往往采用示范－模仿的教学策略，学生的课堂实操演练就是一种动手互动，所以在课程设计时不用担心学员的动手问题。但在设计知识类课程时，如何让学员动手却是一个难题，传递－接受的教学策略中，学员主要是听讲、思考为主，这就需要培训师动一番脑筋，设计一些让学员动手的环节。

在一次"清洁能源替代"的培训课程中，讲到中国能源分布的特点：逆向分布，也就是我国能源生产主要集中在西北地区，而能源消费主要集中在东南地区。为了让学员有更深刻的印象，培训师在学员手册上预先设置了一页中国行政地图，在授课时列出全国用电量排名前五的省份，请大家在地图上用红笔标出，再列出发电量排名前三的火力、水利、风、光发电厂所在位置，请大家在地图上用黑笔标出。地图上红色标记和黑色标记的明显对比，让学员一下就明白了什么是逆向分布，也对中国能源生产和消费的布局有了清楚的认识。

（四）四级互动：身动

实验研究表明当身体动起来的时候，思维会更加敏锐、更加活跃，达到促进记忆和学习的效果。可以通过邀请学员上台、邀请学员起立、邀请学员走动等形式让学员身体动起来。

【案例】

在一次为期五天的培训中，第五天下午安排的是座谈分享，此次参与培训的学员都是来自基层一线的员工，他们平时工作的时候也主要是外勤工作，这次培训已经排排坐了四天半，很多学员反映坐得太多，腰酸背痛，在最后半天分享时，培训师邀请大家站起来，离开桌椅，在教室后的空地上围成圆圈互相分享，由坐改站，没有桌椅的阻隔，大家的距离更拉近了，分享时更加畅所欲言，课堂效果更好了。

互动的最高等级和境界，是与学员产生共情、共鸣，让学员眼动、口动、手动、身动，最终心动。听过还想听，即使岁月悠长，仍念念不忘。要想上一堂让学员心动的课，首先要用心准备。在培训的讲台上，准备比资历更重要，有没有用心准备，学员是能感受到的。其次要全心投入，想要感动学员，首先要感动自己，想要激励学员，首先要激励自己，培训师就是课堂上的一面镜子，只有将自己的状态调整到最好，才能点燃学员的状态。最后要真心激发，平庸的老师说教，合格的老师解释，优秀的老师示范，伟大的老师激发。在培训中注入爱的关注和鼓励，让学员感到幸福和快乐，获得改变和成长，点燃和成就更多的人，就是培训师最大的价值和使命和目标。

学习单元三 课程结尾环节

课程结尾不仅是对整节课内容的总结，更是对知识点的巩固和深化，同时也是对课程进一步深入学习的启引。一个好的结尾可以让学员对课程内容印象深刻，为后续的学习打下坚实的基础。本单元将从总结回顾、行动任务和感性升华几个方面来探讨如何设计课程结尾。

【知识要点】

一、总结回顾

在课堂结尾时，对整节课的内容进行简明扼要的总结回顾是必不可少的，甚至在每个章节结束后都应该有一次小结回顾。成人学习通常具有较强的理解能力，但在记忆细节方面可能存在挑战。因此，如果不通过复习和巩固课程内容，直接询问刚结束课程的学员记住了什么，很可能会发现他们对所学内容的记忆并不深刻。他们可能只能回忆起课程快要结束时讲解的要点，记不住完整的课程内容，就更不可能发生行为的改变。帮助学员加深印象最简单的方法就是重复，每个章节结束时进行小结，每半天课程后回顾前半天的内容，第二天回顾第一天的课程内容，通过多次的重复来加深学员对内容的印象。这样不仅可以帮助学员回顾课程重点，还可以加深他们对知识点的印象，有助于巩固学员的记忆，加深他们对课堂内容的理解。总结回顾具体有以下几种方式：

（一）传统方式

传统的总结回顾方式往往以培训师口头提问、学员回答的形式进行。一个常规的回顾方式是结合思维导图，由培训师带领学员回顾总结，让知识形成条理清晰、层次分明的结构图，呈现在 PPT 或者白板上。简明扼要地概括一节课的核心内容，把重点和难点凸显出来，起到提纲挈领的作用。因此，一节课即将结束时，培训师可结合思维导图，将前前后后的知识点串联起来，或者通过提问的方式与学员互动，让学员尝试独立复述一遍本课内容，了解他们是否理解课堂内容。这种方式比较常规，简单易行，也有一定的效果，但对于提高学员的参与度和记忆效果可能并不理想。

（二）趣味游戏

培训师可以尝试采用游戏化的方式来进行总结回顾，让学员在轻松愉快的氛围中巩固所学知识。游戏化总结回顾的核心是将课程内容与游戏元素相结合，让学员在游戏中进行总结回顾。这样不仅可以提高学员的参与度，还可以通过游戏的方式让学员更好地理解和记忆知识点。具体来说，可以根据课程内容设计不同类型的游戏，如知识问答、情景模拟、团队合作等。

知识抢答：这是一种比较简单、直接的游戏方式。培训师可以根据课程内容，提前准备一些问题，然后在课堂上提问。学员以个体小组为单位进行抢答或者按照顺序回答问题，回答正确可以得到一定的分数或者奖励。这种游戏方式可以帮助学员巩固所学知识，提高他们的记忆力和反应能力。

情景模拟：培训师需要根据课程内容设计一个真实的场景，让学员在该场景中进行模拟操作或者角色扮演。这种游戏方式可以帮助学员更好地理解和应用所学知识，提高他们的实际操作能力和解决问题的能力。同时，通过角色扮演的方式，还可以帮助学员提高人际交往能力和团队合作能力。

团队合作：培训师可以将学员分成若干个小组，每个小组需要在规定的时间内完成一项任务。任务可以是解谜、寻宝、制作等，完成任务的难度和分值可以根据实际情况进行设定。通过团队合作的方式，可以帮助学员提高团队协作能力和沟通能力。同时，在完成任务的过程中，学员还可以互相学习、互相帮助，进一步提高学习效果。

（三）小组互补

请每个小组在白板纸上写下所学到的知识点，并用序号标明，写得越多越好，写完后张贴起来；每个小组轮流到其他小组的白板纸前去游学考察，把对方没有写全的地方补充完整。

（四）课堂练习

课堂练习是一种有效的方式，可以帮助学员巩固所学的知识点。在课程结尾时，可以安排一些简短的练习题，让学员通过实践来加深对知识的理解和掌握。这些练习题可以是思考题、选择题或填空题等，难度适中且具有代表性。学员通过独立完成这些练习题，可以更好地掌握课程要点，同时也可以暴露出他们在学习中的不足之处，以便在后续的学习中加以改进。

新授部分结束，培训师通常会现场发问或出题考查，让学员口述或者笔答，利用学到的知识解题，从而再次理解、巩固和夯实知识点，实现从知识到技能的转型升级。但要注意练习的设计要恰好包含当堂所学，灵活多变，难度系数即不可过于简单，让学生感觉不屑回答，也不要过于困难，让学员无法开口，练习的难度要缓慢提升，深度要层层递进。

（五）检查测试

检查测试是另一种回顾并评估学员学习效果的方法。在课程结尾时，可以安排一些小测试，检查学员对课程内容的掌握程度。这些测试可以是简短的客观题或主观题，也可以是更为复杂的案例分析题，还可以是实操考核，或是汇报分享。通过测试结果，培训师可以了解学员对课程内容的掌握情况，同时也可以为他们提供有针对性的反馈和建议。

总结时，可以用精练的语言概括课程的核心观点，并指出各观点之间的联系和逻辑关系。此外，还可以提醒学员注意课程中的一些细节和难点，以便他们在后续的学习中能够更好地理解和应用。

【案例】

"PPT 制作"课程结束前，请每位学员提交一份 PPT 作品，来评估 PPT 制作水平；师资培训课程结束前，请每位学员上台讲授 15 分钟的专业课，评估授课能力是否提升。

二、行动任务

从培训到工作如何实现无缝对接？如何将培训课堂所学应用到实际工作？最好的方式就是行动任务，也就是课后作业。是让学员应用所学知识的一个重要环节。

在课程结尾时，可以布置一些具有代表性的作业题目，让学员在课后独立完成。这些题目可以是需要学员进行深入思考的主观题，也可以是要求他们实际操作的实践题。通过课后作业，学员可以在实际操作中巩固所学知识，同时也可以培养他们的自主学习和解决问题的能力。行动任务的方式有以下几种。

（一）延伸型

延伸式结尾是指培训师在总结全课知识后，将本课内容与其他学科或后续知识联系起来，使知识触角延伸扩张到其他领域，以拓宽学员知识面，为新知宣传

造势。比如课件制作的课程，在课程即将结束时，向学员推荐一些相关的书和 App、公众号等资源。

（二）悬念型

心理学实验证明，越接近学员"最近发展区"的问题，对学员越有吸引力，越能激发学员的思考欲望和兴趣，让学员更容易掌握与理解知识点。为此，培训师可以在课堂结尾时设计悬念。在讲完一节课之后，设计一些有悬念的问题，激发学员的求知欲望，推动学员把"要我学"变为"我要学"。在设计悬念时，可以借"疑"为思维激发的起点，通过疑问，激发学员主动去思考问题，探究答案。

【案例】

在新政策下电费计算课程中，本次课程讲授了新政策下 10kV 用户的电费计算方法的变化，行动任务里给出 110kV 的用户案例，设问"今天讲的电费计算方法对于 110kV 客户是否仍然适用呢？"留给学员思考，并在下节课分享。

三、感性升华

课程接近尾声，所有重点难点内容的讲解和强调已经基本完成。在课程结束之前，培训师可抓住最后的机会，用深情而富有感染力的话语来总结和升华课程的核心价值。通过分享感人的故事或深刻的见解，可以触动学员的情感，从而在他们的心中留下持久的印象。这样的结束不仅增强了课程的感染力，也有助于学员更深刻地记住和理解所学的知识。例如，可以用一些励志的话语来激励学员不断努力，或者用一个寓意深远的故事来引导学员思考更深层次的问题。这种感性升华的方式可以让学员对课程内容产生更强烈的共鸣，从而更好地实现课程目标。

（一）感性升华的目的

一是激发共鸣，一个培训的好坏，除了培训内容的合理，培训方法和技巧以外，更重要的是让人觉得有情感的共鸣，有认同感，因此可以在最后让这种情感得到升华。二是加深印象。根据近因效应，最后结束的部分是印象最深刻的，所以要把培训结束的部分设计得令人印象深刻，难以忘怀。三是提升立意。学习一个课程的意义不在于掌握更多的知识和技巧，关键在于这些知识或技巧对于工作和生活改变产生的影响，感性升华可以放大这些影响进一步促进学员改变的动机。

（二）感性升华方法

1. 一个故事

讲道理永远不如讲故事。这个故事可以是身边人的、是自己的，也可以是听来的，但一定要是自己感触最深的，能给人带来信心、获得前行力量的。

【案例】

在讲"电力安全"课程时，培训师给大家分享了一个他自己的故事，是他第一次带电换表时，有一项安全工作没做到位，就准备开始作业，正抬起手准备接触电表时，一旁的监护人，也是他的师傅，眼疾手快，一把踢开了他的手，这一踢不仅挽救了他的生命，也更把安全的重要性深深地刻进了心里。他在课上跟学员们分享，这个故事时刻提醒他，安全无小事，危险往往藏在细节里，很多大事故的起源往往源自一个小失误，所以在操作中一定要严格遵守安规，按规定逐步逐项做好各项安全措施。

好的故事，会让你的分享有温度，让你的课程有力量。所以，在课程结尾，不要吝啬你的故事和激励。语虽短，意深长。

2. 一个金句

很多课程 PPT 的最后一页都是"谢谢""感谢您的聆听""欢迎提出批评指正意见"。"聆听"在《辞海》中的解释集中精力、认真地听。"令"意为"吩咐"。"耳"与"令"联合起来表示"倾听吩咐"，聆听是敬辞，带有对说话者的敬慕和尊崇之情，把自己放在尊者之位，显然是不符合培训师的定位的。而感谢可以说出来，但不用写在课件上。还有的课件写感谢观看，但显然培训不止看课件，更多的是和老师的沟通互动。所以用这些话来作课程结尾是不合适的。

不用"谢谢""感谢您的聆听"等，可以用一句金句来结尾如图 4-9 所示，用具有哲理的金句对课程进行总结升华。明朝的布衣诗人谢榛对文章的开头、结尾用了两个比喻："起句当如爆竹，骤响易彻；结尾当如撞钟，清音有余"。意思是好的文章结句应当像撞钟一样，清音袅绕，长久不绝，好的课程结尾亦如此。课程结尾金句可以用"借用＋自创"的方式来打造。

借用金句：引用名人名言是一种非常有效地升华课程结尾的方式。培训师可以根据培训的主题选择相应的名言，用其深刻的智慧来启迪学员的心灵。名言的力量巨大的，它可以激发学员的热情，坚定他们的信念，让他们在行动中更有力量。比如，在讲班级凝聚力时，可以引用拿破仑的名言："一支军队的实力，三份靠训练，七份靠士气。"或在科研创新时，结尾呼吁大家平时要多学习多积累，引用朱熹的观书有感，半亩方塘一鉴开，天光云影共徘徊，问渠那得清如许，为有源头活水来。

自创金句：如果课程专业性比较强，找不到现成的金句，可以自创最贴切的金句。比如以下这些案例（左图为课程标题，右图为课程结尾金句）。

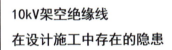

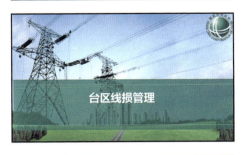

图4-9　专业课程金句结尾

不管是借用金句，还是自创金句，好的课程结语，都是精心设计出来的。

四、避免出现的课程结尾

（一）草草结束

没有任何总结及收尾，课程内容结束就直接结束，就属于草草结束。新手培训师常会出现这样的问题，因为自己还有点紧张，所以想快点讲完快点结束，往往就忽略了结束时的回顾与延伸。

（二）补讲遗漏

在课程即将结束时，不要向学员透露遗漏了某个知识点。这样做不仅因为学员在课程末期可能已经注意力分散，难以吸收新信息，而且可能会给学员留下培训师准备不足的不良印象。因此，培训师应确保在课程开始前就周密规划，确保所有关键信息都已在适当的时机被充分讲解和强调。

（三）超时拖堂

培训师们往往怀着强烈的责任感，希望充分利用培训机会，将所有重要内容传授给学员。然而，如果未能妥善控制授课进度，导致在临近下课时仍在继续讲解，即便这些内容至关重要，学员的注意力可能已经转移，从而严重影响学习效果。因此，培训师需要在课程设计时就合理安排时间，确保关键知识和技能都已充分讲解和强调。

"描龙画凤，难在点睛，编筐织篓，重在收口。"课程结尾的设计犹如画龙点睛，给学员留下意犹未尽的感受，让他们带着学习后的兴奋与憧憬回到工作岗位，并能在工作中应用学习内容，这样的课程才是有效的。

【课程小结】

本课程重点关注了教学实施的开场、中间、结尾三个环节，介绍了各环节的实施步骤，具体方法和注意事项。在开场环节重点讲授了课程导入的方法，为培训师展示了设疑导入、游戏导入、案例导入、视频导入等七种导入方法，引发学员思考，顺畅地导入课程主题。在中间环节特别强调了控场应变、教学进度把控和互动激活，这都属于教学实施过程中的控场互动。控场互动可以有效激活学员，变灌输为引导，从而达到预期的培训效果。在结尾环节深入探讨了课程结束时的总结回顾、行动任务和感性升华。课程结尾不仅是对整节课内容的总结，更是对知识点的巩固和深化，同时也是对课程进一步深入学习的启引。一个好的结尾可以让学员对课程内容印象深刻，为后续的学习打下坚实的基础。

培训课程三　实训课程教学实施

【培训目标】

知识目标	1. 能正确描述实训课程教学实施的流程。 2. 能正确描述实施课程实训前、中、后各环节安全管控的要点。
技能目标	1. 能根据实训课程内容，开展规范标准化的技能示范。 2. 能根据实训课程内容，设计合适的技能考核流程。

电力行业培训的一大显著特点就是强调实践能力的培养，因此实训课程是培训过程中的重要环节，也是电力行业从业人员掌握专业技能、提升实践能力的主要途径。通过大量的实训操作，学员们能够深入了解电力设备的运行原理、操作技巧和维护方法，从而更好地应对实际工作中的各项挑战。同时，实训课程还能帮助学员们熟悉电力行业的安全规程和操作规范，确保他们在工作中能够严格遵

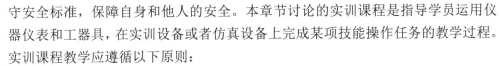

守安全标准，保障自身和他人的安全。本章节讨论的实训课程是指导学员运用仪器仪表和工器具，在实训设备或者仿真设备上完成某项技能操作任务的教学过程。实训课程教学应遵循以下原则：

1. 安全第一原则

技能类教学安全应贯穿整个教学过程，符合相关生产安全规程和技术规程的要求。

2. 实用性原则

技能培养应紧密对接职业岗位的实际需求，确保学员所学的技能与未来的工作岗位高度匹配。随着技术的不断发展和岗位要求的变化，教学内容也需要及时更新，以保持其实用性。

3. 规范性原则

实训课程上的操作应遵循生产现场的规范和标准，确保学员掌握的技能符合行业标准和职业要求。在培训过程中，注重培养学生的规范意识和职业素养，使其养成良好的职业习惯。

4. 理论与操作相结合原则

按照理论服务于技能的原则，教学实施时要注重理论知识的实用性和操作性，避免纯理论知识的灌输，而是将理论知识与实际操作相结合，让学生在实践中理解和掌握理论知识。

学习单元一　实训课程教学实施流程

【知识要点】

实训教学与理论教学有相通之处，教学实施也分为课程开场、中间、结尾三个环节，但实训教学主要以实操演练为主，因此教学实施流程又有其自身特点。实训课程教学开场环节主要包含教学准备、教学开场，中间环节主要包含技能示范、技能练习和技能考核，结尾环节主要开展教学总结。

一、开场环节

（一）教学准备

1. 教学资料的准备

教学资料准备主要包括培训师讲义和实训作业指导书、作业技术资料、考核评估资料准备等。培训师应根据培训目标编写培训师讲义和实训作业指导书，对于一些常规培训项目，各省培训中心应组织编写作业指导书模板供培训师学习和使用，培训师在使用前应根据此次实训课程内容和环境对作业指导书进行把关和调整。作业技术资料的准备主要包括图纸、两票、工单等，同时还应收集有关的技术资料，包括规程、技术导则、技术规范等资料，考核评估资料主要包括技能考评评分标准、成绩记录表、培训满意度调查表等。

2. 实训安全的准备

人员的准备主要检查学员出勤情况、学习状态、着装规范等。设备准备主要对实训场地设备设施开展齐全性、完好性、规范性、安全性检查，对实训过程中所要用到的工器具、仪器、仪表，开展试验标签、外观和性能检查。环境准备主要是对作业区、作业工位进行安全措施设置和工位布置。详细的实训安全准备流程可参见本课程学习单元二。

（二）教学开场

技能类教学开场是指学员进入实操场地后还未进行实操示范前的环节。开场的目的是让学员对实训作业项目有整体认识，清楚知道作业项目目标，熟悉实操场地和训练设备设施，充分了解训练时间及人员安排等内容，为后面的训练有序开展和教学管控打好基础。

1. 理论知识讲解

在实训课的课堂上，理论知识是服务于技能操作的，为了使学员更加深刻地掌握操作技能，理解操作要点，记住操作流程，需对操作背后的理论知识预先开展教学，注意实训课堂的理论知识讲解要避免纯理论知识的灌输，将理论知识与实际操作相结合，并在技能项目开始前对理论知识进行回顾。

2. 实训项目介绍

先立乎其大者，则小者弗能夺也。只有在明确全局目标的情况下，局部工作才能有序进行。培训师对技能项目整体进行介绍，让学员能快速了解项目整体情况，清楚学习目标，端正学习态度，才能更好地开展后续的实践操作。

3. 培训安全和纪律交底

在培训前，培训师要向学员进行培训安全交底，预告培训风险。向学员交代培训的关键危险点和相应的安全预控措施，说明安全应急处置办法和预案。强调实训纪律，包括着装、出勤、训练纪律、工器具管理、耗材管理等方面的要求。

4. 教学安排

一是明确人员分组安排。根据训练区域及工位对培训学员进行分组。综合考虑学员技术水平、体能、性别等方面的搭配，并考虑工位分布等因素。二是时间安排，根据标准操作流程制订训练计划表，以教学过程中的重点和难点为依据进行合理分配并明确告知学员。

二、中间环节

（一）技能示范

技能示范是指培训师对技能操作进行现场规范标准化的示范展示和讲授的过程。培训师将关键操作步骤、操作要领、风险点等一系列的动作演示给学员看，使学员对规范的操作安全、正确的操作顺序、标准的操作行为有直观和直接的认识，以看的形式直接接收行为信息。在实施培训过程中，培训师一般采用示范和讲解相结合的方式进行示范。

1. 技能示范要点

技能示范主要从作业步骤、作业质量标准、作业重点与难点和作业过程安全四个方面把控。主体作业步骤示范时重点对关键操作和要领逐点进行分解示范和讲解；作业质量标准包括作业的高度、角度、速度、松紧度、宽度、水平度、垂直度等多个方面，培训师应从这些方面进行示范，重点展示操作的精确性和全方位性；示范操作重点与难点时，应重点强调并进行多次示范和解读、必要时可采用分解动作示范、慢动作示范、多次示范等方法。作业过程安全示范，不同技能培训项目作业过程中的安全技能也不同，培训师应针对培训项目作业中的安全技能在示范时重点强调。

若实训作业过程涉及多个操作环节时，可采用分段教学方法。严格按照作业工序的先后顺序进行示范，先局部后整体开展教学。

2. 技能示范技巧

技能教学示范操作一般采用边讲解边示范的方式开展，也可采用先讲解再示范方式根据培训内容灵活调整。按照示范的方式不同，操作示范过程可分为示对分解法、示错分解法、对错交替法。培训师应根据学员的掌握情况和在练习中反映出来的问题及时调整示范策略，采取不同的搭配组合实施。

（1）示对分解。培训师将正确规范的操作步骤和操作要领进行分解示范，学员先进行观摩，然后进行正确规范操作动作的模拟练习。

（2）示错分解。培训师将错误的操作步骤和操作方法进行分解示范，即对错误的作业顺序、行为动作、操作方法等进行反面展示，并说明错误操作的危害严重性，从而让学员明白按正确的操作步骤和操作方法进行操作的重要性。

不规范示对分解法和示错分解法也可交替使用。将正确、规范的动作和学员错误的动作进行对比示范，让学员加深对正确动作的理解和掌握。

图 4-10　局部操作放大展示

（3）细节放大。对于一些细微处、学员不易看清楚的操作，可借用摄像头等辅助工具将局部放大展示如图 4-10 所示，以确保学员清晰地了解操作过程和要点。

（二）技能练习

1. 明确练习目标

电力行业的作业项目具有操作步骤多、操作难度大、安全性可靠性要求高等特点，因此学员在练习时应分单元、分步骤、循序渐进地进行，每次技能练习前要确保学员了解练习内容及要求，明确通过练习应能达到的技能水平要求。

2. 及时而准确地反馈

在课堂技能练习的过程中，培训师及安全督导人员要在场内巡回指导，及时对学员的操作进行评价和反馈，指出他们的错误与不足，并给予正面的鼓励和指导。还可以组织学员进行互评或自评，鼓励他们相互学习和借鉴，提高练习效果。辅导过程中发现的普遍性问题，可以集中示范讲授，要让所有学员重复练习该动作。个性问题则应个别辅导，纠错时应尽量采取一对一纠错的方式。

3. 合理安排练习时间

根据课堂进度和学生的学习情况，灵活安排练习时间，确保学员能够在适当的时间内完成练习任务。避免练习时间过长导致学生失去兴趣或感到厌烦，也避免练习时间过短导致学生无法充分巩固所学内容。

（三）技能考核

练习完成后，一般会开展技能考核测评，通过考核评估学员在练习中的表现，了解他们的学习情况和掌握程度。同时根据考核结果，及时调整培训师的教学方法和练习策略，以更好地开展此类培训。

在实施操作技能考核时，应按照统一的考核标准和要求，对学员的操作技能进行逐一考核。通过观察学员的操作过程，记录学员的表现和存在的问题。考核过程中要注意确保考核环境的安全性和设备的正常运行，严格按照考核标准进行评分，确保评分的公正性和准确性。最后根据学员的操作表现和评分细则，对其操作技能进行评定，设定明确的评分等级，如优秀、良好、合格、不合格等，及时明确地反馈给学员。

三、结尾环节

教学总结是对整个教学过程进行最后的归纳和分析，是对整个技能类教学过程的提炼与升华，实训课程同样也要开展教学总结，实训课程教学总结应从技能训练总结、技能考核总结、技能应用拓展三个方面进行。

（一）现场技能训练总结

首先进行现场技能教学全过程总结，其次梳理技能教学开展的内容，提炼每一步骤的核心技能要点，最后是推广训练中好的训练方式和方法。

（二）技能考核总结

技能考核总结是指在考核完成后，培训师应根据考核测评结果进行分析总结，并形成《技能项目考核分析报告》。

（三）技能应用拓展总结

在总结时将技能教学作业项目进行充分的延伸，介绍可以迁移和拓展的生产实践中的作业项目，为学员技能的提升做好铺垫。还要推荐新知，推荐培训学员培训结束后可以选择学习的相关内容，进一步增强所学技能在生产实践中的应用拓展途径和范围。

学习单元二　实训课程安全管控

【知识要点】

实训课程通常涉及实践操作或实地体验，尤其是电力行业的实训课程还存在带电作业的情景，因此有一定的安全风险。如果培训前安全隐患排查不彻底，培训班安全措施不到位，轻则会影响培训效果，对教学秩序造成干扰，重则可能导致学员受伤甚至发生更严重的安全事故。因此实训课程安全的重要性不容忽视，确保全流程的课程安全是实训类课程授课首要任务。

一、实训前风险管控

实训前风险管控主要是从实训前安全准备、实训前安全检查、实训前安全交底三个方面进行管控。

（一）实训前安全准备

1. 人员准备

培训师应提前熟练掌握并进行操作演练，熟悉安全应急处置机制，授课前精神状态良好、身体健康。所有进入实训现场的人员着装必须符合现场作业要求。

2. 设备准备

勘查现场设备，保证设备设施功能齐全完好，提前调试到实训需要的状态；准备好合格的安全工器具和备品耗材；在实训场地布置符合实训项目要求的安全防护设施，封闭实训场地；准备好齐全正确的相关资料和培训资料。

3. 环境准备

做好实训场地环境突变的补充措施，在作业前对场地环境、天气情况进行再次确认、当出现高温天气务必做好防暑措施，当出现雷雨天气时必须及时调整场地并采取后备方案替换，防止实训过程环境变化而终止。

（二）实训前安全检查

1. 人员安全检查

确保培训师与学员、工位匹配；培训师分工合理，监护职责明确，确认培训师及学员精神状态良好、身体健康，着装穿戴符合现场作业安全要求。检查学员信息准确无误、严格考勤记录。

2. 设备安全检查

检查设备状态，确保正常、保护装置完好、安全措施落实；检查所有工器具、仪器仪表齐全、规范、合格，确保符合作业要求；按要求规范布置场地安全设施、安全标识，明确围蔽作业范围，检查安全防护设施位置状态，不得擅自改变安全防护设施的位置；检查备品、耗材齐全、规范，确保符合作业要求，作业技术资料和作业表单齐全、规范、正确。禁止使用无合格证、合格证过期、逾期、已报废的工器具。

3. 环境的安全检查

检查现场环境，确保实训场地环境整洁、布置合理规范；实操场地及周边环境无安全隐患。检查气候环境是否符合作业要求，天气环境突变应急措施是否已落实。如果周边环境改变而影响作业安全，应立即停止训练。是否有相应的实训作业指导书，是否齐全、规范、正确。

实训前的安全检查是保障实训培训过程顺利进行、杜绝安全隐患导致安全事故发生的重要环节。实训前安全检查可用安全管控行动表单进行逐项确认，如发现有漏洞应及时整改。

（三）实训前安全交底

在培训开始之前，培训师一定要对学员进行安全交底。交底的内容要有针对性，包括但不局限于以下内容：任务交底，规则交底，风险交底。其中重点是风险交底。包括触电风险、高空坠落风险、物体打击风险、因操作不当而导致的设备损坏风险、高温中暑风险等。

（四）填写培训工作票

为确保学员明确了解实训内容、实训安排、实训时间、安全风险点及安全措施，在实训课程开始前，培训师要组织学员填写培训工作票。培训工作票参照现场作业"两票"规定执行，但可根据培训实际进行简化。

培训师根据实训操作内容选择合适的培训工作票，在电气设备上（区域内）开展实训时，应填用培训工作票、派工单、任务单；在电气设备上进行倒闸操作实训时，应填用培训操作票。

培训工作票是准许在培训现场、设备和系统上实施实训工作任务的书面依据和安全许可证，也是明确实训中相关人员安全职责以及履行工作许可、工作监护、工作间断、转移和终结手续，对现场安全技术措施及落实执行情况实施监督，对参训人员进行安全交底的书面依据。

在填写与签发培训工作票时要使用黑色或蓝色的钢（水）笔或圆珠笔，确保内容正确，填写清楚，不得任意涂改。如有个别错、漏字需要修改，应将错误内容画上双删除线，在遗漏内容处做插入标记，在旁边空白处填写正确内容并签名，字迹应清楚。操作术语及设备名称、编号不得修改。

培训工作票由培训工作负责人编制，签发人审核无误，手工签名后方可执行。对于不涉及强电、登高作业，且危险性较小的实训作业，培训工作票签发人、工作许可人和工作负责人，可由培训师或学员担任。同一票面内，培训工作票签发人不得担当工作负责人。涉强电和登高作业，及其他危险性较大的实训作业工作负责人，必须由具有相应资质的专职或兼职培训师担任。

二、实训中风险管控

（一）安全监督

1. 人员的安全监督

应根据风险程度设定安全监督员，监督员监护职责明确，分工合理、落实到位；安全监督员一是安全监管，重点防范人身触电与高空坠落等人身风险。二是监督学员的操作过程，要求学员必须按示范正确标准地开展操作，严防学员违章、不安全的行为。三是要监督学员严格遵守实训安全纪律。

2. 设备的安全监控

监控工器具、仪器仪表、备品备件、操作设备的状态，若发生改变而妨碍正常操作时应立即停止作业。有经验的培训师或安全监督员要善于发现问题、提前预判设备隐患发生的可能性、及时采取后备项目进行应急替代，保障培训工作顺利进行。另外，还要注意场地安全设施和安全标志状态，特别是对带电设备必须做好防触电安全措施，工作范围必须设置围栏，安全标志要完善。

3. 环境的安全监督

对环境的安全监督主要是场地环境监督和对气候环境监督。监督实操场地及周境有无安全隐患，若环境存在安全隐患，应采取有效的防范措施，当环境改变影响就业安全时，应停止训练；气候环境必须符合作业项目要求，若遇天气环境变化应根据预案调整实训内容或进度，极端天气应停止户外实操培训，做好安全防护和应急处置。

在实训过程中绝大多数风险都可以通过实训前风险评估和预控、实训中有效安全监控而得到控制和消除，但实训过程中也会偶尔出现一些事先无法预测的风险，因此培训师必须学习并熟悉各类安全应急处置预案。如人员医疗应急处理、设备特殊状况应急处理、安全事故事件应急处理等。

（二）填写培训操作票

实训课程中如果有倒闸操作实训必须执行培训操作票制度。由实训指导教师担任培训操作票的发令人，并负责教学的安全工作。操作人、监护人由实训学员担任，并分别在培训操作票上签字。

操作人员根据操作命令，结合当时的运行方式、设备运行状态，核对一次系统模拟图，填写培训操作票。一份培训操作票只能填写一个操作任务，一项操作项目只能填写一项操作内容。操作人员填写好培训操作票，交实训指导老师审核，并分别签名。

操作中，监护人站在操作人的左后侧或右后侧，其位置以能看清被操作的设备及操作人的动作为宜。操作前，应核对设备名称是否和培训操作票相符。现场实施操作时，监护人、操作人要执行监护唱票复诵制度。唱票复诵无误后由监护人发出"对，执行！"的指令，操作人在接到指令后，方可操作。操作人每操作完一项，在检查确认被操作设备的状态后，由监护人在该项目后打钩，然后再进行下一项操作。操作中产生疑问时，应立即停止操作并向发令人报告。待发令人再行许可后，方可操作。现场操作完毕后，监护人应及时向实训指导教师汇报执行情况，并记入运行记录。培训操作票执行完毕，加盖"已执行"章，由指导教师审核后在备注栏盖"合格"章。

三、实训后风险管控

实训结束后，要对整个实训过程进行安全总结，并对培训现场的设备、仪器、工器具、材料等进行安全清零。

（一）实训后安全总结

培训结束后，培训师资团队要对此次培训开展全过程进行安全管控总结，并完成培训安全总结报告。

1. 实训前的风险辨识及预控措施正确有效性总结

实训前的风险辨识在实训是否正确有效，有无遗漏；实训前制定的风险预控措施是否合适有效，有无遗漏和不足。

2. 实训全过程安全监督到位情况总结

实训中监督是否有效，监督难点在哪、有无监督遗漏，是否记录等。

3. 实训中新增风险及预控情况总结

在实训中有新增风险，对如何发现、预控、如何应对进行全面总结，并将新增风险及预控措施进行记录，用在下次同类项目训练的风险预控和安全监督中。

4. 实训安全应急处置总结

实训中若有发生人员医疗急救、设备特殊状况、安全事故事件，应反思当时的处置是否正确恰当，应急预案是否正确有效。

5. 实训后安全遗留问题处理总结

实训结束后全面分析有哪些安全遗留问题未决，讨论如何解决并详细记录。

安全总结报告运用于指导同类培训项目开展时的安全风险辨识、评估、预控、监督中，对此项目原安全处置预案、实训作业指导书等培训技术文件进行修正。

（二）实训后安全清零

1. 场地的安全隐患消除

在实训过程有可能损坏场地设备、设施、仪表、工具等，实训后应列出需要维修更换的设备、设施、仪表、工具清单交由实训场地运维工作人员补齐，同时对完好的设备保护措施恢复到实训前状态；因实训而临时布置的安全标志、安全设施应在实训结束后拆除并归位，整理清扫场地。通过对实训场地的整理整顿，将场地恢复到实训前状态，实训场地无安全隐患。

2. 人员清点安全撤离

实训结束后要清点记录应在位人员，包括培训师、学员、工作协助人员等，过程中有个别学员提早离场而培训师不知道，若学员发生问题的，培训师要担主责。实训结束后应组织人员有序安全离场，且只出不进。要特别注意离场后又返回现场或在现场逗留的学员。待学员及其他人员全部撤离后，实训场地运维工作人员再次检查确认后方可关闭实训场地，并上锁后撤离。

【课程小结】

　　本课程重点关注了实训课程教学实施的流程和全过程的安全管控，介绍了各环节的实施步骤，具体方法和注意事项。在实训课程教学实施流程单元中重点讲授了技能示范的要点和技巧，技能练习的开展流程和技能考核的实施要点。在实训课程安全管控单元深入探讨了实训前、中、后各环节全流程的安全管控方法，通过这些方法，旨在加强培训师对实训课程安全重要性的认识，强调确保全流程的课程安全是实训类课程授课首要任务。

【案例1】培训工作票

变电站第二种培训工作票

国网××技培中心（　　　　　　）

变电站第二种培训工作票（　）字　第　号

1. 工作负责人（监护人）：＿＿＿＿＿＿　　　　班组：＿＿＿＿＿＿＿＿＿＿

2. 工作班人员（不包括工作负责人）：＿＿＿＿＿＿＿＿＿＿＿＿＿＿＿＿＿

＿＿＿＿＿＿＿＿＿＿＿＿＿＿＿＿＿＿＿＿＿＿＿＿＿＿＿＿＿＿＿＿＿＿＿

＿＿＿＿＿＿＿＿＿＿＿＿＿＿＿＿＿＿＿＿＿＿＿＿＿＿＿＿＿＿＿＿＿＿＿

共＿＿＿人

3. 工作的变电站名称及设备双重名称：

＿＿＿＿＿＿＿＿＿＿＿＿＿＿＿＿＿＿＿＿＿＿＿＿＿＿＿＿＿＿＿＿＿＿＿

＿＿＿＿＿＿＿＿＿＿＿＿＿＿＿＿＿＿＿＿＿＿＿＿＿＿＿＿＿＿＿＿＿＿＿

4. 工作任务：

工作地点或地段及设备双重名称	工作内容

5. 计划工作时间：

自＿＿＿年＿＿月＿＿日＿＿时＿＿分 至＿＿＿年＿＿月＿＿日＿＿时＿＿分

6. 工作条件（停电或不停电，或临近及保留带电设备名称）：

＿＿＿＿＿＿＿＿＿＿＿＿＿＿＿＿＿＿＿＿＿＿＿＿＿＿＿＿＿＿＿＿＿＿＿

＿＿＿＿＿＿＿＿＿＿＿＿＿＿＿＿＿＿＿＿＿＿＿＿＿＿＿＿＿＿＿＿＿＿＿

＿＿＿＿＿＿＿＿＿＿＿＿＿＿＿＿＿＿＿＿＿＿＿＿＿＿＿＿＿＿＿＿＿＿＿

7. 注意事项（安全措施）：

_____

_____

_____

_____

工作票签发人签名：_____ 签发日期：___年___月___日___时___分

8. 补充安全措施（工作许可人填写）：

_____

_____

9. 确认本工作票 1～8 项：

工作负责人签名：_____ 工作许可人签名：_____

许可开工时间：_____年_____月_____日_____时_____分

10. 确认工作负责人布置的任务和安全措施

工作班（组）人员签名：

_____

_____

_____

_____

11. 每日（次）开工和收工时间［第一天（次）开工和完工终结时间不必填写］

收工时间	工作负责人	工作许可人	开工时间	工作许可人	工作负责人
月　日　时　分			月　日　时　分		
月　日　时　分			月　日　时　分		
月　日　时　分			月　日　时　分		
月　日　时　分			月　日　时　分		
月　日　时　分			月　日　时　分		

12. 工作票延期：

有效期延长到_____年___月___日___时___分

工作负责人签名：_____ _____年___月___日___时___分

工作许可人签名：_____ _____年___月___日___时___分

13. 工作票终结：

全部工作于____年___月___日___时___分结束，工作人员已全部撤离，材料工具已清理完毕，工作已终结。

工作负责人签名：_____ _____年__月__日__时__分

工作许可人签名：_____ _____年__月__日__时__分

14. 备注：

_____

_____

【案例2】培训操作票

变电站培训倒闸操作票

国网××技培中心（　　　　　　　）

变电站培训倒闸操作票（操）字　第　号

发令人		受令人		发令时间：　年　月　日　时　分	
操作开始时间：　年　月　日　时　分				操作结束时间：　年　月　日　时　分	
操作类型	（　）监控下操作（　）单人操作（　）检修人员操作				

操作任务：

执行（√）	序号	操作项目	操作时间
备注			

操作人：　　　监护人：　　　实训指导教师：

【案例3】实训指导书

所属专业：电力营销装表接电。

课程名称：三相三线高压电能计量装置简单错误接线的检查、分析、处理。

一、实训目的

通过本课程学习实践，使学员了解装表接电工岗位工作的全过程，掌握本岗位高级工技能操作规范，运用相关知识技能，督促和指导高、低压电力客户加强电气设备运行维护管理，规范高、低压电力客户安全用电行为，确保电力系统和用电客户安全稳定运行。

二、实训内容说明

本次实训重点是高压三相三线电能计量装置接线检查项目，是检验学员是否达到高级工的综合检验项目，教学中可采用讲授法、演练法和指导法，每个项目十二个学时，其中讲授法两个学时，演练法和指导法十个学时。

实训现场就是生产现场。教师、学员必须严格遵守国家电网公司电力安全工作规程（配电部分），教师是现场实训教学工作安全的工作负责人，对本次实训教学工作负责。

作业标准依据：国网湖北省电力公司电力企业生产岗位技能操作规范之《装表接电工》。

环境要求：环境温度 –15～35℃，空气湿度不高于 80%。

实训准备：实训工位场地和实操设备完好。

学员必备：着装规范、自带文具物品、严格考勤制度等。

三、实训内容

1. 实训主要内容

序号	实训内容	学时	其中		
			讲述	实操	其他
1	高压三相三线电能计量装置接线检查	20	4	16	/
2	实操考核	4		4	
学时总计		24	4	20	0

2. 实训课程设计

教学环节	教学内容（重点难点）、提问、练习等方法与手段及学员活动	时间分配
课程导入	教学准备 　检查学员到勤，强调课堂纪律，检查设备设施。 情景导入	20 分钟

续表

教学环节	教学内容（重点难点）、提问、练习等方法与手段及学员活动	时间分配
课程导入	案例、图片、视频、故事导入。 课程说明 　　培训对象：新员工。 　　培训目标：基本达到中级工操作技能水平。 课程内容 　　（1）经电流互感器接入低压三相四线电能计量装置接线检查； 　　（2）相位伏安表的使用；相量图分析法； 　　（3）测试结果判断和测试表格的填写。 【教学方法】讲授法/小组讨论法/视听法/提问法/演示法 【学员活动】聆听、观看、思考、记笔记、回答问题、讨论 【教学设备】相位伏安表等	20分钟
理论讲授	【教学内容】 高压三相三线电能计量装置接线检查 　　（1）三相三线电能表正确计量的接线原理； 　　（2）使用相位伏安表进行三相三线电能表表尾参数的测量； 　　（3）根据测量结果进行接线分析得出错误接线结论； 　　（4）写出功率表达式、计算更正系数； 　　（5）判断测试结果，正确填写接线检查记录单； 　　（6）全过程注意安全文明生产。 【教学方法】演示法 【学员活动】工作票填写、设备认知与使用、指导下练习 【教学设备】相位伏安表、电能表接线智能仿真装置、安全工器具	160分钟
技能练习	完成高压三相三线电能计量装置接线检查 　　（1）使用相位伏安表测量三相三线电能表表尾参数； 　　（2）根据测量结果进行接线分析得出错误接线结论； 　　（3）写出功率表达式、计算更正系数； 　　（4）判断测试结果，正确填写接线检查记录单	720分钟 小结20分钟
技能考核	开展技能考核，考核标准详见第七条	480分钟
本课小结	一、技能训练总结： 　　本次课程通过理论讲解和实操训练，学习相位伏安表的使用，掌握通过数据分析画相量图能找出电能表故障并改正。 　　二、技能考核总结 　　在培训师指导演示下，通过学员反复练习及小结提高，完成本次课程的教学目标，基本达到中级工操演水平。 　　三、技能应用拓展总结： 　　通过本次课程的学习，希望大家在以后的工作中理论联系实际，学习实践，再学习再实践，不断提高岗位工作能力。 　　另外，随着技术的发展，市面出现了计量装置错误接线自动分析仪，但原理和今天讲的课程是一样的，大家可以尝试学习使用自动分析仪	10分钟

四、实训设备

1. 场地

（1）场地面积应能同时容纳多个工位，并保证工位之间的距离合适，操作面积不小于 $1500 \times 1500mm^2$。目前培训中心项目一共 2 个工位，项目二共 6 个工位。

（2）每个工位备有桌椅、计算器。

（3）室内场地有照明、通风及空调设施。

2. 设备

电能表接线智能仿真装置、双钳数字伏安相位表、计时钟（表）至少 6 套。

3. 工器具

序号	名称	单位	数量
1	温度计	支	2
2	湿度计	支	2
3	秒表	块	2
4	电工常用工具	套	8
5	函数计算器	套	8
6	安全帽	个	40
7	棉布手套	双	40

4. 材料

序号	名称	单位	数量
1	干净的布或棉纱	块	4
2	电气设备试验报告单	份	100
3	一次性封签	个	500
4	电能计量装置接线检查记录单	份	100

五、实训总结内容

培训项目	重点	难点	关键点
项目	1. 开工前交代措施和设备外壳验电； 2. 正确使用相位伏安表，防止带电换档和错误使用档位	1. 相量图法分析三相四线电能表接线； 2. 测试结果判断和测试表格的正确填写	1. 电流钳的方向性 2. 相量图分析法中电压和电流超前于滞后的关系

根据培训内容，学员课后温习所学相关知识和技能的重点、难点和关键点，并在课后提交本次培训项目布置的作业。

六、安全注意事项

1. 危险点分析

序号	内容
1	工器具绝缘不合格可能导致触电风险
2	相位伏安表使用不规范可能导致触电风险
3	实训工作现场失去安全监护可能导致触电风险

2. 安全措施

序号	内容
1	正确填用履行第二种工作票，工作服、安全帽、手套整洁完好符合安规要求，工器具绝缘良好，整齐完备
2	现场遮栏、安全标示牌设置到位
3	正确选择和使用相位伏安表，严防人身触电及损坏仪表
4	加强监护，严防人员窜入试验区域

七、实训考核

1. 考核方式

现场操作考核。

2. 考核时间

30 分钟/人。

3. 考核成绩构成

实训成绩由平时成绩（40%）与实训考核成绩（60%）两部分构成。其中平时成绩包括出勤、纪律、实训操作情况、实训报告的书写情况等。

4. 考核评分标准

试题名称		三相三线高压电能计量装置简单错误接线的检查、分析、处理					
评分标准							
序号	作业名称	质量要求	分值	扣分标准		扣分原因	得分
1	开工准备	（1）着装规范、整齐。（2）工器具选用正确，携带齐全。（3）办理工作票和开工许可手续	5	着装不规范或不整齐，每件扣 0.5 分；工器具选用不正确或携带不齐全，每件扣 0.5 分；未办理工作票和开工许可手续，每样扣 2 分。扣完为止			
2	检查程序	（1）检查计量装置接地并对外壳验电。（2）检查计量柜（箱）门锁及封印，检查电能表及试验接线盒封印。（3）查看并记录电能表铭牌。（4）检查电能表及试验接线盒接线	20	未检查计量装置接地并对外壳验电每样扣 2 分；未检查计量柜（箱）门锁及封印、电能表及试验接线盒封印，每处扣 1 分；未查看并记录电能表铭牌，每缺 1 个参数扣 1 分；未检查电能表及试验接线盒接线每样扣 3 分。扣完为止			
3	仪表及工具使用	（1）仪表接线、换档、选量程规范正确。（2）工器具选用恰当，动作规范	10	在仪表接线、换档、选量程等过程中发生操作错误，每次扣 1 分；工器具使用方法不当或掉落，每次扣 0.5 分；扣完为止			
4	参数测量	（1）测量点选取正确。（2）测量值读取和记录正确。（3）实测参数足够无遗漏	10	测量点选取不正确每处扣 2 分；测量值读取或记录不正确，每个扣 0.5 分；实测参数不足，每缺一个扣 0.5 分；扣完为止			

续表

序号	作业名称	质量要求	分值	扣分标准	扣分原因	得分
5	记录及绘图	（1）正确绘制实际接线向量图。 （2）记录单填写完整、正确、清晰	15	向量图错误扣 15 分，符号、角度错误或遗漏，每处扣 1 分；记录单记录有错误、缺项和涂改，每处扣 1 分；扣完为止		
6	分析判断及故障处理	（1）实际接线形式的判断结果正确。 （2）更正接线正确	20	实际接线形式判断全部错误扣 10 分，部分错误则每元件扣 5 分。接线更正不正确扣 10 分		
7	更正系数计算	（1）功率表达式正确。 （2）更正系数计算正确	10	功率表达式错误则整项不得分；更正系数计算错误扣 5 分		
8	安全文明生产	（1）操作过程中无人身伤害、设备损坏、工器具掉落等事件。 （2）操作完毕清理现场及整理好工器具材料。 （3）办理工作终结手续	10	发生人身伤害或设备损坏事故本项不得分；工器具掉落一次扣 1 分；未清理现场及整理工器具材料扣 2 分。未办理工作终结手续扣 2 分。扣完为止		
考试开始时间				考试结束时间		
考生栏	编号：　　　　　　　　姓名： 所在岗位：　　　　　　单位： 准考证号：　　　　　　日期：					
考评员栏	成绩：　　　　　　　　考评员：					

培训课程四　培训师的职业风范

【培训目标】

知识目标	1. 能正确描述确定授课语速的三个原则。 2. 能正确描述培训师注意力聚焦的六个方面。
技能目标	1. 能恰当应用口语表达和肢体语言表达技巧。 2. 能及时觉察学员反应，调整授课状态。

　　气场与气度，是优秀培训师个人魅力、讲台风范的体现。培训师在台上的任何一个举动，在台下都会被放大十倍，学员最先注意到的不是培训师讲的内容，而是举止台风，从而判断其是否专业。塑造职业风范功在平时，也是培训师终生研习的课程。本课程将从表达呈现和状态管理两方面阐述如何塑造培训师的职业风范。

学习单元一 表 达 呈 现

【知识要点】

语言是教学信息的载体，是培训师完成教学工作的主要工具，培训课堂上用到的不仅有口头语言，还有培训师的肢体语言，良好的表达能力让课堂更具感染力和吸引力，有助于培训效果的达成。

一、口头语言表达

口语表达是培训教学中语言表达的主要形式。在一定程度上，培训师高超精湛的口语表达是开启学员智慧之门的钥匙，是培训师教学风格的凝练和浓缩。对培训师的声音要求，不一定像对播音员、主持人那样做到玉石之声、珠圆玉润，但要做到：声音洪亮、吐字清晰、快慢得当，抑扬顿挫。

但不少培训师在课堂上，发现存在三类问题：一是声音较小、吐字不清，学员听不清，听不明，语言失去了最基础的传递信息的作用。二是语调过平、没有节奏，背书式的讲课，总是一个调子、一个语气说话，容易使学员走神、犯困。三是语言不简练、口头禅多、条理性差、培训师在课堂上滔滔不绝，学员却一头雾水、昏昏欲睡。解决这些问题可以从以下两个方面着手。

（一）气息

口语表达中的亮度、力度、清晰度，以及音色的甜润、优美、持久等，主要取决于气息的控制和呼吸的方式。气息不足，说话就要完全靠嗓子喊，时间一长，嗓子容易嘶哑；气息不畅，没有通过腹腔、胸腔、口腔、鼻腔产生共鸣，没有共鸣，声音就没有弹性和张力。讲课中常出现的上气不接下气的情况，其实就是气息不畅。

在生活中，一般是使用胸式呼吸，而在培训课堂上建议培训师采用胸腹联合式呼吸，它是声乐界和播音主持界大多数人认可和使用的主流呼吸方法，也是歌唱中最科学、最完美和最理想的呼吸方法。这种方法使用胸腔、横膈肌、腹肌联合控制气息，呼吸活动范围大、伸缩性强。使气息均衡、平稳地呼出，为操控声音提供了条件。

胸腹联合式呼吸既吸取了胸式呼吸时胸腔前后左右的扩张，又利用了腹式呼吸时横膈肌下降扩大的胸腔上下径，更重要的是加强了小腹的控制力量，从而调整气息的强、缓、急。这样一来，既扩大了胸腔的容积，吸气量增大，又由于建立了胸、膈、腹之间联系，增强了呼气的力量，使声音发出来坚实、响亮，形成多种音色变化的基础。因此胸腹联合式呼吸更适应培训师讲课的发声需要。

培训师可以通过练习胸腹联合式呼吸来改善个人使用气息的习惯，以达到更好的发声效果。胸腹联合式呼吸练习推荐以下两种方法。

一是闻花香练习：锻炼气息沉入丹田。具体做法：想象置身于一片花海，站在花园里，放眼望过去，有各种各样的花，真美呀！好想深深地吸一口气，闻一闻玫瑰花是什么味道？百合花又是什么味道？现在走到一片百合花前，俯下身去，深深地吸一口气，把百合花所有的香气通过鼻子、嘴巴吸进身体里，一起感受花香，此时此刻，吸气的时候，气息让胸腔、腹腔同时鼓起来，小腹开始外凸，身体两侧肋骨开始向左右两侧打开，腰的后部这一块有一种胀满的感觉，这就是深吸气的感觉。

练习时要注意：呼吸要深长而缓慢；口鼻同时吸气呼气；一呼一吸掌握在15秒钟左右；每次5～15分钟，每天练习1～2次。

二是数枣练习：锻炼气息的呼气长度。具体做法：深吸一口气，呼气时开始念："出东门过大桥，大桥底下一树枣，拿竹竿去打枣，青的多红的少，一个枣两个枣三个枣四个枣五个枣六个枣七个枣八个枣九个枣十个枣十个枣九个枣八个枣七个枣六个枣五个枣四个枣三个枣两个枣一个枣。（如果气息可以支撑，可以重复数枣）"到这口气气尽为止，看你一口气一共能数多少个枣。

练习时要注意：数字之间不能偷气换气；练习时需要站立，可随时练，每天反复4～6次；先保证枣的质量，再保证数量；每口气不可以断，气与气之间可以稍稍停顿，保持匀速；数枣时声音不吞字含字，要念出一种清脆的感觉。

除了数枣，还可以数数，一口气由1数到30；或数"一二三四五六七八，二二三四五六七八……八二三四五六七八，八二三四五六七八，七二三四五六七八，……一二三四五六七八"。一口气数下来，数3到4个回合；或者数"葫芦"，一口气数20个以上"葫芦"。总之不管是数什么练习，都是加强气息的长度和平稳度。

(二) 声音

气为音服务，坚持练气的同时，更要练习声音。声音不是指一定要用标准的普通话授课，有些培训师乡音难改，但只要不影响学员理解，适当的口音反而更加亲切。这里说的声音是指讲课时要做到吐字清晰、节奏分明，主要包含以下几方面：

1. 吐字

吐字在口语表达的过程中占有十分重要的地位，如果吐字含混、不够清晰往往往会使听众难以理解其表达的含义，影响口语表达信息传递功能的发挥，通常来说，常见的培训师吐字问题主要有两种：吐字不清和声调不准。

吐字不清：一个汉字的音程由三部分组成，出字、立字、归音。出字要求声母的发音准确、有力，如弹簧一般。立字要求韵腹（韵母中部）拉开立起、明亮充实、圆润饱满，如圆珠一般。归音要求韵尾（韵母尾部）干净利落，到位果断，如快刀一般。有些培训师在吐字时，会发生"吃字""隐字""丢音"或含混不清等现象，造成歧义，使学员产生误解，不能准确地表情达意。这种情况可以通过速读法来改善。具体做法：找一篇演讲词或一篇优美的散文，先把文章中不认识或不懂的字、词查出来，彻底弄明白，然后开始朗读。读的过程中不要有停顿，发音要准确，吐字要清晰，尽量做到音程完整。一般开始朗读的时候，速度较慢，后面逐次加快，一次比一次读得快，但每一次朗读都要确保让听众听清楚你在说什么，直至达到你所能达到的最快速度。就像优秀的体育节目解说员，他们的解说就很有"快"的功夫，他们的解说是快而不乱，每个字、每个音都发得十分清楚、准确，没有含混不清的地方。

2. 音调

清代诗人袁枚在《随园诗话》中写到"文似看山不喜平，画如交友须求淡。"意思是写文章好比观赏山峰那样，喜欢奇势迭出，最忌平坦，上课时培训师的音调也是这样，喜欢抑扬顿挫，最忌平淡沉闷。培训师在讲课时，要合理恰当地运用高调、低调和停顿，来达到抑扬顿挫的声音效果。

高调主要用于上台刚开口时、说明要点时、现场气氛沉闷时、学员注意力不集中时、结尾号召呼吁时，可以加重音量、提高音调。尤其是对于重要的知识点，需要高调讲，通过声音让学员明白这是重点内容。高调不是扯着嗓子喊，要以气发声，先吸气收腹，通过腹腔、胸腔、口腔产生共鸣，让声音更有磁性和张力，就像唱美声一样，传播得更远。

当然讲话时声音不能始终在高位，时间一长，学员会容易疲劳，也会感觉培训师肤浅、不稳重，而且培训师的嗓子也承受不了。所以在观点阐述、案例分享、故事演绎时，一般都是采用中低音，娓娓道来，学员听起来也舒服、自然。

停调是声音节奏中的停顿。文章需要标点，谈话需要停顿。合理的停顿，是突显表达重点、调节语言节奏、创造声音美感的需要，也是让学员更容易理解和接收信息的需要。安排停顿的位置要遵循语法规则，即通过停和连来表现语句中的语法关系。比如："激情和热情/是什么？就是一个人对工作、生活/高度/责任感的体现。"（/表示停顿号）。要满足情感表达需要，在两个标点符号之间、在无标点处，因情感的表达与抒发而停顿。感情停顿还往往与逻辑重音、感情重音相配合。比如："如果/信仰有颜色，那一定是/中国红！"

3. 语速

语速就是说话的速度，具体指单位时间里所说的字数（或音节），表现为快与慢。口语速度见表4-1。

表4-1　　　　　　　　　　　　　　语速音节表　　　　　　（单位：音节/分钟）

慢语速	舒缓语速	中等语速	较快语速	快语速
150 以下	150～230	230～250	250～300	300

确定语速应重点把握以下三个原则。

一是视教学对象确定语速。培训师的教学对象是成人，其思维发展水平较高，所以授课语速基本上可接近于日常交谈语速。

二是视教学内容确定语速。从知识层面上看，教学内容比较新、比较难、比较重要，讲授语速要慢一些，以利于学员接受；从情感层面上看，教学内容愉悦、欢快的要比沉重、痛苦的讲授语速快，这与人的内心节奏是一致的。

三是语速要富于变化。在表示激昂情绪，需带动气氛时，在时间紧凑，讲述非重点内容时可以调快语速。在课程讲述过程中可以使用适中的语速，跟平时说话聊天时语速一样。让大家听得舒服、听得清楚、听得明白。在强调重点、突出要点时，需要有意放慢语速，既能适时引起注意，又能给学员留下足够的反应和理解的时间。

当然，讲话也不能一直是慢速或者一直快速，声音如同生活，也要学会控制速度，太慢会失去生机，太快会错过风景。

二、肢体语言表达

培训师要将思想、信息准确地传递给学员，文字、内容、声音和肢体语言缺一不可。肢体语言是与学员进行交流的一个重要媒介，是通过手势、姿势、身体动作或面部表情来传达信息。肢体语言作为口语语言表达的辅助手段，能够增强表达的效果。恰当的肢体语言也有助于准确传递培训师想表达的思想和信息。在授课中，培训师使用恰当的肢体语言能够使表达更形象、更传神，帮助提升教学质量。培训师在进行肢体语言表达时应着重注意以下几方面技巧的使用。

（一）站姿

俗话说：坐有坐相，站有站相。在培训授课中更强调站姿，因为一般情况下建议不要坐着讲课。站着授课一是可以体现对培训、对学员的基本尊重；二是站着讲话，气血通畅、声音洪亮，更有气场；三是站起来后能注视全场，时刻关注学员的一举一动，他们的注意力会更集中，培训师也更容易走下讲台，跟学员交流互动。

在站着授课时，要做到放松且平衡，警觉但舒适。身形挺拔，既要保持情绪放松、自如自然，又要保持全身肌肉紧张、身体平衡。站立时，要抬头、收腹、挺胸、沉肩、梗颈、收颌，即头要抬起，脖颈要直，下巴微微收起，目视学员，身体重心稍向前倾，女士双脚可呈 V 字形或以丁字步站立，男士可两腿自然分开与肩同宽。身体下盘沉稳有劲，不要前后左右摇晃或讲几句就走动一下甚至来回踱步。

（二）走姿

经常在培训的课堂上看到一个现象，培训师虽是站着授课但一直站在讲台后面不动，直至讲完整堂课程。其实讲课完全可以轻松走动起来。一是有利于自己的身体健康，如果始终站着不动，一堂课下来，腰酸腿疼；二是有利于吸引学员目光，动态的比静态的更吸引人；三是有利于调动课堂气氛，只有不时走到学员身边，与他们互动交流，课堂氛围才能活跃起来。

在课堂上走动要注意步姿自然、步幅适度、步速适中。步姿自然，步幅适度，上身挺胸、抬头、收腹，身体稍向前倾，两手自然摆动。在进行授课时，应根据授课场地的大小、培训授课内容、培训方法运用需要，适时进行走动式授课。与学员讨论互动时，培训师应在课堂或现场走动巡视，此时要步履稳健有力而慢速，时时驻足，注重观察，步幅稍小，自然地走向学员，避免学员因培训师的到来感到突然与不安。课堂上走动时要注意走动不宜太频繁、太零碎，走几步需要停一停，灵活中不失稳重；强调时可不动，描述时可稍动，互动时一定要走动；要注意不论向前走，还是往后退，在讲授过程中培训师都要始终正面朝向学员不能背朝学员。

（三）手势

手势语言是培训师使用较多的一种语言，是培训师的必修技巧。在培训授课中，得体的手势语言，具有表现力，可以体现培训师的自信。具有冲击力，可以呈现培训师的热情，展现培训师的气势。但不少新手培训师在上台后手足无措，手摆哪儿都不自然，放哪儿都不自在，恨不得不带上台。于是就出现了"背手派"讲师，单手或双手背在后面，给人感觉像是领导训话，高高在上。有的培训师是插袋耍酷型，手实在不知放哪里，干脆顺势插到裤子口袋，又或是抱手老成型，单手或双手交叉抱在胸前，其实这是缺乏信心和安全感的表现。手势的合理运用既能体现培训师想表达的感情，又能缓解培训师的紧张，还能提升培训师的气势。

在培训教学活动中，培训师也需要运用手势来表情达意。

在课堂上正确出手就是要文雅自然、简洁准确、恰当适时、协调一致。主要有以下几种：一是指示手势，一般是培训师在讲课时邀请人回答问题、指挥人干什么事情、做出某一种暗示等情况下使用。例如，培训师在邀请学员回答问题时的手势是（左）右臂伸直，手指并拢，左手的手掌掌心向右略向上，右手的手掌掌心向左略向上。二是数字手势一般是在培训师讲述课程内容时，表达一个论点或多个论点时使用。例如，就表达一个论点"我今天说一件事情"时的手势：右手握拳，伸出食指，与右眼高度齐平，手在眼睛前约 30 厘米处停下。三是描述手势，描述手势多是在描述具象的外形时使用，能使抽象的内容具体化，帮助学员增强对内容的形象感知。例如，形容一个人的高矮胖瘦，形容某个物品的形状。四是情感手势。情感手势多是在传达培训师的情绪、态度时使用，情感手势能帮助培训师更好地抒发情感，让培训师的语言在手势带动下与内容相互关联，更加应景，推动学员心理与培训师心理的联动。例如，鼓掌、点赞、比心等可以交流积极的情感。

（四）眼神

人们常说，眼睛是心灵的窗户，是内心真实的反映。研究发现，在眼球后方感光灵敏的角膜含有 1.37 亿个细胞，它们可以将收到的信息传送至脑部。这些感光细胞，在任何时间均可同时处理 150 万个信息。这说明，即使是一瞬即逝的眼神，也能发射出千万个信息，表达丰富的情感和意向。在授课过程中，培训师目光炯炯有神，给学员的感觉就是元气满满、神采奕奕，培训师目光聚焦沉稳，给学员的感觉便是专业稳重、值得信赖。而培训师与学员目光的接触，也可以让学员感受到对他的关注，让他感到更有存在感和对象感。所以，眼神的交流，对培训师和学员都非常重要。

授课时培训的眼神是缓慢、稳定、全面的，主要关注以下几方面，一是眼神的注视区域。培训师在进行授课或与学员交谈时，眼神停留的区域要以额头与口之间为主，注视的位置在面部三角区部位，即以两眼为上线，嘴为下顶角，也就是双眼和口之间。二是眼神的注视时间。培训师在与学员的目光相遇时，不要马上离开，应自然对视 1～2 秒。在向特定学员提问或答疑时目光应驻留，用期待、专注、信任、鼓励、赞许及宽容等眼神，表现出培训师包容、开放、耐心的态度。三是眼神的注视距离。培训师在进行授课时，应不时将目光的中心放在课堂倒数二、三排的位置，注意保持与距离较远的学员的眼神交流，并兼顾在场的每一位学员。四是眼神的关注范围。培训师进入教室后，应先进行环视，照顾全场所有学员，形成积极的"对流"以产生"控场"效果。培训教学中需要随时照顾全场的时候，应进行巡视，以消除培训目光"死角"。课程结束进行结课总结时，也应环视全场。

其实无论是口头语言还是肢体语言都不是独立存在的，在授课的过程是结合为一个有机整体综合运用的，培训师要合理搭配、使其和谐统一。培训师在教学中的一言一行、一举一动都能对学员产生影响，既要时刻保持清醒的角色意识，要自觉、有意识地借助肢体语言去影响学员，更要注意课下的刻意练习，让良好的讲台风范成为一种习惯，才能在课堂上无意识地在举手投足间展现职业风采和魅力。

学习单元二 状 态 管 理

【知识要点】

培训师使劲的方式不同，课堂效果必然不同。在讲课过程中，培训师的注意力聚集、精力分配、自身能量运用都会影响授课状态，为取得更好的课堂效果，需要培训师对自己在课堂上的状态刻意进行管理。本单元主要从能量管理和状态调整两方面探讨培训师在教学实施过程中的状态管理。

一、能量管理

一个人的能量是有限的，而不同的能量分配和运用方式，自然也就会有不同的效果。同样一门课程，讲的次数不同，培训师的能量分配也不同，培训效果差别就更大了。

不把一门课讲 20 遍以上，在教学中是很难做到自身能量有效运用的。一般讲头 5 遍，培训师会把大部分能量分配到所传授的内容上，讲 5～10 遍的时候，培训师才会有精力顾及学员的反应，与学员产生良好互动。讲 10～15 遍的时候，培训师才能将自己的理解、旧知、经历与所传授的内容紧密结合。讲 15～20 遍的时候，培训师才能做到不拘泥原有课程的结构、内容和形式而真正以学员为中心，根据学员关注的焦点而灵活运用各种教学策略。讲 20 遍以上的时候，内容、逻辑、形式等都可以做到潜意识自动，这时培训师才能把大部分精力轻松自如地用于跟学员的能量互动上。在这个过程中，每多讲一遍，培训师自己的能量运用方式都会有持续地优化。所以，培训师比学员更需要在讲台上修行自己，即传授给学员知识技能的同时持续提升自己的授课技能。

【案例】

在一次培训师大赛上，一位参赛选手准备了太多的内容，一上台就用高亢的声音上气不接下气地宣贯他的内容。屋顶都要被他的气势掀翻了，演讲的内容又比较多，选手快速地翻阅着 PPT，15 分钟讲完后，选手喘着粗气等待点评。

评委点评道："不知道你用这样的方式讲课能坚持多久，我作为听者已经快受不了了，你把课讲得像赶狼，留给学员的只有心慌。"持续高亢的声音和过载的内容几乎占据了这位选手的全部注意力，以至于无暇顾及学员的感受。如果培训师仅仅把自己定义为一个内容的宣讲者，自然就会把能量聚焦在自己所讲的内容和宣讲方式上。

培训师能量分配和运用方式的不同决定了教学效果。培训师站在讲台上时注意力要时不时地聚焦在以下几个方面。

（一）所传授的内容

培训师站在讲台上首先要非常清楚自己所需传授的内容：讲述的目的是什么、要把学员带到哪里去、起点在哪里、终点在哪里、现在处于什么位置、前后内容关系是什么等。如果一门课讲了很多遍，可能有的段落一开始讲，培训师就可以把注意力的焦点从内容上转移出来，让潜意识去讲，意识就可以关注课堂上更多的事物。如果培训师对内容不熟，抑或即兴发挥，那么焦点就保持在要传授的内容上。

（二）与自己的知识和经验相连接

讲课的同时，培训师要调用自己已有的知识和经验。比如，培训师在问学员们问题的同时，这个问题也提给自己的潜意识，自己的潜意识里也浮现出自己的经历，如自己当时学习所传授知识的情境、有关所传授知识的内容、自己应用这些知识的情境、自己的经验和教训等。人的意识和潜意识是交替工作的，会不断地产生连接。在授课时，意识负责总体框架、逻辑部分，就像写论文的中心论点和主体结构，而潜意识负责填补素材，收集论据，描述细节，甚至激发具象化的表征和表达。

（三）自己的表达

除了关注所传授的内容，培训师注意力的焦点还应该关注自己的表达，如倾听自己的声音、觉察自己的肢体语言等。培训师要觉察自己的表现方式是不是得体，是不是和所传授的内容相匹配，是不是生动、形象地表达所传授的内容。好的内容一定要配上恰当的表现形式，才能给学员以丰富深刻的印象，有效调动学员的潜意识来参与学习。得体的语音、语调、肢体语言能够充分调动学员的脑和视觉脑来参与学习。

（四）学员的反应

在课堂上，培训师还要时刻关注学员。课堂是一个培训师和学员相互交流平台，在这个平台上培训师和学员会形成一个互动的场域。人人都喜欢受关注、受重视的感觉，课堂上的每个学员也都渴望得到培训师的关注，而培训师也需要从学员的反应中觉察学员的接受和理解状况。所以，培训师要始终关注学员的反应，和学员进行连接。用目光轮流关注每个学员，从学员的表情和眼神中，能够觉察到学员完全听懂了还是有点模糊，能够从学员的点头或迷惑的表情中判断是继续讲还是再做解释。越是经验丰富的培训师，越会分配更多的注意力跟学员建立连接。

（五）自己的状态

除了关注学员，培训师还要时不时关注自己的状态，检视自己是否全身心投入在课堂上，是不是处于抽身的状态，有时学员的反应可能引起培训师的情绪，培训师就要及时觉察自己的情绪，提示自己从情绪中抽离出来，进入培训师的状态。培训师的不当情绪无疑是课堂氛围的杀手，特别是培训师的防御心理会激起学员更强烈的防御意识。所以在课堂上培训师除了保持持续的关注外还要及时地抽身。

（六）突发状况

突发状况不可避免地要占用培训师的注意力。比如，当培训师正在讲课时，有学员的手机铃声响了、有人推门而入、有学员突然举手、有两人窃窃私语，这些突发状况一定会引起培训师的关注，培训师必须恰当地处理这些突发状况以使课程继续进行。突发状况必然会调动培训师较多的注意力，必要时甚至要停下来专门处理。灵活应变地处理突发状况是每位培训师的必修课，不同的人会有不同的处理方式，处理好也需要经验的积累。

【案例】

某次管理类培训，聘请了一位外部培训师授课。领导听说他的课讲得不错，所以临时决定旁听。听了一早上也没感觉到有什么特别的，下午领导就没听了。一天课结束之后，跟班班主任反馈说："主任，某老师下午和上午判若两人。早上可能因为你在，所以老师放不开，下午你不在，他就讲疯了，课堂超级活跃，效果很好。"领导说："怪不得我一早上多次注意到他的眼神在关注我。"事实上，领导的旁听客观上牵扯了培训师的一部分注意力资源，这部分注意力资源原本是可以用来把课堂演绎得更精彩的。

二、状态调整

既然培训师的能量运用方式对课堂的效果有极大的关系，在课堂上，培训师对自己能量运用状态保持觉察并及时调整就很重要。培训师要时不时觉察自己的能量运用状态，如有偏离，要有意识地提醒自己调整状态，重新优化能量运用方式。好的培训师在课堂上的状态应注意以下四点。

（一）激情

激情是首要的。培训师上课时要是没有激情，学员会很容易觉察到。一旦培训师自己有了应付的心理，学员会马上进入应付状态。激情的背后是热爱，培训师既要热爱自己所传授的内容，要打心底里认为所传授的内容对学员有很大的价值。要本着一颗真正帮助学员成功的心无条件地爱自己的学员，还要喜欢传道、授业、解惑的教育事业，能从课堂上找到自己生命的价值和意义。激情是感染力的源泉。激情在，培训师语音、语调、肢体语言、表达张力自然就都有了。激情不再，哪怕专门地学习如何发声、如何运用肢体语言等技巧，也没什么用。

学员的激情永远比培训师起来得晚，比培训师衰退得早，所以只要培训师对学员抱有信心并坚持用自己的激情点燃学员的热情，课堂氛围迟早还是能活跃起来的。

（二）从容

电脑的 CPU 和内存不能占得太满，太满就会造成运行速度下降甚至死机。培训师站在讲台上要保持从容的状态，从容就是不紧张。在课堂上，培训师用意识和潜意识同时授课，学员自然会用意识和潜意识学习。意识常常是收敛的，多考虑合规性，潜意识常常是发散的，常带探索性，好的课堂体验一定是意识和潜意识的完美配合。潜意识的能量巨大，但潜意识只有在充分放松的情况下才能很好地工作，学员体验好的课堂，一定是培训师和学员的潜意识都得到了极大的激发，也就是常说的心流状态。

紧张状态和心流状态可以看作课堂上培训师状态的两极，课堂上要达到心流状态很难，但至少应该朝这个方向去努力。当培训师处于从容状态时，才能把更多的注意力转移到学员身上，才能从容地留出大量注意力去应对突发状况、观察学员的吸收和转化状态、应对学员问题。培训师自己的潜意识得到很好的激活和利用，不仅能够从学员的发言中汲取很好的素材，也能够借助跟学员的互动把自己散落在各处的知识和经验加以整合，从而实现真正的教学相长。

（三）抽离

抽离根本的要求是要让培训师成为一个旁观者，让学员成为学习的主体，承担学习的责任，给学员营造一个轻松的学习环境，激发学员的潜意识参与，让学员用自己的方式思考和建构。

在传统的教学方式中对培训师的假设是：既然培训师能站在课堂上讲课，培训师的水平就一定高于学生的水平。于是，培训师的压力就很大。学员提出一个问题，培训师会很紧张，生怕当堂出丑。如果学员对培训师所传授的知识有疑问，培训师就很容易变成某种观点的捍卫者，不断为自己辩护。有的学员问一个问题，根本没有挑战的意思，敏感的培训师却理解为挑战自己，陷入自我防御状态，培训师的意识一旦陷入防御状态，就会诱发学员也陷入防御状态。一旦师生关系进入互相挑战和防御的状态，双方的潜意识就没办法正常工作，学习则不会有丝毫进展。

然而，培训师很难做到抽离。课堂上"自己"还是会不断地跳出来，所以要不断地提醒自己。尤其是把自己所要传授的知识和自己本人分开，没有必要为自己所传授的知识进行辩护，遇到不同意见就跟学员着急。当学员提出挑战、争论很激烈时，当培训师觉察到自己有捍卫某种观点的倾向时，应该及时提醒自己抽离，回到"主持者"的状态位。

（四）促动

最后，培训师应该时刻觉察自己的关键要素是促动，是帮助学员富有成效地思考。很多人喜欢在课堂上喋喋不休地讲，认为培训师就应该讲。可事实上，教学的最终目的是促进学员改变，重要的不是你讲了什么或者做了什么，而是学员的脑海里发生了什么。

促动的目标就是要让学员保持参与和思考的状态。即使学员的参与不是很积极，但不回答问题不代表没有思考，可以在提问后保持静默一会儿，让学员思考。用促动的方式学员感觉到知识是自己搞明白的，不是老师讲明白的。课堂上，培训师要不时觉察自己是不是处于和学员对话的状态，即便自己讲授时也应该跟学员保持眼神交流。培训师给学员的是一种信息输入，需要学员自己去消化和建构，最终变成学员自己的。

三、能量分配与课程更新

培训师注意力聚焦也会影响课程内容和授课形式的迭代更新。有的培训师多年培训内容和形式几乎不变，讲义还是那几页讲义，讲法还是那样的讲法，几点几分讲到那个知识点，都规定得死死的，那么培训师所有的能量和注意力都用在关注课堂和学生的状态。有的培训师每次培训内容和形式几乎焕然一新，课程中很多内容都是第一次讲，那么培训师必然会把主要精力用于关注课程内容本身。

课堂的变与不变，除了技术更新的因素外，还要考虑培训师的工作记忆区负荷,基于合理的工作记忆区负荷考虑,比较合适的课堂应该是保持大部分(如70%)内容和形式不变,小部分内容和形式持续创新。这样,既能保证比较稳定的课堂质量,又不失时机地推陈出新,让课程在上课的过程中迭代。课堂上,30%以上的时间用于跟学员互动,促进学员将所学内容跟原有的经验与知识相结合,并灵活运用于工作中。在这样的课堂上,培训师也有机会从学员的分享中汲取新鲜的素材,得到更多的启发。课后还可以通过复盘,用学员分享的更好的案例替换原来的案例,用生动的形式替换原来的形式,完成一次课程的迭代优化。连续不变的内容和形式能让培训师更从容,有点变化的内容和形式又能让培训师有新鲜感,有临场发挥的空间。一堂课下来,学员有收获,培训师也有收获,课程就有了新的迭代。这样的课程才是有生命力的。

【案例】

在一次培训师技能竞赛中,某单位的一名兼职培训师晋级了决赛。在赛前辅导时有位老师提醒她:"你讲的主题是一个小众专业,内容有点偏,评委们都不一定懂,所以很难拿到名次。如果能换一个大家都熟悉一点的话题,可能效果会更好。"这位选手打电话征求辅导老师的意见。辅导老师回复说:临阵换帅是大忌。你原来的内容虽然是小众话题,但是你已经讲很多遍了,课件也优化很多版了,再次讲的时候,你几乎不用操心内容本身,只要开个头,就可以行云流水地往下讲了。这样,你就会腾出大量精力用来提升你的表现力,优化你的语音、语调、肢体语言,更好地跟受众互动,更好地调动情绪。如果你临时决定换一个话题,就不得不牵扯很多的精力熟悉新的内容本身,处理内容的衔接,内容和形式的匹配……在这么短的时间内,无论你换什么话题,你的表现大概率不如以前。再说,你现在讲的内容虽然是小众内容,可它并没有专业到评委们听不懂,内容虽有点偏却不难理解,没准评委们还多一分新鲜感呢。最后那位选手坚持用了自己原来的主题,腾出精力在表现形式上下功夫,成功跻身前三强。

【课程小结】

本章从表达呈现和状态管理两方面讲授了如何打造培训师的职业风范。表达呈现主要通过培训师的口头语言和肢体语言体现。培训师轻重缓急、抑扬顿挫的口语表达,大方得体、松弛有度的肢体语言不仅能在潜移默化中对学员产生积极影响,提升培训效果,也能在举手投足间展现职业风采和魅力。除了外在风范,内在素质就是培训师在课堂上的能量管理,能量管理涉及培训的注意力聚集、精力分配以及状态管理。培训应能有效地运用自身能量以争取更好的课堂效果,并根据能量管理能力合理考虑课程内容的更新迭代。

职业模块五

教学评价与反思

培训课程一 教 学 评 价

【培训目标】

知识目标	1. 能正确描述教学评价的基本概念和作用。 2. 能正确描述教学评价的方法及主要实施过程。 3. 能正确描述学习效果评价和教学工作评价的含义。
技能目标	1. 能编制学员反应评价方案。 2. 能根据不同类型培训课程选择合适的学习评价方法。 3. 能根据培训目标设计学习评价指标及评价方案。

　　教学评价是研究教师的教和学员的学的价值的过程。教学评价一般包括对教学过程中教师、学员、教学内容、教学方法手段、教学环境、教学管理诸因素的评价。教学评价的两个核心环节：对学员学习效果的评价 ——即考试与测验，对教师教学工作的评价——教师教学评价。

学习单元一 教学评价基本概念

【知识要点】

一、教学评价的含义

　　评价是指依据相关目标，运用科学的方法，获得各种信息，对某一事物的价值给予判断。

　　教学评价是依据教学目标，运用科学的理论、方法和程序对教学过程及结果进行价值判断并为教学决策服务的活动，是对教学活动现实的或潜在的价值做出判断的过程。

二、教学评价的作用

（一）诊断作用

对教学效果进行评价，可以了解教学各方面的情况，从而判断它的质量和水平、成效和缺陷。全面客观地评价工作不仅能估计学员的成绩在多大程度上实现了教学目标，而且能解释成绩不良的原因，并找出主要原因。可见教学评价如同身体检查，是对教学进行一次严谨的科学的诊断。

（二）激励作用

评价对教师和学员具有监督和强化作用。通过评价反映出教师的教学效果和学员的学习成绩。经验和研究都表明，在一定的限度内，经常进行记录成绩的测验对学员的学习动机具有很大的激发作用，可以有效地推动课堂学习。

（三）调节作用

评价发出的信息可以使师生知道自己的教和学的情况，教师和学员可以根据反馈信息修订计划，调整教学的行为，从而有效地工作以达到所规定的目标，这就是评价所发挥的调节作用。

（四）教学作用

评价本身也是一种教学活动。在这个活动中，学员的知识、技能将获得长进，智力和品德也有进展。教学评价的方法：测验、征答、观察提问、作业检查、听课和评课等。

三、教学评价分类

（一）根据评价在教学活动中发挥作用的不同

可把教学评价分为诊断性评价、形成性评价和总结性评价三种类型。

诊断性评价：在教学活动开始前，对评价对象的学习准备程度做出鉴定，以便采取相应措施使教学计划顺利有效地实施而进行的测定性评价。诊断性评价的实施时间，一般在教学开始前或教学过程中需要的时候。

形成性评价：在教学过程中，为调节和完善教学活动，保证教学目标得以实现而进行的确定学员学习成果的评价。形成性评价的主要目的是改进、完善教学过程。

总结性评价：以预先设定的教学目标为基准，对评价对象达成目标的程度即教学效果作出评价。

（二）根据评价所运用的方法和标准不同

可分为：相对性评价和绝对性评价。

相对性评价：从评价对象集合中选取一个或若干个对象作为基准，将余者与基准做比较，排出名次、比较优劣的评价法。相对评价法便于学员在相互比较中判断自己的位置，激发竞争意识。

绝对性评价：在被评价对象的集合以外确定一个客观标准，将评价对象与这一客观标准相比较，以判断其达到程度的评价方法。

绝对评价设定评价对象以外的客观标准，考察教学目标是否达成，可以促使学员有的放矢，主动学习，并根据评价结果及时发现差距，调整自我，具有明显的参考意义。

学习单元二　学习效果评价

【知识要点】

学习效果即学习发生的程度，学员在培训过程中理解和吸收了哪些基本原理、知识和技巧。对学习效果的评价是目前最常见、最常用到的一种评价方式。

一、学习效果评价概述

（一）学习效果评价的概念

学习效果评价测定培训学员的学习获得程度，评价培训学员对培训内容的掌握程度，了解培训学员对培训课程的学习和掌握状况，测量培训学员对知识、技能、态度等培训内容的理解和掌握程度。

学习效果评价比较典型的做法是，培训组织者会采用对比评价的方式，在培训前对培训学员进行知识和技能的测试，在培训结束后，按同样的标准对培训学员的同种知识和技能再次进行测试，通过对比培训前后的测试成绩，了解培训学员通过培训得到进步的情况。

（二）学习效果评价的特点

学习效果评价着眼于对学习效果的度量，主要优点如下：一是若在培训结束时测评会对学员产生一定的压力，能端正培训学员的学习态度，使学员认真对待培训，更认真地学习；二是这种考察方式对培训讲师也具有压力，能增强培训师的责任意识，使他们更负责、更精心地准备课程和授课，以求学员对知识和技能更好地理解和掌握。

学习效果评价也存在一些局限性，例如评价结果有时不能真实反映培训效果，这取决于评价所采用测试方法的可靠度和可信度，以及测试方法的难度是否合适；例如以测试结果作为工作行为的转变程度指标，可能并非最好的参考标准。

二、学习效果评价设计

（一）学习效果评价的内容

学习效果评价的内容主要包括以下几个方面。

（1）培训学员通过培训从中学到了什么。

（2）培训学员在培训前后，其知识和技能是否有所提高。

（3）培训学员是否完成相关培训目标。

学习效果评价主要涉及培训学员对培训的知识、技能、态度方面的了解与吸收程度等。对于技能类的培训，考察培训学员有没有真正掌握这些技能；对于知识类的培训，考察培训学员对培训知识的理解、记忆程度；如果是态度培训，则通过考察培训学员在平时工作中的工作态度来测量其对培训内容的接受程度。

（二）学习效果评价的方法

1. 撰写学习心得或学习报告

在培训期间，培训组织者要向培训学员发放学习手册，要求培训学员对培训内容进行记录，并将自己的体会心得记录下来；还可以要求培训学员在培训结束后，对整个培训所学内容进行系统的反思、梳理，思考如何将其应用于工作实际，以获得实质性的提高。培训心得由培训师及培训学员的相关管理者做出反馈。

2. 笔试测验或试卷考察法

笔试测验或试卷考察法是在培训过程中采用的最普遍的评价方法，简便且易于操作。笔试测验或试卷考察法就是由培训师或培训管理者编制试题，通过试卷考试来测试培训学员对知识的了解和吸收程度。

培训学员的笔试成绩是学习效果评价的重要依据。同时，也能让培训组织者和培训学员主管上级清楚了解培训学员取得的培训知识技能成果，在哪些方面还没有达到预期，以及下一次该如何改进。

通过笔试测验或试卷考察法来测试学员对知识的了解和吸收程度确实具有一定的实际意义，但也有一定的局限性。因为在工作中有很多能力与技巧无法通过试题测试出来，因而常常出现培训考试成绩不错的员工，回到工作岗位后的工作绩效并没得到明显改善。一般情况下，这种方法只适用于培训时间较短，以及具体如公司一些重要文件、制度、作业指导书等以书面知识教学为主的培训。

3. 现场技能操作考核法

现场技能操作考核法是指通过对培训学员现场实际操作过程的观察和评价来进行测验评价，它可以应用于整个培训过程以及培训结束时。这种测试方法可以直观地反映学习成果和培训效果，鼓励培训学员在以后的工作中应用培训 内容。同时，能够让培训组织者和主管上级直观清楚地了解培训效果，更加有针对性地确定学员应当接受的培训项目。进行现场技能操作考核时，要注意设计明确的评分指标和方案，对测试中要完成的操作进行标准化规定，根据需要尽可能使测验环境与工作环境相似，并且必须按照工作标准或要求进行测试。

4. 工作模拟法

工作模拟法是针对具体培训内容，模拟现实工作任务的背景，从而有技巧性地把测试现场转换为模拟工作场景，培训学员在测试中通过模拟工作问题的解决展示其培训收获。具体操作可分为评价准备工作、设计评价要素、安排工作模拟、记录模拟操作过程、确定评价结论等环节。

5. 课堂表现

对如演讲、沟通、引导、工作流程改进等涉及讲授技能方面的培训课程，可以采用课堂演示或角色扮演的方法，培训师可以通过观察学员连续的表现衡量出学习发生的程度。这种评价方法的特点是对学习的评价嵌入到整个教学过程中，如果安排合理、实施有效，培训师可以对学员的学习效果做出相对客观的评价。

（三）学习效果评价注意事项

1. 提高评价的信度

评价的信度是指评价结果的可靠性、稳定性和一致性。信度越高，代表评价结果与实际情况越一致；信度越低，代表评价结果与实际情况差异越大。以笔试为例，一名知识掌握存在偏差和遗漏的培训学员，如果测试中的试题刚好都是自己完全掌握的那部分内容，也会在测试中取得好的成绩。

培训管理者在做学习效果评价的时候，必须考虑评价的信度问题。如果一个事实上掌握培训内容较少的员工通过评价，则意味着评价缺乏可靠性和可信度。在选择评价测试内容时要把培训过程中最具有代表性、最重要的内容尽可能全面地加入评价内容中。

2. 改善评价的效度

评价的效度是指评价结果的有效性。效度越高，代表评价结果和实际情况之间越吻合；效度越低，代表评价结果和实际情况之间越不吻合。同样以笔试为例，如果测试的目的是考察学员对电力专业知识的掌握程度，那么就应当在测试中围绕电力专业知识出题，而不应该在测试内容中加入金融专业方面的知识，这样就违背了测试的初衷。

在进行学习效果评价时也要注意考虑类似的效度问题，培训管理者要评价的是培训学员对本次培训中的知识和技能掌握的程度，那么就应当围绕本次培训设置评价内容，而不应该加入一些本次培训并没有涉及的内容。

三、学习效果评价改进

（一）评价标准精确化

培训前培训组织者如果没有进行细致深入的需求分析，会造成培训目标不明确、培训内容不合理，评价标准不精确，以至于企业的培训最终变成流于形式的活动，这种情况下的培训也无法进行有效的学习效果评价。

在培训项目实施之前，企业培训组织者就必须通过细致准确的培训需求分析，明确培训目标，从而使培训评价标准精确化，为学习效果评价提供具体可靠的设计依据。同时，深入的培训需求分析和明确的培训评价标准，有助于设计合理清晰的培训内容，使学习效果评价的具体实施更有针对性，无论是书面测试还是实际操作类测试，评价结果都更有参考意义。

（二）评价方法多样化

目前大多数企业培训的学习效果评价往往基于成本和能力的因素，只采用笔试的形式，方法比较单一。笔试是一种有效的考核方式，但它在应用上有很大的局限性，不能适用于所有的评价内容。将培训评价方法多样化，针对不同的培训项目和培训目标，选择不同的培训评价方法，才能真正发挥培训评价工作的检测作用。如果培训项目的目标是提升培训学员的技能，就需要对培训学员的实际操作能力进行测试；如果要考察培训学员态度方面的学习情况，可以模拟工作场景或者设计态度调查表等。

学习单元三　教　学　工　作　评　价

【知识要点】

教学工作评价是指对培训师的教学设计、教学组织实施等工作进行评价，一方面来自受训学员的反应评价，另一方面来自培训组织者的评价。

一、学员反应评价

（一）反应评价的概念

反应评价即在课程结束时了解学员对培训项目的主观感觉或满意程度，包括对培训管理、培训师、培训内容、培训方法和个人收获等方面的评价。

反应评价的优点是易于进行，是最基本最普遍的评价方式。但它的缺点也显而易见，比如，因为对培训师有好感而全部课程给高分，或者对教师教学特点或其他教学管理上的某一个因素不满而全盘否定课程。

（二）反应评价的作用

学员反应评价与顾客满意度的评价是一样的，培训要取得成效，参培学员对培训表现出积极的反应极为重要。通过反应评价，培训组织者一方面可以了解培训整体满意度，另一方面，根据学员提出的意见和建议，可以对今后要开展的培训项目做出改进和完善。

（三）反应评价的方案设计

反应层评价的目的就是了解学员对培训的满意程度，评价的主体为学员，主要是由培训机构在培训中或者培训结束时组织学员对培训项目的内容设计、课程安排、师资筹备、环境设施等进行评价。对于这个层次的评价，首先应当有一个总体的评价，比如询问学员觉得这个课程怎么样？有帮助吗？但是这样也很容易产生一些问题，比如以偏概全、主观性强、不够理智等。因此，还必须设计更细致的评价方法，例如问卷调查法、座谈、访谈等。

1. 评价方法选择

反应评价的主要方法是问卷调查。问卷调查是在培训结束时，收集学员对于培训的效果的反应，学员的反应对于重新设计或继续培训项目至关重要。反应问卷调查易于实施，通常只需要几分钟时间。如果设计适当，学员反应问卷调查也很容易分析和总结。

（1）调查问卷的设计

调查问卷的设计主要包括问卷顺序、问题表达与问题形式。

问卷顺序首先应当介绍问卷调查的原因，强调答题者的作用，鼓励答题者积极参与；其次，进行问卷的解释，说明应当言简意赅，避免产生歧义；最后，问题本身的顺序应当遵循从一般问题到具体问题、从熟悉问题到不熟悉问题、从封闭式问题到开放式问题的原则。

问题表达应当紧紧围绕评价目的展开，应当具有针对性；问题的表达应当清晰明确，不能表达不清、逻辑混乱。

问题形式可以采用"是/否"选择；采用程度分级，例如很好、较好、一般、糟糕等，要求可供选择的答案一定要有明显的区分，等级的划分尽量明确；采用直接打分的形式，例如"满分 10 分，请打出相对应的分数"；采用问答的形式，例如本次培训您印象最深刻的一堂课是什么等。

（2）座谈方案设计

除了问卷调查法之外，也可以采用座谈的方法来进行反应层的评价，即随机抽取一个小组的学员进行交谈，一般 4～6 人为一组，在一名主持人的引导下对整个培训过程进行深入的讨论，听取他们对培训项目的具体意见和建议。

小组座谈所获得的结果往往都是定性的，可以作为定性调查问卷设计的基础，也可以作为补充和扩展。其优点是相对于一对一的回答，一起讨论可以产生更广泛的信息、更深入的理解和看法，并且相对于书面的作答能够准确地表达他们的看法。但是也存在一定的缺点，比如小组座谈会的结果比其他评价方法的结果更容易受到主持人和评价者的影响，并且回答过程很可能是无结构性的，这样就使得后期在进行评价意见整理时存在一定的困难。

座谈的问题可以是开放式的，即开放思路，不受限制，答案不唯一；也可以是封闭式的，即只回答是或否。座谈评价提纲可参考表 5-1。

表 5-1　　　　　　　　　　　　　　座谈评价提纲

问题类别	座谈评价提纲
一般性问题	经过本次培训，您最大的收获是什么？
	在培训之前您对本次培训最大的期望是什么？您觉得本次培训达到您的期望了吗？
	您觉得本次培训还有什么可以改进的地方？
细节性问题	本次培训课程的培训目标是否明确？
	本次培训课程的设置是否实用？
	本次培训所采用的教材是否合适？

2. 评价方案设计

（1）确定评价内容

反应评价可以直接地反映出参培学员对培训课程的满意程度，关系到之后该项目的调整与改进，甚至会影响培训项目的发展方向。反应评价的基本内容应包括以下几项。

1）确定自己希望了解的事项。

2）设计一份能够计算学员反应的量表。

3）制订学员可以提交的书面意见和建议的表格。

4）对评价工具表和意见建议填写进行说明或者试填写。

5）根据标准衡量培训反应。

反应评价的基本要求是要具有明确的目的性，即了解学员对于整个培训的满意度，同时要具有一定的规范性和可操作性。

（2）设置评价标准

培训评价标准是对培训质量、培训工作要求的具体规定，是衡量整个培训工作的一把量尺。培训评价标准设置的恰当与否，对于培训工作有着极其重要的影响。

评价的标准从形式上分为指标体系和概括性问题描述两种形式。评价指标体系是由系统化、有机联系的指标构成的评价标准体系，必须按照科学的程序进行搭建。概括性问题描述是以一系列开放的问题作为评价的标准，例如"您认为本培训项目最大的亮点和不足分别是什么"等。

（3）明确评价指标

学员反应评价指标要求概念清楚，言简意赅，便于操作，评价者和被评价者都能统一认识和理解。通常一套完整的评价指标体系由评价内容和具体指标构成，在实施培训评价前，评价指标可以进行必要的分解。评价指标应当具备完整性、协调性、比例性，能够为培训项目的相关管理人员及其他相关人士提供一些高质量的信息，帮助其对课程进行高效的评价。

（4）设立指标等级

指标等级相当于一把量尺的刻度，用来监测评价对象相对指标要求达到的程度，反应层评价的指标等级可以是五级制，例如优、良、中、合格和不合格，也可以采用四级制、三级制，或者采用分数制等。

（5）确立权重系数

衡量评价指标重要程度的数据称为权重系数，这样可以通过该系数的设置来区分评价指标的主次。

（6）开展试评价

当整个指标体系全部设计完毕后应当进行试评，对整个反应层的评价方案进行检验，可以先在小范围内进行，也可以采用抽样测评的方法。试评的目的是检验指标体系是否 准确、合理、便于操作和理解，如果在试评过程中发现不能达到预期的评价效果，那么就要对方案进行适当的调整。

表 5-2 为某集团公司推荐的反应层培训效果评价表示例。

表 5-2　　　　　　　　　　　　反应层培训效果评价表

评价内容	评价等级	非常满意	满意	基本满意	不满意	备注
培训师授课（50%）	理论知识水平					
	联系实际的能力					
	讲解的条理性和逻辑性					
	教学过程的控制能力					
	课件（讲义）制作质量和效果					

续表

评价内容 ＼ 评价等级		非常满意	满意	基本满意	不满意	备注
教学组织管理（25%）	培训时间安排					
	场地设施安排					
	教学组织秩序					
	培训师教学态度					
	学员的受益程度					
课程设置（25%）	课程安排的合理性					
	教学内容的充分性					
	培训教材的实用性					
	案例和习题的适宜性					
项目综合测评得分						
意见和建议						

二、培训组织者评价

　　学员反应评价的数据很大程度建立在学员个人意见上，意见的偏差有可能夸大评定分数。而且学员对课程的判断很容易受到培训师的个性特点或培训组织者富有鼓动性总结的影响，所有这一切均可能在评价时影响学员对该课程的印象，从而影响评价结果的有效性。实践证明，在很多情况下单纯的学员反映并不能客观公正地衡量培训课程的效果好坏。因此，应该多角度收集反馈信息。让培训组织者与学员共同为培训师评分是一个行之有效的方式。

　　培训组织者对讲师的评分表示见表 5-3。

表 5-3　　　　　　　　　　培训师教学评价表

讲师姓名：　　　　　　主题：　　　　　　时间：
评分等级：合格　　基本合格　　不合格

A. 准备工作
　1. 讲师是否为培训做了准备？
　2. 讲师的准备工作是否是围绕学员的情况而做的？
B. 授课过程
　1. 讲师是否只是在读备课材料或 PPT？
　2. 讲师是否调动了学员的学习兴趣？
　3. 讲师是否满腔热情、富有活力？
　4. 讲师是否使用了直观可视的教学辅助工具？如果使用了，是哪种工具？
　5. 讲师授课是否清楚明白？
　6. 讲师是否帮助学员使用学习材料？
　7. 讲师讲课的内容是否紧扣主题？
　8. 在上课过程中以及课程结束时，讲师是否对培训内容进行了总结？
　9. 讲师与学员是否有互动？如果是，互动是如何开展的？

续表

C. 讲师的综合能力
  1. 讲师表达能力如何？
  2. 课堂教学掌控如何？
D. 建设性地建议
  为改进教学效果，你有什么建议？
E. 其他的意见和建议

【培训实践】

案例：《智能变电站调试技能提升培训》评价方案

案例描述

为加强和规范智能变电站调试工作，提高从业人员技能水平，防范电力事故的发生，保证企业安全生产形势持续稳定良好的态势，特开展此次培训。

培训对象：从事智能变电站一线生产人员。

培训内容：智能变电站基本概念、IEC61850 协议、SCD 文件配置、继电保护装置调试、智能终端调试等内容。

培训效果评价表——反应层见表 5-4。

表 5-4　　　　　　　　培训效果评价表——反应层

请完整而诚实地回答此问卷
评分标准：满分 5 分，请根据实际情况给出相对应的分数。

项目名称		培训日期	
举办单位		培训地点	

一、对开设课程的评价

开设课程	必要性	针对性	提高程度	总分
智能变电站基本概念	5	5	4	14
IEC61850 协议	4	5	3	12
SCD 文件配置	3	3	3	9
继电保护装置调试	4	2	5	11
智能终端调试	2	3	4	9

二、对任课教师的评价

主讲教师	内容理解与掌握	教学态度	教学形式	互动程度	讲解清楚	总分
陈××	5	4	3	5	5	22
刘××	5	5	5	3	5	23
钱××	3	3	4	4	3	17
张××	5	5	3	4	5	22

【课程小结】

本课程讲述了教学评价的有关内容，教学评价的基本概念、作用、类型和方法，重点探讨了学习效果评价和教师工作评价，教学评价的主要作用就是改进教学，提升教学效果，作为培训师，应该充分认识到教学评价的重要作用和意义。

培训课程二　教　学　反　思

【培训目标】

知识目标	1. 能正确描述教学评价和反思的基本概念和内容。 2. 能正确描述教学评价和反思的方法及主要实施过程。
技能目标	能对培训教学进行教学反思，并完整填写教学反思记录表。

"吾日三省吾身"强调了反省、反思的重要性。反思就是复盘总结，并制定优化改进措施，指导处理好后续的事情或工作。教学反思就是对完整的教学活动进行的反思。通过做好教学反思，培训师能够发现自身在课程设计、培训教学方法应用、课堂掌控等方面存在的问题，在分析问题、解决问题的基础上，指导后续培训教学改进。

学习单元一　教学反思的基本概念

【知识要点】

教学反思是在培训教学活动中很容易被忽略的重要环节，原因就是培训师对教学反思的内涵理解不够。本单元将重点探讨教学反思的作用、类型和内容，帮助培训师理解教学反思的内涵。

一、教学反思的含义

教学反思指培训师为了实现有效的教育、教学，对已经发生或正在发生的教育、教学活动以及这些活动背后的理论、假设，进行积极、持续、周密、深入、自我调节性的思考，而且在思考过程中，能够发现、清晰表征所遇到的培训教学问题，并积极寻求多种方法来解决问题的过程。

教学反思要求培训师能够时刻保持觉醒，对自己的培训实践经历时刻进行检视，对发现的问题进行分析，并根据情况完成修正，目标是不断提升培训教学水平，促进学员学习质效提升，是一个"实践—认识—再实践—再认识"的过程。教学反思具有实践性、主体性和创新性。

二、教学反思的作用

国际教育界公认教学反思应该成为教学的重要组成部分。孔子曾说过"学而不思则罔，思而不学则殆"，教育家叶澜教授说过"一个教师写一辈子教案不一定成为名师，如果一个教师写三年反思就有可能成为名师"。美国著名学者波斯纳将教师的成长与其对自己经验的反思结合起来，并提出了一个教师成长的公式"经验＋反思＝成长"，这意味着从某种意义上讲，培训师光有经验的积累是不够的，还须对自己的经验进行剖析和研究，深入开展教学反思。具体来说，教学反思的作用主要体现在以下三个方面：

（一）促进培训师经验的积累和提升

教学反思促进培训师对自己的培训教学行为进行反思，并在实践中自觉进行调整和改进教学行为，促进培训师从经验型教书匠成长为专家型培训师。培训师如果只是任务式地完成授课，不经过认真地反思，形成的经验很有可能是狭隘的，长此以往容易产生封闭心态，阻碍了培训师的专业成长。通过教学反思，培训师能够对已发生的教学事件进行深入思考，提炼出教学行为背后的有价值的教学理念，从各种教学片段中总结提炼教学规律。在实践中反思，在反思中实践，从而促进培训师的有效经验不断积累，进而持续转化为促进培训师专业化水平提升的动力。

（二）推动培训师形成自我授课风格

授课风格是培训师在长期的培训教学实践中形成的一种稳定的教学心理品质，也是一个培训师个人品牌的内涵。无论是专职培训师还是兼职培训师，从开始教学，到逐步成熟，形成独特的授课风格，都是一个长期而艰苦的教学实践过程。培训师的授课风格属于个人知识，而"个人知识"的形成主要靠对经验的反思，培训师需要在教学实践中更好地理解一般的教育培训规律，逐渐形成自己对教育教学规律的理解和把握，进而形成自己的"个人知识"。正因为教学反思具有别人不可替代的个性化特征，所以就能促进教师形成个性化的教学特色，从而形成自己独特的风格。

（三）促进培训师工作绩效提升

培训师的目标是通过授课，促进企业内知识经验传承，促进员工技能水平提升，从而促进员工绩效水平提升，最终促进企业绩效提升。培训师在有限的职业生涯中，随着时间确实能够积累大量的经验，但是经验并完全意味着成长和较高的工作绩效。如果培训师能够有意识地怀疑自己的经验，并将反思后形成的措施方法应用在培训教学的改进上，就能够获得促进自己持续成长的培训教学经验。常常反思，常常改进，就能不断成长，最终促进培训师获得较高水平的工作绩效，也会促进培训师的价值感和获得感。

某省公司培训中心专职培训师张老师做了将近 15 年的培训教学工作，可始终讲不好课，也很不受培训学员欢迎。而与其是同事且只有 7 年工龄的小宋老师的情形是：宋老师刚参加工作的时候，在培训课上教学也照本宣科不受学员欢迎，甚至有一次在上课时，被一名年纪大的学员当场挑战，这件事对她刺激较大，但庆幸的是她能从这件事对自己的培训教学进行深刻地反思，而不是简单地抱怨学员。宋老师在其后自己的教学中主要做了这样一些事：听其他培训师的课，不仅听专家型培训师的课，也听兼职培训师、新手培训师或类似张老师的课，还常邀请同行听自己的课。在每次教学结束前向学员征询教学意见，每次培训教学结束后做教学反思记录。这样坚持做了 3 年，小宋老师的授课水平有了明显的长进。工作只有 7 年的她现在成了培训中心的教学骨干，也是全省系统内大家一致认可的优秀培训师之一。

三、教学反思的类型

教学反思根据教学流程可分为教学前反思、教学中反思、教学后反思。

教学前反思是指，培训师在授课前对教学设计、教学准备和结果目标进行分析，是一种前瞻性反思，是对课程的预想和再斟酌，可在课前及时发现问题并整改，确保及时消除影响培训效果的因素。

教学中反思是指培训师根据授课过程中学员的表现、学习的阶段性结果等反馈信息，对自己的教学行为进行思考，并及时作出适当调整。教学中反思是不可避免的，因为任何培训课堂不可能完全按照培训师的预想推进，都存在一定的"变数"。

教学后反思是指培训师在授课后，对自己在授课中的各类教学行为、教学效果等进行思考，深入思考背后的理论，系统查找授课中存在的问题，并制定解决措施。教学后反思是最常见的一种反思方式。

四、教学反思的内容

教学后反思主要围绕教学目标、教学内容、教学策略、教学方法、教学氛围等进行，具体见表 5-5。

表 5-5   教学反思的内容

反思要点	主要内容
教学目标	培训目标是否适当；是否完成培训目标；完成目标的主要做法；未完成目标的主要原因
教学内容	课程内容是否贴近业务实际；内容是否过多或者过少；内容的逻辑组织是否合理；重难点安排是否妥当；内容是否偏理论化，未突出实践性；理论表述、操作演示是否准确无误；学员对哪些内容很感兴趣，对哪些内容学习兴趣不浓
教学策略	教学策略选用是否与内容匹配；教学策略是否较为单一；教学策略是否达到预期效果
教学方法	教学方法选择是否适当；教学方法是否较为单一；教学方法执行步骤是否规范；哪种教学方法更能调动学员积极性；哪种方法使用时没有达到预期效果
课堂氛围	课堂氛围是否良好；师生互动情况如何；互动手段有哪些；课堂气氛不热烈的原因是什么；还有哪些手段能进一步提升课堂氛围
时间掌控	课程导入时间安排是否合理；重难点安排的时间是否合理；是否存在拖堂情况；是否存在提前讲完课程内容的情况；课程设计的时间安排执行是否对应，还存在什么问题
其他	突发情况应变如何；板书设计是否合理；整堂课教学心态是否有变化；肢体语言是否丰富、合适

学习单元二 教学反思的方法

【知识要点】

教学反思的方法有很多种，反思的侧重点和效果特点等都有所不同，作为培训师应了解常见的教学反思方法，并有意识地在教学反思实践中加强应用。常见的教学反思方法有记教学日记反思、观察学习反思、同行交流反思、询问学员反思几种方法。

一、记教学日记反思

知觉理论表明：人们的基本经验来自感知觉，知觉外部信息所参与的感觉器官不同，其信息获得与保持的效果也有异。记反思日记可以充分调动多渠道的知觉方式，增加信息来源并提高信息感知的精度，因此记反思日记的效果较好。培训师通过反思自己，将培训教学经过、目标完成情况、培训效果达成情况、培训过程掌控等记录下来，并通过分析对自己的授课进行评价，找出存在的问题，并列出改进措施，形成文字记录，常看常新，将潜移默化地促进下一次的培训取得改进。

二、观察学习反思

观察学习主要有两类，一类是观察自己，一类是观察他人。

培训师可以在教室架设摄像机，将自己的授课过程全程录制下来，课后进行录像回放，换个视角观察自己授课中的各种行为，能够非常直观地发现教学中的闪光点或者不足之处，再结合教学设计、培训理论进行思考分析，从而制定下一步改进措施。

除了观察自己的授课行为，培训师还可以旁听其他培训师的授课，以学员的视角捕捉培训师在课上好的做法和存在的不足，并分别就以上两个方面进行思考分析，并对比自己的授课情况，设身处地预想自己会怎么做，及时将想法和措施记录下来，达到反思的目的。

三、同行交流反思

同行交流反思是指，培训师与其他培训师就培训授课情况进行交流，可以从教学设计、课堂掌控、方法应用等各个方面进行交流，获取同行的看法。尤其是在与专家级培训师交流时，他们往往能从理论和实战两个层面给出指导性较强的建议，能及时找出存在的不足之处，并共同商讨改进措施，从而达到反思提升的效果。

四、询问学员反思

培训师还可以通过学员反馈进行反思，在课程结束后，培训师可以询问学员是否听懂、觉得哪里讲得不透彻、教学方法是否合理等，可以从学员那里获得最直接的反馈，通过这种询问的方式培训师能够直接找出问题，并分析改进，从而达到反思的目的。

【培训实践】

兼职培训师王攀从事用电检查工种的培训已有 4 年时间，自从知道了教学反思的重要意义，他都会在每节课后进行一定的反思，表 5-6 是在《反窃电实操技能提升培训》课程后，他的教学反思记录。

表 5-6　　　　　　　　　教 学 反 思 记 录 表

反思课程	《反窃电实操技能提升培训》		
参培人数	32	培训时间	2021 年 6 月 20 日
授课时长	4 课时	培训地点	培训中心用电检查实训室
反思培训师	王攀	反思方式	观察学习反思、询问学员反思

续表

反思内容记录		
反思要点	成功之处	不足之处及改进措施
教学目标	目标描述较为规范，基本完成	不足之处及原因分析：未在课程开始时向学员交代清楚培训目标，导致学员在学习中目标不够明确。 改进措施：在培训开始向学员清楚交代培训目标
教学内容	课程内容容量较为合适，满足学员培训需求，内容组织合理	不足及原因分析：电能计量原理讲解过多，过于理论化，学员在讲解过程中稍显疲态。 改进措施：结合实操部分安排理论内容，尽量做到理论讲解满足实操需要，不过于理论化
教学策略	选用了传递接受、示范模仿教学策略，基本达到预期教学效果	不足及原因分析：引导发现教学策略使用不够，过于注重培训师讲解，让学员探索发现的举措不够。 改进措施：增加引导发现策略使用，以提问、讨论等方法增加学员自主探索学习
教学方法	主要采用了讲授法、提问法、演示法和练习法，达到预期效果	不足及原因分析：让学员自主探索学习的方法使用不多，如讨论法、案例分析法等。 改进措施：根据课程实际情况使用案例分析法、任务驱动等方法，充分调动学员学习的自主性
课堂氛围	基本没有开小差的学员，学习氛围良好	不足及原因分析：互动手段较为单一，没有与用电检查现场实践充分结合，导致学员的学习热情还不够高。 改进措施：丰富现场案例，增加提问等引导式学习手段，增强师生互动
时间掌控	课程基本按照教学设计推进	不足及原因分析：学员练习阶段时间控制不当，个别小组练习时间较长，其他学员等待过长，耽误了整体进度。 改进措施：个别情况要特殊处理，不能影响整体课程推进，应暂时引导其停下来跟着继续学习

【课程小结】

本课程讲述了教学反思的有关内容，主要教学反思的基本概念、作用、类型和方法，并重点探讨了教学反思的方法，帮助培训师深入理解教学反思的内涵，掌握教学反思的常用方法，从而更好地开展教学反思，促进培训教学水平持续提升。作为培训师，应该充分认识到教学反思的重要意义，在完成每次课程教学后，都应对教学活动的完整过程进行复盘，及时发现其中的问题，并尝试多种方法、途径分析解决问题。教学反思是为了及时发现教学中存在的问题，但更重要的是要及时在下次教学中改进，促进教学效果提升，在反思—改进—反思的不断循环中，培训师教学能力水平能得到较大的提升。

参 考 文 献

［1］人力资源社会保障部教材办公室. 职业道德与职业素养［M］. 北京：中国劳动社会保障出版社，2022.

［2］葛明荣，李超. 教师职业道德与专业发展［M］. 北京：高等教育出版社，2022.

［3］人力资源社会保障部教材办公室. 职业道德［M］. 北京：中国劳动社会保障出版社，2023.

［4］周琴. 教师职业道德与教育法律法规（第 2 版）［M］. 安徽：安徽大学出版社. 2019.

［5］秦杨勇. 能力素质模型设计五步法［M］. 福建：鹭江出版社，2009.

［6］陈国海，晏培华. 基于胜任力模型的员工培训体系构建：以"KSA"到"KS3PWH"培训内容结构模型为例［J］. 人才资源开发，2022（1）：81 – 84.

［7］郭翠. 培训师人才的培养研究［D］. 上海：华东师范大学，2009.

［8］叶忠海. 现代成人教育学原理［M］. 北京：中国人民大学出版社，2015.

［9］陈琦，刘儒德. 教育心理学（第 3 版）［M］. 北京：高等教育出版社，2020.

［10］雪伦·B·梅里安，罗斯玛丽·S·凯弗瑞拉. 成人学习的综合研究与实践指导（第 2 版）［M］. 北京：中国人民大学出版社，2010.

［11］中国电力教育协会. 电力行业企业培训师培训教材［M］. 北京：中国电力出版社，2021.

［12］叶敬秋，兰子君. 国际注册培训师——培训技术一本通［M］. 北京：清华大学出版社，2019.

［13］袁国方，等. 电力行业企业培训师培训教材［M］. 北京：中国电力出版社，2021.

［14］芭芭拉·明托. 金字塔原理［M］. 北京：民主与建设出版社，2002.

［15］陈霞. 教师培训课程设计［M］. 上海：上海教育出版社，2022.

［16］王琳，朱文浩. 结构性思维［M］. 北京：中信出版集团，2024.

［17］陶明. 培训教学设计 A – PRICE 模型及应用［M］. 北京：中国电力出版社，2023.

［18］王法松. 有用才是硬道理［M］. 北京：中国铁道出版社有限公司，2019.

［19］白瑛. 金牌内训师［M］. 北京：北京联合出版公司，2019.

［20］王琳 朱文浩. 结构性思维［M］. 北京：中信出版集团，2024.

［21］鲍勃. 派克. 重构学习体验：以学员为中心的创新性培训技术［M］. 孙波，庞涛，胡智丰译. 江苏：江苏人民出版社，2015.

［22］哈罗德. D. 斯托洛维奇，艾瑞卡. J. 吉普斯. 交互式培训：让学习过程变得积极愉悦的成人培训新方法（第二版）［M］. 屈云波，王玉婷译. 北京：企业管理出版社，2019.

［23］M. 戴维. 梅里尔. 首要教学原理［M］. 盛群力，钟丽佳等译. 福建：福建教育出版社，

2016.

［24］金才兵，陈敬. 好课程是设计出来的［M］. 北京：机械工业出版社，2020.

［25］陈霞，万立荣，杨兰，顾思羽. 化经验为课程—培训师培训课程设计 50 讲［M］. 上海：上海教育出版社，2021.

［26］陈练. 三步成师：培训师十项实战技能修炼［M］. 北京：机械工业出版社，2022.

［27］大卫. 梅尔. 培训学习手册［M］. 刘安田，张峰译. 北京：企业管理出版社，2006.

［28］田俊国. 讲法：从说教到赋能［M］. 北京：电子工业出版社，2018.

［29］大岛祥誉. 麦肯锡高效框架［M］. 董真真译. 北京：北京时代华文书局，2023.

［30］米哈里. 契克森米哈赖. 心流：最优体验心理学［M］. 张定绮译. 北京：中信出版集团，2017.

［31］闻闸. 播音主持话语技巧训练（第二版）［M］. 北京：中国广播影视出版社，2018.

［32］申继亮，刘加霞. 论教师的教学反思［J］. 华东师范大学学报（教育科版），2004，（22）：44－49.

［33］郭俊杰，李芒，王佳莹. 解析教学反思：成分、过程、策略、方法［J］. 教师教育研究，2014，（26）：29－34.

［34］王映学，赵兴奎. 教学反思：概念、意义及其途径［J］. 教育理论与实践，2006，（26）：53－56.

［35］刘加霞，申继亮. 国外教学反思内涵研究述评［J］. 比较教育研究，2003，（10）：30－34.

［36］加涅 RM，韦杰 WW，戈勒斯 KC，等. 教学设计原理（第五版修订本）. 王小明等，译. 上海：华东师范大学出版社，2018.